우리는
가장 빠르고
완전하게
죽어가고 있다

**인간이 만든 절망의 시대,
인류세**

우리는 가장 빠르고 확실하게 죽어가고 있다 1

인간이 만든 절망의 시대, 인류세

ⓒ 건국대 인류세인문학단 2020

초판 1쇄	2020년 4월 22일		
지은이	안희돈 외		
출판책임	박성규	펴낸이	이정원
편집주간	선우미정	펴낸곳	도서출판 들녘
편집진행	박세중	등록일자	1987년 12월 12일
디자인진행	한채린	등록번호	10-156
편집	이수연	주소	경기도 파주시 회동길 198
디자인	김정호	전화	031-955-7374 (대표)
마케팅	전병우		031-955-7381 (편집)
경영지원	김은주·장경선	팩스	031-955-7393
제작관리	구법모	이메일	dulnyouk@dulnyouk.co.kr
물류관리	엄철용	홈페이지	www.dulnyouk.co.kr
ISBN	979-11-5925-532-8 (03300)	CIP	2020013953

차 례

차 례

신종 바이러스라는 부메랑

역사학자인 유발 하라리는 농업혁명을 인류의 재앙으로 여긴다. 이는 농업의 시작이 인류에게 득보다는 실이 훨씬 많다는 주장으로, 우리가 당연하게 믿어왔던 사실을 새롭게 재조명하고 있다. 그에 따르면, 지금 우리가 누리고 있는 과학기술의 발전도 몇 십, 혹은 몇 백 년 후의 세대들에게는 통제 불가능한 재앙으로 인식될 수도 있을 것이다. 이러한 재앙의 위험 요소로 빠짐없이 등장하는 것이 핵전쟁, (인공지능과 같은) 최첨단 과학기술, 그리고 지구온난화다.

　핵의 위험과 공포는 히로시마 원자 폭탄 투하나 체르노빌 참사 등으로 그 폐해가 입증되었고 과거 미소 냉전시대에는 핵전쟁의 가능성이 종종 영화의 소재나 화두로 등장했지만, 지금은 핵전쟁의 개연성을 높게 보는 이는 별로 없다. 그만큼 핵전쟁의 대가가 크다는 것을 우리 인류가 누구보다 더 잘 알고 있기 때문이다. 인공지능, 자율자동차, 사물인터넷, 빅데이터 등으로 대변되는 4차 산업혁명의 출현은 우리의 생활을 물질적으로는 윤택하게 만들어주는 것처럼 보이지만, 향후 인류의 실존적 위기와 연관이 있는 인간과 기계의 공존, 공생의 과제와 더불어 일자리의 감소 및 인권의 재정립 등 상당한 문제점을 낳을 것으로 예견된다. 핵전쟁보다 4차 산업혁명의 부작용이 더 두렵다고들 한다. 핵전쟁의 폐해는 어느 정도 예측이 가능하고 또한 그 폐해의 공포가 우리에게 경각심을 불러일으키게 되어 예방 효과로 나타날 수 있지만, 4차 산업혁명의 폐해는 그 규모와 심각성을 가늠하기 어려워 위기의식을 가지기 힘들 수밖에 없다.

그렇다면 지구온난화라는 문제는 어떻게 인식되고 있는가? 온실효과, 오존층 파괴, 열대림 파괴, 사막화 등이 지구온난화와 연관이 있다는 사실은 한 번쯤 들어보았겠지만 이것들이 얼마나 큰 재앙인지 제대로 알고 있을까? 미합중국 대통령 도널드 트럼프는 수차례 "이렇게 추운데 지구온난화가 웬 말이냐"고 기후변화를 부정하는 글을 올리고는 했다. '날씨(weather)'와 기후(climate)'의 차이를 모르는 것은 차치하고서라도 지구온난화라는 개념을 중국 정부가 미국 제조업 경쟁력을 떨어뜨리기 위한 목적으로 만들어낸 음모라고 하니 그 심각성을 깨닫지 못하고 있음이 분명하다. 일국의 대통령도 기후위기에 대한 시각이 이럴진대 일반 사람들의 지구온난화에 대한 생각은 과연 어떨까? 지구온난화의 문제는 핵전쟁이나 4차 산업혁명의 위험과는 다른 차원이 위험요소를 유발할 수 있는데, 다름 아닌 '무관심' 또는 '무지'의 문제가 추가된다. 다시 말해, 핵전쟁의 위험은 대다수의 사람이 동의하고 있으나 지구온난화의 경우는 머지않은 미래의 재앙으로 널리 인식되지 않기 때문이다.

우리는 흔히 모르고 저지른 죄보다 알고 저지른 죄가 더 나쁘다고 생각한다. 법적으로도 살인죄가 성립되려면 목숨을 빼앗으려는 적극적 고의가 있거나 적어도 '죽일 수도 있겠다'고 예견하는 미필적 고의가 인정돼야 한다. 특히 미필적 고의는 '내가 하면 이렇게 될지도 몰라. 그렇지만 그렇게 되어도 할 수 없지'라는 인식으로 피해를 줄 경우가 해당된다. 가령 방사선은 몸에 해롭다는 것을 잘 알고 있으면서도 의사가 환자에게 불필요하게 CT 검사를 강제 또는 권유하고 있다면 이것은 환자의 건강을 해치는 미필적 고의라고 볼 수 있다. 인공지능이나 빅데이터 처리의 부작용을 인지하고 있으면서도 효율성만을 위하여 인권 침해의 위험을 무릅쓰려고 한다면 이것도 넓은 의미의 미필적 고의라고 할 수 있다. 그런데 우리가 처한 지구온난화의 위험은 그 원인을 대부분의 사람이 간과하면서 살고 있다는 점에서 미필적 고의에도 못 미친다. 지구촌의 수많은 사람은 지구온난화의 주범이 무엇이며 그 재앙이 얼마나 큰지보다 더 심각하게 생각해야 할 것이다. 화석연료의 무분별한 소비로 인하여 배출되는 이산화탄소, 축산폐수 등에서 발생하는 다량의 메탄가스, 남용되는 질소 비료에서 발생하는 이산화질소 등이 대기로 들어가 잔류하면서 야기된 지구온난화, 그리고 이로 인한 지구생태계의 심각한 파괴와 해수면 상승 등으로 인한 자연재해로 당면한 인류의 재앙 등은 최근에 들어야 매스컴을 통하여 조금씩 사람들에게 알려지기 시작했다. 그러나 주변의 사람들한테 이러한 심각성을 떠올리게끔 이야기해보면 대부분의 반응은 놀랍도록 '차분하다'. 우리가 별생각 없이 무분별하게 사용하고 있는 휘발유, 육식지상주의, 빅데이터를 돌리기 위한 막대한 전기 사용, 플라스틱 남용으로 인한 (해양) 생태계 오염…, 우리는 '이 정도쯤이야' 하면서 별다른 생각 없이 누리고 있는 우리의 일상이 자연 생태계와 인류 미래에는 거대한 재앙을 유발하고 있다는 사실을 실감하지 못하고 있다.

지금까지 지구온난화의 폐해 몇 가지를 되짚어보았지만, 사실 이보다도 더 큰 재앙을 기후변화로 인하여 겪고 있는지도 모른다. 요즘 불시에 창궐하여 전 세계를 공포에 몰아넣고 있는 신종 코로나바이러스의 경우도 우리는 그 창궐 원인을 잘 모르고 있다. 지구온난화의 직접적인 영향은 대기의 고온 현상이겠지만 우리한테 더 큰 재앙으로 다가오는 것들은 기후변화의 간접적인 재앙이다. 초대형 홍수나 가뭄, 해일, 수질 오염, 곡물 생산량 감소 (그리고 이로 인한 내전, 난민 등의 정치 사회적 갈등) 등등 헤아릴 수 없지 않지만, 바이러스를 퍼트리는 질병도 기후변화가 큰 원인 중 하나라는 견해가 있다.

가령 기후변화로 야생동물의 서식지가 줄어듦에 따라 야생동물이 인간의 서식지로 진출하게 되어 야생동물에만 있던 바이러스가 사람에게 감염될 가능성이 높아진다는 것이다. 만일 이것이 '인수공통감염병' 증가의 원인일 수 있다면 지구온난화의 파장은 헤아릴 수 없을 정도고 작금의 '코로나19 팬데믹'은 결국 인류가 자초한 것이라고도 볼 수 있을 것이다. 사실 대부분의 자연재해는 인재(人災)에서 비롯되었음을 아는 것이 인류세를 사는 우리의 자세여야 한다. 인류세를 살고 있는 내 자신을 보면 '사람으로 태어난 것이 저주'라는 생각을 떨칠 수 없다. 지금의 코로나 사태가 우리 인류한테 주는 교훈은 분명한 것으로 보인다. 소위 신자유주의 세계화의 물결 속에서 우리 인간들은 자연을 파괴하고 착취하면서도 일말의 죄의식도 없이 살아왔다. 그간 우리가 저지른 (지구생태계 파괴 등의) 만행이 신종 바이러스라는 부메랑으로 돌아온 것일지도 모른다. 소위 지구공동체를 여러모로 좌지우지하고 있는 주요 국가들의 폐해가 더 두드러져 보이는 것은 지구생태계가 인류한테 던지는 선전포고가 아닐지. 인간과 바이러스, 아니 인간과 자연의 전쟁이 언제 끝날지 모른다. 세계 초강대국을 자처하던 국가들이 바이러스 앞에는 맥을 못 추고 있다. 지금부터라도 인간은 좀 더 겸손해져야 하고 지구 생태계의 파괴를 멈춰야 한다. 우리가 매일매일 행하고 있는 무지의 죄악을 하루속히 씻어버려야 한다.

앞서 말했듯, 자고로 모르고 저지르는 죄가 알고 저지르는 죄보다 더 큰 법이다. 실정법에서는 모르고 짓는 죄의 형량이 상대적으로 낮지만, 불가(佛家)에서는 모르고 짓는 죄를 가장 큰 죄로 간주한다. 알고 짓는 죄는 일말의 죄의식을 느끼고 후회도 하면서 개선의 여지가 있기도 하지만 모르고 범하는 죄는 그것이 죄인 줄 모르기 때문에 늘 '당당하고' 그러한 악행에서 끝까지 빠져나올 수가 없다. 그럼 가장 악질적인 '무지의 죄'를 범하지 않을 수 있는 방법은 무엇인가? 당연히 그것은 '무지에서의 탈출'일 것이다. 이것을 우리는 '자각(自覺)' 또는 '계몽(enlightenment)'이라고 한다. 즉 우매함을 깨우치는 것인데 말 그대로 '모르고 있음을 알게 되는' 것이다. 이 책을 집필하게 된 이유는 단순하다. 인류세를 살고 있는 우리의 자각과 계몽을 촉발하기 위함이다.

이 책은 총 9개의 장으로 되어있다. 1장에서는 인류세의 쟁점들을 명쾌하게 규정함과 동시에 실천 원칙도 제시하고 있다. 2장에서는 지구의 미래 모습을 생생하게 묘사하고 있다. 정말 악몽 같은 미래다, 가능세계로 끝나기를 희망하는. 3장은 인류세 문학을 조명하고 있다. 비록 인류가 인류세의 위기를 초래하여 인류 멸종의 단초를 제공했다고 해도 인류세의 위기를 넘어설 수 있는 길도 문학적 상상력에서 찾을 수밖에 없지 않을지…. 4장에서는 4차 산업혁명과 같은 과학기술 발달의 명암을 인류세 시대에 재조명하고 있다. '인간이 기계보다 낫다'는 신념으로 인간 중심의 이기심이나 자연 파괴적 정복이 아닌 인간보다 생명존중의 모든 만물에 대한 책임감 있는 공존을 모색하는 것이 과학기술의 발달에 전제되어야 함을 강조하고 있다. 5장에서는 인간중심으로 편성된 법의 질서와 원리에 대해 인류세는 비인간 존재들의 고유한 자리를 인정할 것을 요구한다고 한다. 동물과 자연의 권리를 인정하고, 패러다임 전환의 기초로서 지구법에 대한 사유를 요청한다. 6장은 지구를 활성화된 시스템으로 간주하는 가이아 이론을 심층적으로 고찰한다. 지구를 생명권과 비생명권의 상호작용을 통해 유지되는 자기조절 시스템으로 본다면 자연스럽게 탈인간중심주의로 귀결되며, 자연과 인간의 구분법이 아무 소용없음을 보여준다. 7장에서는 인간이 지구에 미친 해악 중에서 수질오염과 관련된 주제를 다루는 영화들을 집중적으로 재조명하면서, 이러한 영화들이 관객들에게 어떠한 '교정적 깨달음'을 제공할 수 있는지 논의하고 있다. 8장에서는 16살 여성 청소년 기후 활동가 툰베리의 도전적인 언행이 일부 몰지각한 집단에 의해 여성혐오와 아동혐오, 장애인혐오, 대중혐오라는 중층적 혐오의 표적이 되고 있음을 보여주고 있다. 이는 인류세라는 거대서사 속에서도 인간사회의 차별이 여전히 존재하며 이러한 불평등 구조가 심화될 수 있음을 보여주는 것이기도 하다. 마지막 9장에서는 그동안 한국사회에서 소홀히 취급되어왔던 인류세 시대의 언어의 영향과 역할에 대하여 심층적으로 고찰하고 그 문제점과 올바른 언어생활을 제시하고 있다. 또한, 인간의 본성을 재성찰하고 인류세 시대의 가장 인간적인 삶은 무엇일지 재정립해본다.

이 책이 나올 수 있도록 물심양면으로 지원해준 건국대학교 대학혁신지원사업 PRIME Research Group 프로그램에 사의를 표한다. 아울러 출판을 허락해 주신 도서출판 들녘의 이정원 대표님과 들녘 모든 분들의 노고에 감사드린다.

2020년 3월
안희돈

'You have stolen my dreams and my childhood with your empty words,' climate activist Greta Thunberg has told world leaders at the 2019 UN climate action summit in New York. In an emotionally charged speech, she accused them of ignoring the science behind the climate crisis, saying: 'We are in the beginning of a mass extinction and all you can talk about is money and fairy tales of eternal economic growth - how dare you!'

UN secretary general hails 'turning point' in climate crisis fight
This video was relaunched on 24 September 2019 to reinstate a short segment of speech that was edited out in the original version

'You have stolen my dreams and my childhood with your empty words,' climate activist Greta Thunberg has told world leaders at the 2019 UN climate action summit in New York. In an emotionally charged speech, she accused them of ignoring the science behind the climate crisis, saying: 'We are in the beginning of a mass extinction and all you can talk about is money and fairy tales of eternal economic growth - how dare you!'

UN secretary general hails 'turning point' in climate crisis fight
This video was relaunched on 24 September 2019 to reinstate a short segment of speech that was edited out in the original version

01

김종갑

인류세의 쟁점들

몇 년 전만 하더라도 인류세는 낯설고 생소한 용어였다. 소득세나 재산세, 자동차세와 같은 세금에 예민한 사람들 가운데 '인류세가 새로운 종류의 세금인가' 하고 오인하는 이도 적지 않았다. 물론 인류세(人類稅)가 아니라 인류세(人類世), 세금이 아니라 시대를 일컫는다. 그럼에도 세금이라는 말은 단순한 착각으로 간주하기에는 무시할 수 없는 귀중한 의미를 가지고 있다. 나는 '인류세(人類稅)'의 개념을 통해 진정한 의미의 '인류세(人類世)'를 설명할 수 있다고 생각한다. 우리는 대한민국의 시민이기 때문에 시민세(주민세)를 내고, 또 그것이 당연하다고 여긴다. 내가 서울에 살 수 있는 권리는 당연히 주어진 것이 아니다. 세금을 내야만 살 수 있는 권리를 가진다. 이것은 지구에 대해서도 마찬가지가 아닐까? 우리는 지구에 살고 있다. 그럼에도 지구에 한 번도 세금을 낸 적이 없다. 그렇다면 지금까지 미납된 세금이 얼마나 될까? 세금을 납부하지 않다가 한꺼번에 내려고 하면 세금 폭탄이 된다. 인류세는 지구에 대한 인간의 책임을 강조하는 개념이다. 우리에게는 지구가 더 이상 망가지지 않도록 지구를 구할 책임이 있다.

인류세는 인간이 지구에 가한 엄청난 충격으로 인해서 지구가 비정상적으로 바뀐 지질학적 상황을 가리킨다. 우리는 기후변화, 해수면의 상승, 오존층의 파기, 야생 동식물의 멸종과 같은 소식을 많이 들어왔다. 그러면서도 시간이 지나면 상황이 좋아질 것이라는 희망의 끈을 놓지 않고 있었다. 지구가 인간이 더 이상 살 수 없는 죽음의 행성이 될 것이라고 생각해본 적이 없었다. 그러나 인류세는 그러한 걱정이 이제 기우가 아니라 충분히 가능한 현실이 되었다는 사실을 가리키고 있다. 괜한 걱정이 아니라 진짜 걱정이 된 것이다.

그런데 인류로 인해서 지구가 정말로 위기에 처한 것일까? 인간이 거대한 지구를 좌지우지할 정도로 엄청난 능력을 가지고 있을까? 『인류세의 모험』의 저자 가이아 빈스(Gaia Vince)에 따르면 인류는 "지구를 산산조각 낸 소행성 충돌, 지구를 연기 장막으로 뒤덮은 화산 폭발" 같은 사건에 필적하는 "지구 물리적 힘"을 소유하고 있다. 과연 그러할까? 만약 인류가 그렇게 엄청난 우주적 힘을 가지고 있다면 위기를 해결하는 능력 또한 가지고 있지 않을까? 그런데 동시에 이런 생각이 들 수도 있다. 어쩌면 지구의 위기는 인류와 무관할 수도 있지 않을까? 기후변화는 과거에도 수없이 많이 발생했다. 빙하기에 공룡이 멸종했다. 빙하기는 천재지 인재가 아니었다. 더구나 미국의 대통령 트럼프는 기후변화는 과학자들의 거짓말이라고 일소에 붙이지 않았던가.

우리는 지구가 천년이고 만년이고 언제나 처음의 모습 그대로 있을 것이라고 생각하기 쉽다. 그러나 달에서 찍은 지구의 사진을 보면 그렇지 않을지도 모른다는 두려움이 들기도 한다. 작고 푸른 유리구슬

같은 지구는 다른 구슬에 부딪히면 금방 깨질 정도로 아슬아슬하고 위태위태해 보인다. 6500만 년 전에 발생했던 공룡의 멸종은 거대한 운석이 지구와 충돌했기 때문이라고 한다. 엄청나게 거대해 보이는 지구도 밖에서는 작아 보인다. 서울을 생각해보자. 달에서 보면 서울은 눈에 보이지도 않는다. 지구로부터 멀리 벗어나지 않으면 지구 전체의 윤곽이 보이지 않는다. 인류세는 먼 거리로부터 우리가 지구의 건강과 운명을 다시금 생각하도록 만들어준다. 현재 지구가 몸을 뒤척이며 시름시름 앓고 있다. 이때 우리는 지구를 위해서 무엇을 해야 할 것인가?

이 글은 인류세가 무엇인가 하는 질문과 더불어 출발한다. 그다음에는 인류세라는 용어가 과연 정당한 것인지에 대한 질문을 던지면서 그것의 대안도 생각해볼 것이다. 지구의 위기에 대해 책임이 있는 사람은 모든 인간이 아니라 유럽인이거나 남성, 부자라는 주장도 있다. 인류세를 '유럽세'나 '자본세' '남성세'로 대체해야 한다는 것이다. 결론에서는 우리는 인류세의 시대를 어떻게 살아야 하는지에 대한 윤리적 고민을 하게 될 것이다. 17세기에 살았던 네덜란드의 철학자 스피노자는 지구가 내일 멸망하더라도 오늘 한 그루의 사과나무를 심을 것이라고 말했다고 한다. 나는 그의 말이 절대적으로 옳다고 생각한다. 아무리 죽어라 노력을 하더라도 지구는 예전의 생태적 건강을 회복하지 못할 수도 있다. 그렇지만 우리에게는 노력하는 것 이외에 다른 선택의 여지가 없다. 가만히 손 놓고 있을 수는 없기 때문이다.

인류세는 무엇인가?

인류세를 올바로 이해하기 위해서 우리는 이 말이 역사적 용어라기보다는 지질학적인 용어라는 사실에서 출발해야 한다. 지리학이 육안으로 보이는 지구의 표면을 연구하는 학문이라면 지질학은 눈으로 보이지 않는 지하의 지구, 즉 지층을 연구하는 학문이다. 지표와 달리 지층은 쉽게 변화하지 않는다. 더욱이 100~200년의 짧은 시간에는 변하지 않는다. 전라북도 부안의 채석강에 가면 지층의 변화가 무엇인지 눈으로 확인할 수 있다. 수천만 년의 시간을 견디면서 생겨난 지층들이다. 나무의 나이테처럼 보인다. 역사의 단위가 100년, 기껏해야 1000년이라면 지층의 단위는 최소 1만 년, 길게는 1억 년이다. 고생대와 중생대를 지나서 신생대는 공룡이 멸종한 6500만 년 전에 시작되었다. 우리가 살고 있는 시대는 홀로세(Holocene, 완신세)다.

　지구가 언제나 지금처럼 온난했던 것은 아니었다. 살기에 좋은 온난한 지구 환경은 약 1만2000년 전에 형성되었다. 이때부터를 홀로세라고 한다. 문제는, 과연 현재의 지구는 여전히 홀로세에 해당하는가 하는 질문이다. 홀로세의 지구 환경과 너무나 다르게 변화했다면 새로운 이름으로 붙여야 한다. 우리는 기후변화와 오존층의 파괴, 미세먼지, 플라스틱 등의 생태적 문제로 시달리고 있다. 그리고 산업혁명 이후 지금까지 지구의 온도가 섭씨 1도 정도 상승했다. 이는 부정할 수 없는 엄연한 사실이다. 그러나 그러한 환경의 변화가 지구의 지층 변화까지 변화시켰는가 하는 질문은 그러한 사실의 영역에 해당하지 않는다.

지질학자들에게 '세(世)'는 지층의 변화를 말해주는 용어다. 땅을 깊숙이 파내려가다가 과거와는 다른 뚜렷한 지층을 발견하면 세를 새롭게 명명해야 하는지 고민해야 한다. 땅속 어디에나 석유와 석탄이 매장되어 있는 것이 아니다. 석탄은 하나의 층을 이루고 있다. 죽은 식물들이 오랜 기간 쌓여서 형성된 흑갈색의 암석이 석탄이다. 그리고 중동의 석유는 공룡이 멸종했던 쥐라기와 백악기의 지층에서 생성되었다. 전 지구적 규모의 천재지변은 지층에 확실한 증거를 남긴다. 그렇다면 인류세에 대해서도 그러한 질문이 가능하다. 지금으로부터 1만 년이

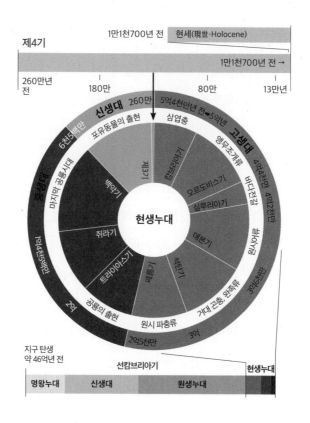

지난 미래의 지질학자가 현재의 지층에서 과거와는 다른 새로운 특징을 발견할 수 있을 것인가? 기후의 변화만 가지고는 새로운 세의 정당성을 주장할 수 없기 때문이다.

인류세라는 용어가 처음으로 공론화된 것은, 2000년 2월 멕시코에서 열린 지구환경 국제회의장에서였다. 이 자리에 참석했던 학자들 가운데는 1995년 노벨 화학상을 수상했던 네덜란드의 대기화학자 파울 크뤼천(Paul Crutzen)이 있었다. 그가 갑작스럽게 일어나더니 지구는 이제 홀로세가 아니라 인류세(Anthropocene)로 다시 명명되어야 한다고 주장했다. 이 용어는 인류를 뜻하는 희랍어 'anthropos'와 시대를 뜻하는 'cene'가 결합된 것이다. 황당한 발언으로 들렸지만 그와 같이 뛰어난 과학자가 허튼 소리를 할 리가 없었다. 그러나 지질의 변화는 쉽게 제기할 수 있는 문제가 아니었다. 이로부터 2년이 지난 2002년에 그는 『네이처(Nature)』지에 「인간의 지질학(Geology of mankind)」이라는 글을 게재했다. 일부를 인용하기로 한다.

지난 세 번의 세기가 지나는 동안 인간은 지구 환경에 커다란 영향력을 행사했다. 시간이 지날수록 더욱 규모가 커지고 있다. 이와 같은 '인류세적'인 이산화탄소의 배출로 인해서 지구의 기후는, 미래에도 자연스럽게 유지되어야 할 지구 환경을 획기적으로 바꿔놓을지 모른다. 이 점을 생각할 때 현시대를 인류세라고 명명하는 것도 합리적으로 보인다. 이것은 과거 1만 년에서 1만2000년 동안 지속되었던 온난한 시대 완신세(Holocene)를 대체하는, 인간이 지배하는 지질학적 시대를 의미한다. 인류세는 18세기 후반에 시작된 듯이 보인다. 북극의 빙산 속에 담겨 있는 공기를 분석해보면 이산화탄소와 메탄의 양이 전 지구적으로 증가하고 있다는 것을 알 수 있다. 이 시기는 제임스 와트가 증기기관을 발명했던 1784년과 시기적으로도 일치한다.

그의 주장을 간략히 정리하면 다음과 같다. 오랜 빙하기가 끝나고 1만2000년 전부터 지구는 온난한 기온을 유지하기 시작했다. 완신세가 시작된 것이다. 그런데 18세기 후반에 시작된 산업혁명은 이러한 지구의 환경을 극적으로 바꿔버렸다. 이산화탄소와 메탄 방출량의 급증이 그 원인이었다. 우리는 이러한 변화를 인정하고 인류세라는 새로운 용어를 사용해야 한다.[1]

파울 크뤼천의 충격적인 주장은 금방 입소문을 타면서 수많은 논쟁을 야기했다. 모든 학자들이 그의 주장을 전폭 지지했던 것은 아니었다. 다음과 같은 의문들이 줄을 이었다. 새로운 세를 지정해야 할 정도로 장기적이고 대규모적인 지각변동이 있었던가? 현재의 환경 변화가 바위나 빙하, 심해 침전물 등 땅의 구성 요소에 뚜렷한 흔적을 남겼는가? 그렇다 하더라도 그러한 변화의 실체를 확인할 수 있는가? 그의 주장에 찬성하는 학자들도 정작 인류세의 시작을 정하는 문제에 대해서 생각을 달리하기도 했다. 인류세의 시작은 산업혁명이 아니라 훨씬 이전의 농경시대로 거슬러 올라가야 한다는 주장이 있는가 하면, 원자폭탄 실험과 더불어서 산업혁명의 결과가 기하급수적으로 증가했던 제2차 세계대전이어야 한다는 주장도 있었다.

인류세를 둘러싼 찬반의 논쟁을 매듭짓기 위해서 국제지질연합(IUGS) 산하의 '인류세 실무그룹(AWG)'이 출범했다. 미국과 영국, 독일을 비롯한 12개국 과학자 34명이 참가하는 이 모임은 인류세를 새로운 세로 공식 등록할 수 있는지에 대해 2010년부터 집중적인 연구를 시작했다. 이에 대해서 2019년 5월 21일에 투표가 있었다. 그 결과는 34명 중 29명 찬성에 반대표는 4에 지나지 않았다. 홀로세가 끝나고 인류세가 시작되었음을 공식적으로 선포할 수 있는 준비가 된 것이다. 그러나 AWG의 결정 자체가 절대적 효력을 발휘하는 것은 아니다. 국제층서위원회(ICS)의 비준이 있어야 한다. 지질 시대를 최종적으로 지정하는 주체가 국제층서위원회이기 때문이다.

AWG는 무엇을 기준으로 홀로세의 종말과 인류세의 시작을 결정할 수 있었을까? 이 모임의 위원장인 영국 지질학자 얀 잘라시위츠(Jan Zalasiewicz)는 "인류세는 지질학적인 시간과 과정, 지층의 단위로 충분히 사용될 수 있다. 그것은 구별이 가능하고 그 자체로 뚜렷한 특징을 가진다"고 말했다. 그 증거로 세 가지를 제시했다. 방사선 물질과 플라스틱, 그리고 닭뼈다. 놀랍지 않은가. 공룡의 화석이 쥐라기의 증거였다면, 인류세의 증거가 닭뼈라니!

인류세의 가장 유력한 증거는 방사선 물질이다. 1940년대 후반에 이후로 잦은 원자폭탄 실험이 있었으며, 1945년에는 히로시마에 원폭이 투하되었다. 이것이 일회적 사건으로 종료되었던 것은 아니었다. 핵실험은 지층의 역사에 결코 지워지지 않을 증거를 남겨놓았다. 핵폭발 때 성층권에 올라가 잔류했다가 지표면으로 떨어진 낙진, 즉 방사성 물질이 그것이다. 미래의 지질학자는 현재 지구의 지층에서 그러한 방사성 물질을 대량 검출할 수 있다는 것이다.

플라스틱에 대해서는 굳이 설명이 필요하지 않을 것이다. 인류가 발명한 최고의 발명품이자 최악의 발명품이 플라스틱이라는 말이 있다. 처음 사용된 때는 1950년이었다. 당시에는 값비싸고 귀한 물건이었다. 그러나 대량으로 생산되어 한 번 사용하고 쉽게 버려도 좋은 일회용품이 되면서 전 지구의 표면을 뒤덮기 시작했다. 바다를 떠다니는 플라스틱의 섬, 죽어서 부패한 바다거북의 배에서 쏟아진 플라스틱, 우리의 호흡기로 들어오는 플라스틱 미세먼지 등, 플라스틱의 위협은 끝이 없다. 바다 물고기의 몸에도 방대한 비중의 플라스틱이 있다. 잘라시위츠의 말을 빌리면, "플라스틱을 먹이로 착각한 어미 물고기가 새끼들에게 그것을 물어다준다. 이들의 배설물에 들어 있는 플라스틱 일부가 해저에 가라앉는다. 그 결과 지구의 표면이 플라스틱으로 덮여가고 있다." 설상가상으로 이와 같이 대량으로 사용되는 플라스틱은 분해되거나 썩지 않는다. 정확한 분해의 기간을 확정짓기는 어렵지만 약 500년의 시간이 소요되는 것으로 추정된다.

인류세의 또 다른 증거인 닭에서 먼저 연상되는 것이 아마 '치맥'일 것이다. 닭고기는 우리의 일상과 떼어놓을 수 없는 음식이 되었다. 한국육계협회의 통계에 따르면 2017년에 국내에서 도축된 닭은 9억 3600만 마리였다. 대한민국의 인구가 5000만이라면 1명이 매년 20마리의 닭을 먹은 셈이다. 이와 같이 엄청난 양의 치킨을 먹어치우면서도 과거의 공룡처럼 닭뼈가 현재를 입증하는 화석이 될 것이라고 생각한 사람은 없었을 것이다. 앤드루 롤러(Andrew Lawler)의 『치킨로드(*Why Did the Chicken Cross the World?*)』에는 미래의 지질학자가 현대의 지층을 조사하는 장면이 있다.

> "여기가 닭뼈들이 발견된 지층입니다."
> 그는 내 코 바로 앞의 검은 지층을 가리키며 말했다.
> "이 뼈들은 현대의 것과 전혀 섞이지 않았다고 확신합니다. 여긴 켄터키 프라이드 치킨이 전혀 없다고 봐야지요."[2]

과거의 닭뼈와 현대의 닭뼈를 쉽게 구분할 수 있다는 이야기다. 우리나라의 지층이라면 아마 교촌이나 BBQ 치킨의 뼈가 무성했을 것이다. 그렇다고 세계에서 우리나라가 가장 많이 닭고기를 먹는다는 이야기는 아니다. 국가별 닭고기 소비량과 비교하면 비교적 적게 소비하는 편이다. 2014년 기준 우리나라의 연간 1인당 닭고기 소비량이 15.4킬로그램인 반면에 미국은 44.5킬로그램, EU는 21.6킬로그램, 세계 평균이 13.2킬로그램이었다.[3] EBS에서 2019년에 방영한 '인류세 3부작'의 1부 제목이 〈닭들의 행성〉이었다. 현재 전 세계 인구는 약 77억 명인데, 인간의 식탁에 오르기 위해서 매년 650억 마리의 닭들이 도살된다.

이와 같은 방사선 물질과 플라스틱, 닭뼈 이외에도 인류세의 특징으로 질소와 인산염의 증가, 지하에 매립된 오염물질 등을 들 수 있다. 이와 더불어서 지층의 우리에게 가장 직접적이고 충격적으로 다가오는 인류세의 증거는 대기의 변화와 온실가스, 지구온난화다. 과거 홀로세에 이산화탄소 농도가 약 280ppm이었다면 지금은 400ppm에 달한다. 또한 산업혁명 이후로 지구의 온도가 섭씨 1도 정도 상승했다. 앞으로 1도만 더욱 오르면 북극 빙하가 완전히 사라질 수 있다는 충격적인 소식도 들린다. 조천호 전 국립기상과학원장은 "미세먼지가 불량배라면, 기후변화는 핵폭탄"이라고 주장했다. 미세먼지는 노력하면 어렵지 않게 해결할 수 있지만 일단 배출된 온실가스는 이후로도 수백 년 동안 대기에 남아 계속 축적에 축적을 거듭한다고 한다.[4]

인구의 증가도 지구의 생태계를 위협하는 가장 큰 요소의 하나다. 인구가 증가하면 증가할수록 이에 비례해서 에너지 소비와 쓰레기 배출, 환경오염 등이 급증한다. 지구가 감당할 수 있는 수용능력을 초과하는 것이다. 1만 년 전 지구의 인구는 100~200만 명에 지나지 않았다. 다른 영장류에 비해서 숫자가 아주 많지는 않았다. 농업기술의 발달이 인구폭발을 가져왔다. 공자와 석가, 예수가 탄생한 시기에 지구의 인구는 2~3억 정도가 되었다. 그러더니 산업혁명 이후로 19세기 후반에는 10억으로 급증했다. 60억을 돌파한 것은 1999년이었다. 지금은 77억의 인구가 지구에 있다. 우리나라의 경우에 19세기 초에 1500만이었던 인구가 현재는 남북한을 합쳐 7600만이 넘는다. 지금 이 순간에도 인구는 계속 증가하고 있다. 앞으로 30년 후인 2050년에는 인구가 약 100억으로 늘어날 것으로 예상된다고 한다. 지구를 송두리째 먹어치우지 않으면 그 많은 인간이 살아가기 어렵게 될 것이다.

인류세의 인류는 누구인가?

서두에서 인류세는 인류가 지구에게 내야 하는 세금으로 이해될 수도 있다고 말했다. 누군가의 땅을 빌려 쓰면 주인에게 임대료를 내야 한다. 그 토지를 통해서 수입을 올리려면 일정한 액수를 임대료로 지불해야 하는 것이다. 세상에는 공짜가 없다. 임대료로 이익을 챙기는 땅 주인도 국가에게 세금을 내야 한다. 반면에 토지가 없는 사람은 토지세를 내지 않는다. 땅을 빌려서 쓰지 않는 사람도 임대료를 지불하지 않는다. 인류세도 마찬가지가 아닐까? 모든 인류가 다 똑같은 것은 아니다. 땅을 가진 사람이 있는가 하면 없는 사람도 있듯이, 지구에 위기를 초래한 사람이 있는가 하면 그렇지 않은 사람도 있다. 산업혁명 이후로 문명이 발달하면서 에너지의 수요와 소비가 기하급수적으로 증가했다. 이산화탄소의 배출량도 증가했다. 그러나 모든 나라들이 똑같이 에너지를 소비하는 것은 아니다. 미국이나 유럽의 부유한 나라들은 아프리카나 방글라데시와 같이 가난한 나라에 비해서 훨씬 많은 양의 지구 자원을 소비한다. 그리고 소비가 증가할수록 쓰레기의 배출량도 증가한다.

지구를 변화시킨 주역이 인류라고 할 때 이러한 인류(anthropos)는 누구일까? 현재 지구상의 인구는 77억이다. 지구에 입힌 피해의 총량을 n이라고 할 때 각 개인이 'n/77억'의 책임을 져야 하는 것일까? 국가는 어떠한가? 전 세계에 228개의 국가가 있다고 한다. 지구의 환경 파괴에 대해서 각 국가는 'n/228'의 책임을 짊어져야 하는 것일까? 물론 그렇지는 않다.

사용하고 소비했던 제품은 우리의 손을 떠나는 순간에 쓰레기가 된다. 쓰레기를 버리는 손은 한 명이 아니라 77억 명의 손이다. 언제부턴가 지구가 쓰레기로 몸살을 앓고 있다는 말이 인구에 회자되기 시작했다. 쓰레기 대란이라는 용어도 등장했다. 2018년에 미국 시사지 『뉴스위크(Newsweek)』는 세계은행이 발간한 보고서에 기초해서 쓰레기 배출의 심각성을 지적했다. 2016년 한 해 20억 톤이었던 쓰레기 배출량이 2050년에는 34억 톤으로, 70퍼센트가 증가한다. 플라스틱 쓰레기는 어떠한가? 2016년 통계청 발표에 따르면 우리나라는 연간 플라스틱 소비량이 세계에서 1위라고 한다. "일본(66.9킬로그램), 프랑스(73.0킬로그램), 미국(97.7킬로그램)을 제치고 한국이 1위(98.2킬로그램)다."[5] 똑같은 나라에도 가난한 자와 부유한 자들이 있듯이 에너지 소비에도 국가별 빈부 격차가 심하다. 한겨울에도 난방을 하지 못해서 옷을 껴입고 토끼잠을 자는 나라가 있는가 하면, 지나친 난방으로 겨울에도 속옷 차림으로 지내는 나라도 있다. 2016년 주요 대륙별 원유 소비량 비교에 따르면 전 세계 소비량의 20.7퍼센트를 미국이, 일본은 4.7퍼센트, 대한민국은 2.7퍼센트, 인도는 4.2퍼센트, 아프리카 대륙 전체는 4.1퍼센트였다. 나라마다 전기 소모량에서 커다란 편차를 보이는 것이다.

이렇게 에너지를 많이 소비해도 괜찮은 것일까? 에너지의 사용량이 증가하면 누진세가 붙는다. 그렇다면 지구는? 지구는 얼마나 많은 에너지의 소모를 견딜 수가 있을까? '빨대를 꽂는다'는 말이 있다. 우리는 지구에 빨대를 꽂아놓고서 엄청난 에너지를 뽑아 쓰고 있다. 공장, 자동차, 냉난방 등 빨대의 숫자는 이루 헤아릴 수가 없다. 지구가 견딜 수 있는 용량을 이미 오래전에 초과했다는 우려의 목소리도 높다. 글로벌 생태 발자국 네트워크의 보고서를 참고하면 그 실상을 알 수 있다.

이 네트워크는 매년 인류가 사용할 수 있는 자연자원의 양을 공개를 하는데, 2016년의 보고서에 따르면 현재의 소비를 감당하기 위해서는 지구가 1.6개 필요하다고 한다. 에너지 소비량이 낮고 국토 면적이 넓은 아프리카나 인도, 브라질과 같은 국가를 포함해도 그러하다. 이러한 나라에 비하면 우리나라의 자연자원은 매우 빈약한 형편이다. 그럼에도 에너지 소비량은 세계에서 최고다. 우리가 현재처럼 에너지를 사용하기 위해서는 대한민국의 국토가 8.4개는 필요하다고 한다. 자연자원에 대한 우리나라의 수요가 국토 생태계 재생 능력의 8.4배를 초과한다는 말이다. 일본은 7배의 영토, 영국은 3.8배의 영토, 중국은 3.6개의 영토, 미국은 2.2개의 영토가 필요하다. 만약에 인류 전체가 한국인처럼 지구가 3.3개 필요하다.[6]

이와 같이 나라마다 에너지 소비량이 천차만별이라는 사실은 인류세의 인류가 똑같지 않다는 것을 알려준다. 생태자원을 많이 소비하는 나라가 있는가 하면 그렇지 않은 나라도 있다. 개인도 마찬가지다. 에너지를 아낌없이 소비하는 사람이 있는가 하면 전기의 혜택도 받지 못하는 사람도 있다. 지구가 처한 위기에 대해서 모든 국가나 모든 개인이 똑같은 책임을 질 수 없는 것이다. 인류세의 인류는 하나가 아니다. 아마존강 유역을 세계의 허파라고 한다. 세계의 허파를 영토로 가진 브라질의 상황은 한국의 상황과 너무나 다르다. 그럼에도 인류세라는 명칭은 그러한 차이를 보여주지 않는다. 인류 전체를 총칭하기 때문에 지역적·국가적·개인적 차이가 간과되는 것이다. 자본주의가 고도로 발달한 나라와 그렇지 않은 나라, 과거에 수많은 나라를 침략해서 식민지로 만들었던 제국주의 국가들과 이들의 야욕에 희생되었던 국가들의 차이가 무시될 수 있는 것이다. 이러한 차이를 드러내기 위해서는 인류세를 대체할 수 있는 새로운 개념들이 필요하다는 주장이 설득력을 가진다.

인류세를 대체하는 몇몇 용어들을 살펴보자. 먼저 '자본세(Capitalocene)'는 생태계를 희생시키면서 성장하는 자본주의의 폭력을 지적하는 개념이다. 이와 비슷한 용어로 '플랜테이션세(Plantationocene)'가 있다. 이것은 자본주의의 등장 이전에 출범했던 대규모 농장에서 생태계 위기의 원인을 찾는 용어다. '유럽세(Eurocene)'는 지정학적 차이를 강조하는 것으로, 현재 지구의 위기에 대해 비유럽이 아니라 유럽이 책임을 져야 한다는 입장이다. 탄소나 탄화수소가 기후변화의 주범이라는 사실을 강조하는 '카본세(Carbocene)'라는 용어도 있다. '남성세(Manthropocene)'는 자연을 무자비하게 개발하고 착취한 것은 여성이 아니라 남성이라는 점을 지적하는 개념이다. 이 외에도 인류의 생태학적 무지를 강조하는 '무지세(Agnotocene)', 다양한 종들의 멸종을 가리키는 '멸종세(Thanatocene)' 등이 있다. 그리고 에드워드 윌슨(Edward Wilson)은『인간 존재의 의미』에서 다른 모든 생명이 사라지고 지구에 인간종만이 생존하는 시대를 '에메모세(Eremocene)', 즉 고독의 시대라고 불렀다.

대농장세, 자본세, 유로세

페미니스트 생태학자로 유명한 도나 해러웨이(Donna Haraway)가 지구 위기의 정치적 측면을 지적하기 위해서 제안했던 개념이 '대농장세 (Chthulucene)'다. 이 용어는 유럽 제국주의자들이 오로지 이윤 추구의 목적을 위해서 평지와 초원, 숲을 무차별하게 개간해서 거대한 농장으로 만드는 과정에서 발생한 생태계의 파괴를 고발한다. 이러한 생태계 파괴와 떼어놓을 수 없는 것이 노동력의 무자비한 착취다. 신대륙이 발견된 이후로 유럽인들은 신대륙의 원주민을 무자비하게 살육하고, 그것으로도 모자라서 그들의 노동력을 착취해서 대농장을 운영했으며, 나중에는 아프리카를 점령하고 흑인들을 사로잡아서 미국 남부의 노예로 부려먹었다. 이 점에서 대농장세는 유로세와 밀접한 관련을 가지고 있다.

현재 지구가 처한 생태적 위기는 신대륙의 발견과도 밀접한 관련을 가지고 있다. 유럽의 경제 발전과 산업혁명을 자극한 원동력이었기 때문이었다. 이매뉴얼 월러스틴(Immanuel Wallerstein)을 비롯한 서양의 많은 학자들은 적어도 16세기까지는 중국이 유럽보다 경제·문화적으로 앞서 있었다고 보았다. 17세기 이후로 점점 유럽의 경제력이 향상되더니, 18세기 후반 이후로 중국을 따돌리게 되었다는 것이다. 미국 시카고대학의 교수 케네스 포메란츠(Kenneth Pomeranz)는 『대분기(The Great Divergence)』라는 책에서 신대륙의 발견이 유럽은 경제 발전에 결정적인 기여를 했다는 것을 논증했다. 그는 서유럽이 자본과 흑인의 노예 노동력을 신세계에 투입하고 신세계를 토지 집약적인 생산품의 공급처로 삼음으로써 경제적 도약의 발판을 마련했다고 보았다.

인류세가 지구를 변화시킨 인간의 능력을 가리킨다면, 이러한 변화를 가장 획기적으로 보여주는 최근의 사건이 '신대륙'이었다. 유럽인이 상륙했던 당시 신대륙에는 농사라는 개념이 없었다. 인디언은 숲에서 작은 부락을 이루어 살면서 사냥과 채집으로 생계를 유지했다. 모든 땅은 주인이 없고 개간되지 않은 상태나 다름이 없었다. 그런데 유럽인들은 이러한 자연의 땅에 말뚝을 박고 울타리를 둘러서 사유화하고 농작물을 경작하는 거대한 플랜테이션으로 만들었다. 그리고 노동력이 부족하자 아프리카의 흑인들을 사로잡아서 농장의 노예로 부려먹었다. 노예노동을 통해서 사탕수수 등의 작물을 대규모로 경작했던 것이다.

도나 해러웨이는 대규모 농장 경영을 지구 생태계를 망친 원인의 하나로 지목했다. 농경과 가축 사육이 일찍이 시작되었던 유럽이나 아시아와 달리, 신대륙은 유럽인들이 도착하기 전에는 매우 자연 친화적인 삶을 살고 있었다. 자연을 정복하고 변화시키는 것이 아니라 자연에 순응하고 적응하면서, 그리고 자연이 베푸는 선물에 고마워하면서 살았다. 사유재산이라는 것도 없었다. 땅과 숲의 소유자도 없었다. 남보다 많은 것을 차지하기 위해서 아등바등 경쟁할 이유도 없었다. 생계에 필요한 이상으로 사슴이나 곰, 늑대와 같은 동물을 사냥하지도 않았다. 이러한 이유로 생태계의 먹이사슬이 제대로 유지될 수 있었다. 그러나 유럽인들이 땅을 일구어서 농장으로 만드는 것으로도 만족하지 못하고, 불을 지르고 나무를 베며 숲을 개간해서 농토로 만들면서 그와 같은 먹이사슬이 무너지기 시작했다.

　중요한 것은, 농업의 시작이 자연과 인간의 관계를 근본적으로 바꿔놓았다는 사실이다. 이제 인간은 주어진 자연에 적응해서 사는 것이 아니라 자연을 자신의 필요에 맞게 변화시키기 시작했다. 그것은 자연의 문명화를 의미했다. 자연의 땅이 농지로 변하고 늑대와 말과 같은 야생동물들이 가축이 되었다. 즉 자연이 사유재산이 된 것이다. 인류세의 출발 지점을 현생 인류가 정착해서 농경생활을 시작한 시기로 거슬러 올라가야 한다는 주장이 터무니없는 것은 아니다.

　말이 나온 김에 농업의 시작과 인류세의 관계를 조금 더 추적해보기로 하자. 농작 면적이 증가하면서 숲이 경작지로 바뀌기만 했던 것은 아니다. 토양의 생태계도 피폐해진다. 땅은 식물들이 광합성을 통해 대기에서 흡수한 탄소로 만들어진 유기물을 포함하고 있다. 지렁이나 이끼와 같이 지하에 사는 토양생물들은 이러한 유기물을 먹고 자란다. 그리고 생명이 다한 유기체를 땅속에서 분해하는 다양한 종의 미생물들도 있다. 그런데 과도하게 땅을 경작하거나 지나치게 비료를 많이 사용하면 토양 속의 유기물의 퇴화가 촉진되어 탄소의 방출량도 증가하게 된다. 최근에 발표된 기후변화에 관한 정부 간 패널(IPCC)은 전 세계 경작지의 유기탄소함량이 원래에 비해 20~60퍼센트 손실되었다고 보고했다.

　축산업이 생태계에 미치는 악영향은 더 말할 나위가 없다. 공장의 굴뚝만이 오염물질을 내뿜는 것은 아니다. 축산업도 주요한 오염 유발자다. 최근에 축산업이 미립자 대기오염의 가장 큰 원인이라는 보도가 있었다. 가축의 배변과 질소 성분의 비료는 암모니아 가스를 배출하는데, 이것이 대기에서 오염물질과 결합해서 미세 먼지가 되어 심장과 폐질환을 유발한다. 가축 배설물이 대기에 다량의 메탄가스를 방출한다는 것은 잘 알려진 사실이다. 메탄가스는 지구온난화에 이산화탄소보다 80배 이상 심각한 영향을 준다.

달리 말해서 생태계를 훼손하지 않고서는 우리가 먹고 소비하는 음식을 생산할 수가 없다. 우리가 음식을 채소와 야채, 밥과 고기를 먹는다는 사실은 생태계를 먹어치운다는 말이나 다름이 없다. 생태계의 파괴가 계속되면 인류의 생존도 곧 위험에 처하리라는 것은 불을 보듯이 뻔한 사실이다. 이 점에서 인류가 자연에 지불해야 하는 세금이 인류세라는 점을 이해할 필요가 있다. 자연 환경을 망가뜨리기는 쉽지만 이미 망가진 자연을 다시 복원하는 것은 무척이나 어려운 일이다. 이를 위해서는 천문학적 규모의 예산과 엄청난 노력이 필요하다. 그렇지만 앞서 말했듯이 모든 국가와 모든 사람들에게 환경 파괴의 책임을 묻는 것은 온당하지 않다. 훨씬 많이 지구를 소비했던 국가가 있는가 하면 그렇지 않은 국가도 있기 때문이다.

일례로 투발루를 생각해보자. 9개의 섬으로 이루어진 남태평양의 나라로, 평균 해발고도가 2미터에 지나지 않는다. 1990년대 이후로 해수면이 상승해서 이미 두 개의 섬은 물에 잠겼고, 나머지 섬들도 해안가의 집들은 점차 물속에 잠기고 있다. 그 결과로 주민들은 기후 난민으로 전락하고 있다. 투발루가 지구 온난화에 원인을 제공하지 않았다.

여기에는 매연을 뿜는 공장도 없으며 주민들은 전기나 석탄, 석유를 거의 소비하지 않는다. 그럼에도 지구 온난화의 피해를 가장 직접적으로 받고 있는 것이다. 앞으로 몇 십 년이 지나면 투발루 전체가 물에 잠길 것이라고 한다. 끔찍하지 않은가. 가해자는 잘 먹고 잘 사는데 피해자는 난민으로 전락하고 있다는 사실이.

유로세와 대농장세, 자본세는 인류세를 정치화하고 지역화하는 용어들이다. 지구의 위기를 초래한 책임자를 지목하고 그 책임을 추궁하는 의미를 담고 있다. 인류세의 인류는 하나의 개념으로 동질화되고 통일되기에는 너무나 다양한 경제적·정치적 차이를 가지고 있다. 자연을 착취해서 배불린 사람들이 있었는가 하면 자연과 마찬가지로 착취를 당했던 사람들도 있었다. 단지 힘이 없다는 이유로 많은 나라들이 제국주의의 통치와 지배를 받아야 했다. 부유한 지주를 위해서 피땀을 흘리며 노동했던 미국 남부의 흑인 노예들이 또 하나의 단적인 예다. 인류세의 인류는, 일찍이 산업화에 성공했던 선진국들, 과거에 남의 영토를 침략해서 식민지로 만들었던 국가들이다. 이러한 나라들이 앞장을 서서 지구를 회복하기 위한 세금을 내야 할 것이다.

남성세

유로세와 자본세가 인류세를 정치경제화하는 용어라면, 남성세는 인류세를 젠더적 관점에서 설명하려는 시도다. 인간이라고 해서 모두 똑같지는 않다. 가난한 사람과 부유한 사람이 있다면 또 다른 한편으로 남성도 있고 여성도 있다. 유럽이 생태계 훼손에 대해 다른 나라보다 더욱 많은 책임이 있다면 이것은 남성도 마찬가지가 아닐까? 여성도 환경 파괴에 적극 동참했다고 말할 수는 없기 때문이다. 앞서 지목했던 인류세의 주범들, 자본가들, 제국주의자들, 농장주들의 절대 다수는 남성들이었다. 인디언이 평화롭게 살고 있던 땅을 약탈해서 자기 것으로 사유화했던 것도 남성들이었고, 이웃 나라를 침략해서 식민지 속국으로 삼았던 것도 남성들이었고, 아프리카의 흑인들을 짐승처럼 노예로 부려먹은 것도 남성들이었다. 인류세의 인류는 여성이 아니라 남성인 것이다.

인류세의 인류가 남성이라는 주장은 남성이 자연을 개척하고 착취했다는 사실로만 한정되는 것은 아니다. 남성이 자연에게만 폭력을 행사했던 것은 아니었다. 여성도 남성 폭력의 대상이었다. 가부장제도는 여성을 자연과 동급으로 취급했다. 남성이 세상을 무대로 활동하는 문명의 주인공이었다면 여성은 가정에 머물면서 출산과 양육, 가사를 책임져야 했다. 남성의 영역이 문화와 문명이었다면 여성의 영역은 출산과 양육이라는 자연적 활동이었다. 그것뿐만이 아니다. 야생의 늑대를 길들여서 애완견으로 만들었던 남성은 여성도 자기네들에게 순종하고 복종하도록 강요했다.

하나의 예로 '처녀지'라는 말을 생각해보자. 인간의 발길이 닿지 않은 자연 그대로의 땅을 처녀지라고 한다. 왜 굳이 총각지가 아니라 처녀지인가? 자연과 여성을 동일시했기 때문이다. 지구를 어머니로 부르는 것도 그러한 여성=자연의 또 다른 사례다. 아리스토텔레스와 같은 고대 희랍의 철학자의 생각이 그러했다. 그는 여성은 자연처럼 물질적이고 감정적이지만 남성은 지적인 존재라고 주장했다. 임신과 출산도 성차별적으로 설명했다. 남성의 정자가 태아에게 정신과 형상을 제공하는 여성의 난자는 단지 영양분만을 제공한다는 것이다.

근대 실험과학의 아버지라고 불리는 프랜시스 베이컨(Francis Bacon)은 남성의 과학이 여성의 자연을 정복한다고 주장했다. 그는 자연을 정복하기 위해서라면 어떤 수단을 동원해도 무방하다고 보았다. 『세계의 영혼(The Soul of the World)』이라는 저서의 한 장의 제목이 「유용성의 이름으로: 자연의 착취와 쾌락의 감소」인데, 그는 당시 성행했던 마녀재판을 염두에 두고서 과학자를, 마녀가 죄를 실토하도록 갖은 고문을 가하는 수사관에 비유했다. 그에게 실험은 자연의 꽉 다문 입을 열리도록 만드는 고문술이다. "인간의 손과 기술로 고문을 해서라도 자연이 자신의 본성을 토로하도록 해야 한다. 자연을 쥐어짜서 원하는 모습으로 만들어라." 가만히 놔두면 자연은 입을 열지 않는다. 완력을 써서라도 입을 벌리도록 만들어야 한다. 이때 과학자는 자연의, "구멍을 뚫고 안으로 들어가는 것(entering and penetrating into these holes)을 주저해서는 안 된다." 여기에서 그가 사용한 '삽입'이라는 어휘를 주목할 필요가 있다. 일단 정복을 당하면 여성과 자연은 남성에게 복종하도록 되어 있다는 것이다. 아내가 고집 센 성격이라고 하자. 남자는 갖은 수단을 다해서라도 그녀가 완벽하게 순종하도록 길들여야 한다.[7] 그렇게 하지 못하는 남자는 남자도 아니다.

이와 같은 자연을 정복하기 위해 고문도 사양하지 않는 과학자는 성공을 위해서라면 수단과 방법을 가리지 않는 근대적 남성을 대변한다. 세상과 자연은 험한 파도가 세차가 몰아치는 바다와 마찬가지다. 용감하게 파도와 싸워서 이기지 않으면, 즉 정복하지 않으면 정복을 당한다는 전투적 세계관이 지배하고 있는 것이다. 이때 남자가 하는 일은 경쟁과 정복, 승리다. 때문에 여성적이고 유약한 남성은 웃음거리가 된다. 반대로 용감하고 강인한 여성은 남성적이라는 이유로 매도의 대상이 된다.

이와 같이 도전적이고 경쟁적 세계관을 가진 서양인들이 20세기 중반까지만 하더라도, 여성적이라는 이유로 동양인을 무시하거나 폄하했다. 서양이 보기에 중국과 한국은 남성적 패기와 숫기가 없고 평화와 질서를 사랑하며 현실에 안주하기를 좋아하는 나라, 죽음을 불사하며 싸우기보다는 물러서서 항복을 선택하는 나라였다. 19세기 말에 조선을 방문했던 서양인들 대부분은, 조선의 남성들이 정적이며 여성적이라는 기록을 남겼다. 일본이 무사의 나라라면 한국은 선비의 나라였다. 선비들이 무기를 들지 않고서 자연을 벗 삼아서 음풍농월을 즐겼기 때문에 일본에게 정복당했다고 생각하는 서양인들이 적지 않았다. 이와 같이 평화가 아니라 전쟁, 화합이 아니라 정복, 조화가 아니라 경쟁에 가치를 부여하는 서양의 세계관은 동양적 가치를 이해하지 못했던 것이다.

권력을 전유했던 남성이 지구의 위기에 대해 책임을 져야 한다는 주장에 대해 이러한 질문이 있을 수가 있다. 남성이 아니라 여성이 세상을 지배했다면 기후변화나 플라스틱 오염과 같은 재앙이 생기지 않았을까? 자연을 정복하고 착취하는 대신에 자연과 조화로운 삶을 살 수 있었을까? 이 질문에 대답하기는 쉬운 일이 아니다. 사람이 자리를 만드는 것이 아니라 자리가 사람을 만든다는 말이 있다. 공격적이던 남자도 가정에서 양육과 살림을 맡게 되면 이 새로운 역할에 맞춰서 언행을 조절할 것이다. 자녀의 양육에 필요한 미덕은 공격성이 아니라 사랑과 배려이기 때문이다. 이 대목에서 남성과 여성의 성차를 바라보는 두 가지 이론이 있다는 사실을 언급할 수 있다. 하나는 남녀의 본질적 차이를 강조하는 본질주의다. 남성은 본질적으로 여성보다 공격적이며 경쟁적이라는 논리다. 이와 반대의 입장이 구성주의로, 성차는 타고난 본능이 아니라 환경과 양육, 교육의 결과라는 것이다. 남성도 여성과 같은 양육과 학습을 받으면 여성적 성격을 갖추게 된다는 것이다. 내 생각은 이렇다. 남성과 여성 사이에는 생물학적이고 유전적인 차이, 즉 본질적인 차이가 있다. 그러나 그러한 차이의 실상은 알 수가 없다. 양육과 교육이라는 환경 속에서 그러한 차이의 윤곽이 드러나기 때문이다. 다시 말해 남녀의 차이는 본질적이면서 동시에 사회적이라고 말할 수 있다.

위와 같은 이유로 '여성이 세상을 지배했다면 지구는 어떠했을까?'라는 질문에 명확한 대답을 할 수가 없다. 그럼에도 남성적 세계관에 내재된 문제가 무엇인지 언급할 필요가 있다. 중요한 점은, 자연을 지배하고 경작하는 행위, 야생동물을 가축으로 길들이는 남성적 행위 자체가 나쁘다는 것이 아니다. 자연이 무조건적으로 선하고 아름다운 것은 아니다. 반대로 문화가 언제나 악하고 파괴적인 것도 아니다. 인간은 물론이고 모든 생명체는 자연에 적응하는 한편으로 자신의 필요에 알맞게 자연을 바꾸지 않으면 생존이 불가능하다. 새의 둥지는 자연적으로 주어지는 것이 아니라 새가 노력해서 만든 작품이다. 인간의 집과 문명도 그러한 작품이다. 이러한 생존의 노력을 나무랄 수는 없다. 그러나 자기의 생존권은 인정하면서 타자의 생존권은 거부하고 부정하는 태도는 잘못이다. 마찬가지로 자기는 무조건적으로 옳지만 타자는 무조건적으로 그릇되고 악하다는 생각도 잘못이다.

인류세의 시대를 살아가기

지금까지 기후변화를 중심으로 지구의 위기를 설명했지만 이 외에도 인공미생물, 독성물질, 삼림의 파괴와 사막화 현상, 이산화탄소의 농도 증가 등 많은 환경 파괴 요인들이 있다. 이러한 다양한 요인들이 한꺼번에 압박을 가하면 지구에 어떤 일이 생길지 아무도 예상할 수 없다. 비교적 긍정적인 시나리오로부터 최악의 시나리오에 이르기까지 전문가들의 예측도 다양하다. 서둘러 극약 처방을 하지 않으면 인류의 종말이 곧 몰아닥칠 것이라는 종말론적 목소리도 있다. 최근에 〈익스팅션: 종의 구원자〉나 〈서든 리치: 소멸의 땅〉과 같이 지구의 종말을 다룬 영화들이 그러한 불안을 반영하고 있다.

과연 인류의 종말이 가능한 이야기일까? 인간은 우주의 중심이며 만물의 영장이지 않은가. 우리는 우주와 지구가 인간을 위해서 존재한다고 생각하는 경향이 있다. 『성경』과 〈최후의 만찬〉, 혹은 『햄릿』『신곡』과 같이 위대한 작품을 창조한 인간이 어느 날 갑자기 우주에서 사라질 수 있다는 것은 말도 안 되는 듯이 느껴진다. 더구나 우리는 지구와 생명의 기원을 밝혀내고 AI를 개발할 만큼 뛰어난 지적 능력을 가지고 있지 않은가. 그러한 위대한 인간은 절대로 전멸할 수 없다고 생각하는 것은 무리가 아니다.

그러나 인류세는 100년, 200년이나 1000년 혹은 1만 년이라는 짧은 인간의 역사를 훌쩍 뛰어넘는 개념이다. 지구의 역사가 45억 년이다. 최초 10억 년 동안 지구에는 아예 생명이라는 것이 존재하지 않았다. 호모사피엔스라는 인류종의 출현은 기껏해야 50만 년에 지나지 않는다. 인간의 역사는 지구 역사의 1만 분의 1에 지나지 않는다. 인류는 거의 무시해도 좋을 정도로 짧은 시간대를 살았던 것이다. 인간의 능력을 과소평가하거나 비하하자는 것이 아니다. 자기비하나 지나친 겸손만큼 위험한 것은 없다. 인간은 하찮은 존재이지만 동시에 위대한 존재다. 인간의 삶은 지구에서 눈 깜짝할 순간에 지나지 않지만 그 짧은 시간에 지구의 모든 것을 바꿔놓았다. 인간은 최소이면서 동시에 최대, 무한소이면서 무한대다. 인류세의 인간은 무한대와 무한소가 만나는 불가능한 지점에 있다.

지구의 45억 년 역사를 생각하면 인류의 멸종은 대수롭지 않은 사건처럼 여겨진다. 지금까지 지구에 수없이 많은 생명체가 출현했다가 흔적도 없이 사라졌다. 『지구의 절반』의 에드워드 윌슨에 따르면, 그러한 멸종의 속도는 인류가 지구상에 등장한 이후 1000배나 빨리 진행되었다고 주장했다. 이스라엘의 론 밀로(Ron Milo) 교수는 지구에 살았던 생명체의 0.01퍼센트에 불과한 인간이 모든 야생 포유동물의 83퍼센트, 모든 식물의 50퍼센트를 멸종시켰다고 발표했다. 또 다른 연구에 의하면, "유럽인이 북미대륙에 처음으로 이주할 당시에는 50억 마리의 여행비둘기와 5000만 마리의 미국들소가 있었으나, 현재 여행비둘기는 전멸했고 미국들소는 불과 6000 마리가 남아 있을 뿐이다."[8] 인간은 지구 역사상 유례없는 약탈자이며 파괴자였던 것이다. 그러나 그러한 파괴자라고 해서 파괴를 당하지 말라는 법은 없다.

그런데 인류세는 인류가 파괴하는 것이 결국은 자기 자신이라는 사실을 말해준다. 야생 포유동물과 식물들만 지구상에서 사라지는 것이 아니다. 나중에는 인간도 그렇게 사라질 운명에 처하게 된다. 2015년 퓰리처상 수상한 『여섯 번째 대멸종(*The Sixth Extinction*)』에서 엘리자베스 콜버트(Elizabeth Kolbert)는 과거에 있었던 다섯 차례의 대멸종에 뒤이어서 이제 인간의 멸종이 가까워졌다고 주장했다. 그러한 수많은 종들의 멸종은 인간도 그러한 멸종의 운명으로부터 자유롭지 않다는 사실을 알려주는 것이다. 앞서 인류세는 나와 타자, 같은 것과 다른 것이 만나는 지점에 있다고 말했다. 대한민국이 투발루가 아니면서 동시에 투발루라는 역설이 인류세의 본질이다. 먼 것이 가까운 것이고 가까운 것이 먼 것이다. 투발루만 물에 잠기는 것은 아니다. 다른 나라도 물에 잠기는 것은 시간 문제다.

지구와 생태계에서 가장 중요한 것은 평형 유지다. 생태계의 안정을 위해서는 생물 종과 개체수에 커다란 변화가 생기지 말아야 한다. 또 지구에서 물질의 순환이 안정적이고, 에너지의 흐름도 원활해야 한다. 그런데 생명체의 멸종은 그러한 평형이 심각하게 위협받고 있다는 사실을 말해준다. 무엇보다도 생산과 소비, 먹고 먹히는 먹이사슬이 무너지기 시작한다. 하나의 단적인 예로 최상위 포식자이던 호랑이의 멸종을 들 수 있다. 한때 한반도에는 2000~3000마리가 넘는 호랑이와 표범들이 살고 있었다. 지금은 야생의 호랑이와 표범은 한 마리도 없다. 지구 전체로 시선을 돌려보자. 현재 지구에 살고 있는 전체 포유류를 무게로 환산하면 가축이 60퍼센트, 인간이 36퍼센트, 야생 포유류는 4퍼센트에 지나지 않는다. 윌슨이 지적했듯이 동식물들과 인간이 공존하던 지구가 인간이 독점하는 지구로 바뀌고 있는 것이다.

인류세의 시대에 지구에는 불길한 정황과 암울한 전망들이 엇갈리고 있다. 앞서 소개했던 사건들은 빙산의 일각에 지나지 않는다. 신문과 방송은 지구의 위기에 경종을 울리는 기사들로 가득하다. 굳이 찾지 않아도 생태계의 파괴에 대한 정보와 자료는 주위에서 넘치고 있다. 이때 중요한 질문은 "우리는 어떻게 살아야 하는가?" 하는 실존적이고 윤리적인 질문이다. 지금 여기에서 나의 개인적 삶을 무시하지 않으면서 어떻게 지구의 생태계 회복을 위한 삶을 살 수 있을 것인가? 나는 다음과 같은 실천 원칙들이 제시될 수 있다고 본다.

(1) 자기 자신을 가치의 중심에 놓고 타자를 차별하거나 배척하는 성향에서 벗어나야 한다. 타인은 물론이고 동식물과 무기체를 포함한 모든 존재는 우리와 지구에서 공생하는 동료들이다. 나의 삶은 다른 모든 존재들의 삶과 떼어놓을 수가 없기 때문이다.

(2) 목표 지향적이 아니라 관계 지향적인 삶을 살아야 한다. 성공이나 출세, 권력, 부를 추구하는 사람은 타자를 경쟁의 대상으로 보게 된다. 아름답고 가치가 있는 것은 그러한 목표의 성취가 아니라 타자와의 관계와 유대다. 관계를 통해서 행복해야 한다.

(3) 문명의 발전과 진보라는 이상을 거부해야 한다. 문명의 발전이라는 이름으로 생태계가 파괴되었기 때문이다. 중요한 것은 문명이 아니라 생명이다.

(4) 지구에서 인간의 지분을 낮춰야 한다. 현재 세계인구는 77억이다. 이 많은 인구가 먹고 살기 위해서는 다른 생명체의 서식지와 생명권을 빼앗아야 할지 모른다. 우리는 인간의 주거 공간을 확대할 것이 아니라 축소해야 한다.

(5) 에너지 사용과 생태계 오염을 최소화하는 생활 습관을 길러야 한다. 일회용품의 사용을 자제하고 최대한 쓰레기를 만들지 않도록 노력해야 한다. 이를 위해서는 최소의 소비와 최소의 소유로 만족하는 삶을 지향해야 한다.

(6) 인간의 먹거리 제공을 위한 대규모의 가축 사육과 도살은 금지되어야 한다. 동물이 인간의 먹이를 위한 수단으로서만 존재해서는 안 된다. 이 점에서 채식이 바람직하다.

(7) 먹이사슬과 삶의 단위를 지역(로컬)을 기반으로 축소해야 한다. 대도시와 소도시, 농촌 등으로 공간이 분할되면서 생산과 소비의 거리가 멀어지게 되었다. 상품이 생산되어 소비자에게 주어지기까지 수많은 중간 과정을 거치게 된다. 그러면서 위

와 아래가 보이지 않을 정도로 먹이사슬의 길이가 길어지게 되었다. 이와 비례해서 에너지의 소비도 증가하게 된다. 이제 생산과 소비의 거리를 좁히고 삶의 단위도 작은 도시로 축소되어야 한다.

(8) 대한민국은 영토의 크기와 자원에 비해서 8.4배나 많은 에너지를 소비하고 있다. 에너지의 소비를 1/8로 줄이기 위해 노력해야 한다.

주석

1   김종갑, 「21세기 인류세의 도래가 우리에게 의미하는 것」, 몸문화연구소, 『인류세와 에코바디』, 필로소픽, 2019, 24~25쪽.

2   「공룡처럼 인간이 사라지면 닭뼈만 남으리라」, 『한겨레신문』, 2016. 9. 12. 재인용.

3   「국민 1인당 육류 소비량 OECD 평균보다 적어」, 농림축산식품부, 2016. 4. 15. http://www.mafra.go.kr/mafra/293/subview.do?enc=Zm5jdDF8QEB8JTJGYmJzJTJGbWFmcmElMkY2OCUyRjMxMzMxNiUyRmFydGNsVmlldy5kbyUzRg%3D%3D

4   「미세먼지가 불량배라면, 기후변화는 핵폭탄」, 『프레시안』, 2019. 4. 4.

5   「한국인이 쓰는 일회용컵 25,700,000,000개⋯ 플라스틱은 세계 1위」, 『조선일보』, 2018. 5. 8.

6   「한국인처럼 살려면 지구 3.3개 필요하다」, 『한겨레신문』, 2016. 8. 7. 불행하게도 우리나라에게 주어진 1인당 생태용량은 0.7글로벌헥타르(GHA)에 지나지 않는다. 반면에 세계에서 생태용량이 가장 큰 오스트레일리아는 1인당 16.6GHA이다.

7   Carolyn Merchant, The Scientific Revolution and *The Death of Nature*, 1980.

8   김정규, 『역사로 보는 환경』, 고려대학출판부, 2009.

'You have stolen my dreams and my childhood with your empty words,' climate activist Greta Thunberg has told world leaders at the 2019 UN climate action summit in New York. In an emotionally charged speech, she accused them of ignoring the science behind the climate crisis, saying: 'We are in the beginning of a mass extinction and all you can talk about is money and fairy tales of eternal economic growth - how dare you!'

UN secretary general hails 'turning point' in climate crisis fight
This video was relaunched on 24 September 2019 to reinstate a short segment of speech that was edited out in the original version

'You have stolen my dreams and my childhood with your empty words,' climate activist Greta Thunberg has told world leaders at the 2019 UN climate action summit in New York. In an emotionally charged speech, she accused them of ignoring the science behind the climate crisis, saying: 'We are in the beginning of a mass extinction and all you can talk about is money and fairy tales of eternal economic growth - how dare you!'

UN secretary general hails 'turning point' in climate crisis
This video was relaunched on 24 September 2019 to reinstate a short segment
speech that was edited out in the original version

02

김운하

2099년, 트랄팔마도어 외계인 지구 행성 관찰기

인류에겐 어떤 미래가 기다리고 있는가?

"인류라는 두꺼운 담요가 걷히면,

 자연은 크나큰 안도의 한숨을 내쉰 뒤,

 다시금 예전의 영광을 회복하기 위해 애쓸지도 모른다."

 – 마이클 테너슨, 『인간 이후』, 쌤앤파커스, 2017, 351쪽.

트랄팔마도어인, 다시 지구를 방문하다

외계행성 트랄팔마도어는 지구처럼 은하계에 속해 있긴 하지만 은하계 중심을 사이에 두고 거의 지구 정반대편에 위치해 있다. 트랄팔마도어 행성의 문명은 지구인의 관점에서는 거의 신적인 수준이다. 한마디로 거의 5차원 문명이어서 시간여행도 자유자재로 할 수 있을 정도인 것이다. 지구 시간으로 서기 1967년, 그들은 빌리 필그램이라는 이름의 한 어리숙한 미국인을 납치해서 그들의 동물원에 가두고 관찰한 적이 있었다.

트랄팔마도어인들에 납치된 빌리 필그램의 인생 이야기는 미국 소설가 커트 보니것이 쓴 『제5 도살장』이란 책에서 비교적 자세히 다룬 적이 있다.[1] 커트 보니것은 그 책을 허구인 척 '소설'로 발표했지만 실은 그 자신이 트랄팔마도어인과 접촉한 사실을 숨기고 마치 상상인 척 꾸며냈던 것이다. 그렇지 않다면 그가 트랄팔마도어인들에 관해 어떻게 알 수 있었겠는가? 나 역시 트랄팔마도어인들을 직접 만나기 전

까진 그들이 소설적 상상의 산물인 줄로만 알았다.

　내가 트랄팔마도어인을 만난 건 2019년 12월 크리스마스를 고작 며칠 앞둔 금요일 밤이었다. 만성피로증에 급격한 체력저하로 무기력증에 빠져 있던 나는 '생존 운동'이라고 스스로 이름 붙인, 몇 가지 운동을 하고 있었다. 그래 봤자 스쿼트, 팔 굽혀 펴기, 운동장 달리기 정도였지만. 그날, 나는 쌀쌀한 겨울 추위에도 불구하고 두꺼운 후드티에 패딩점퍼까지 걸쳐 입고 동네 초등학교 운동장을 홀로 달리고 있었다. 어느 순간 번갯불이 번쩍하는가 싶더니 머릿속이 하얘졌다.

　"트랄팔마도어에서 왔다구요?"

　나는 두 눈과 귀, 모두를 의심할 수밖에 없었다. 게다가 지금 내 건너편에 앉아 있는 남자는 내가 사진으로만 아는 커트 보니것의 모습을 하고 있었다. 내가 눈을 떴을 땐 어떤 넓은 서재 같은 방의 소파에 있었다. 맞은 편 남자는 손가락으로 텅 빈 흰 벽 쪽을 가리켰다. 그러자 흰 벽 대신 갑자기 우주적인 풍경이 나타났다. 벽 전체가 창이 된 건지 아니면 스크린이 된 건진 모르겠지만, 내 눈에 보이는 바깥 풍경에, (그게 진짜 바깥이라면) 캄캄한 어둠을 배경으로 밝고 둥글고 푸르른 행성 지구가 커다란 보름달마냥 선명하게 나타났다. 나는 마치 언젠가 극장에서 실감나게 대형 스크린으로 보았던 〈그래비티〉라는 영화의 한 장면을 보고 있는 듯한 착각이 들었다.

　"내가 지금 보고 있는 이 모든 것이 진짜 현실인가요? 그렇게 믿어야 합니까? 그리고 지금 나는 외계인의 우주선에 납치된 것이구요? 혹시 지금 나는 실감 나는 꿈을 꾸고 있는 건 아닐까요?"

커트 보니것의 얼굴을 한 외계인이 호탕하게 껄껄 웃었다.

나중에 그는 자신을 나 같은 지구인이 부르기 쉽게 트랄리라고 부르라고 했다. 트랄리, 내가 처음으로 만난 트랄팔마도어인. 그는 트랄팔마도어식 공상과학소설을 좋아하는 천체물리학자였다. 물론 그들의 원래 생김새는 전혀 인간과 닮지 않았다. 내 앞에 앉은 커트 보니것은 나를 배려해서 만들어준 일종의 홀로그램이었을 뿐이다. 그들의 본모습은 차라리 테드 창이라는 공상과학소설가가 『당신 인생의 이야기』라는 소설에서 그려 보인, 다리가 일곱 개 달린 문어형 외계인 헵타포드인에 더 가까울지도 모른다. 그러나 그들 트랄팔마도어인들의 진정한 실체는 나로서도 여전히 알 도리가 없다. 확실한 건, 지구보다 최소 10만 년 이상 앞선 초고도 문명이란 사실뿐.

"납치라는 단어가 좀 거슬리는데요? 갑작스럽고 미리 허락받은 적 없는 초대라 납치당했다는 느낌이 들 수도 있겠지만, 트랄팔마도어식으로 표현하자면 차라리 '운명'이나 '필연'에 더 가깝다고 해야겠지요. 우리는 과거나 현재, 미래 어느 순간에서건 만날 수밖에 없었을 테니까요."

나는 그의 마지막 말이 잘 이해되지 않았다.

"과거나 현재, 미래 어느 순간에서건 만날 수밖에 없었다니…. 그게 무슨 말인지?"

그 순간, 『제5 도살장』에 나오는 트랄팔마도어인들은 결정론적 우주에서 살고 있었다는 사실이 떠올랐다. 우주는 탄생부터 종말까지 모든 사건들이 엄격한 인과법칙에 따라 발생한다. 그러니 그런 결정론적 우주에서는 일어날 일은 일어날 수밖에 없다. 지구인들이 금과옥조처럼 여기는 자유의지 따위는 우주에 관해 아무것도 모르는 지구인들이 지어낸 몽상일 뿐.

"그럼 우주의 프로그램 속에 당신들과 내가 만나는 사건도 이미 포함되어 있단 말씀이겠지요?" 나는 우주적 결정론을 생각하며 그렇게 반문했다.

"하하, 아니오. 내 말을 오해한 것 같은데, 만일 우주가 단 하나뿐이라면 그렇게 해석할 수도 있겠지만, 진짜 우주는 그렇게 생겨 먹지 않았소. 요즘은 지구인들도 다중우주라는 말을 쓰는 것 같던데, 양자역학이란 과학도 있고."

나는 그가 무슨 얘길 하려고 하는지 번뜩 이해가 갈 것 같았다. 평소에 유튜브에서 과학관련 다큐를 열심히 찾아보길 잘했지. "그럼 그 말씀은, 다른 우주에선 지금 이 순간이 없는 우주가 펼쳐지고 있단 말씀이군요."

그는 미소 띤 얼굴로 고개를 끄덕이며 덧붙였다.

"우리가 다른 시간에서 만난 우주도 있겠지요. 지금 이 순간처럼…."

"네? 아니 그럼 지금이 2019년이 아니란 말인가요?"

"그렇소. 지구 시간으로 말한다면 지금 저기 보이는 지구의 시간은 2099년이오."

2099년, 트랄팔마도어 외계인 지구 행성 관찰기

2099년, 지구 평균 온도 6도 상승의 악몽?

친애하는 나의 종족 지구인들이여, 내가 보고 온 2099년의 지구행성의 모습을 묘사하자니 심장마비가 올 것처럼 가슴이 아프다오. 나도 지구인이고 내가 사랑하던 가족, 친구, 동료 들이 발붙이고 살던 땅이니 그럴 수밖에 없다오.

지금 내가 들려주고 있는 이야기에 너무 크게 충격받지 않기를!

나는 트랄리에게 좀 더 가까이서 2099년의 지구를 볼 수 있게 해달라고 부탁했다.

이윽고 내가 탄 우주선은 순식간에 지구 전체가 거대하게 한 눈에 보이는 자리로 진입했다. 창밖으로 거대한 지구가 보였고, 하늘에 떠다니는 구름층과 푸른 바다, 대륙들이 눈에 다 들어왔다. 그런데 지구의 대륙과 바다의 모습이 내가 익히 알고 있던 모습과 많이 달랐다. 지구는 온통 바다였다. 얼음과 빙하로 가득 차 있던 북극이 보이지 않았다. 거기엔 짙푸른 바다만 넘실거리고 있었다. 남쪽으로 시선을 돌리자, 영원한 얼음 왕국이었던 남극대륙이 보였는데, 시커먼 땅이 그대로 다 드러났고 군데군데 눈 덮인 흔적들만 보이는 것이었다. 더 나쁜 것은 대륙들이었다. 아시아, 남북아메리카의 모습이 내가 알던 모습이 아니라, 많은 부분들이 바다에 잠겨버려 마치 푸른 벌레가 여기저기 파먹어버린 듯한 모습이었다.

"세상에! 저건⋯." 너무 충격을 받은 나머지 나는 말을 이어갈 수조차 없었다.

"어리석은 지구인들이 어떻게 문명의 종말을 맞고 있는지 잘 보일 거요. 저 지구는 당신이 알던 그 시원하고 푸른 행성이 아니요. 뜨거운, 그리고 점점 더 뜨거워지고 있는 열섬과도 같은 행성이지요. 그리고 지금 이미 그대들이 '제6의 멸종'이라고 부르는 사태가 본격적으로 진행되고 있는 중이요. 북극곰은 사라진 지 오래고, 남극의 펭귄들도 거의 멸종한 거나 마찬가지고 호주대륙에선 끝없이 산불이 일어나 코알라라는 동물도 모두 멸종했소. 거긴 지금 사막이나 마찬가지이고 인간들은 사실상 내전상태나 마찬가지요."

그 순간 나는 2019년 겨울, 아니 호주대륙에선 여름이던 때 호주대륙을 휩쓴 거대한 산불사태에 관한 뉴스를 떠올렸다. 전국 평균 40도가 넘는 폭염이 지속되는 바람에 호주 대륙 동부를 중심으로 100군데가 넘게 산불이 일어나 한 달 이상 호주대륙을 불길로 뒤덮어버린 사태. 그 때문에 행동이 굼뜬 코알라들이 멸종위기에 처하게 되었다는 뉴스를 보았던 것이다. 그게 모두 가속화하는 지구 온난화 때문이라는 사실이 드러났지만, 그럼 이후에도 지구에선 온난화가 더 급속도로 진행되었다는 것인가?

나는 무섭고 혼란스러워졌다. "도대체 지구가 얼마나 더 뜨거워졌길래 지구가 저 모양이 되었단 말입니까!"

트랄팔마도어 외계인은 나의 울부짖음에도 조금도 흐트러짐이 없이 그저 어깨만 한 번 으쓱해 보이곤 입을 열었다.

"우리가 조사한 바로는 당신이 살던 때보다 거의 5도나 상승한 걸로 조사되었소."

2099년, 트랄팔마도어 외계인 지구 행성 관찰기

나는 충격을 받았다. 말로만 듣던 그 6도의 악몽이 진짜 현실로 드러나다니. 2019년 당시엔 지구 평균 온도가 19세기 산업혁명 때보다 1.1도 정도가 올라갔다고 난리였었다. 1.5도가 마지노선이라느니, 2도가 최후의 마지노선이라느니 하던 때였다.

"그렇지만… 내가 알기론 지구의 IPCC[2]가 발표한 바에 따르면, 2100년에 이르러도 1990년에 비해서 최대 섭씨 4도가량 상승할 것이라고 전망했었는데…."

"그건 매우 신중하고 온건한, 보수적인 시나리오였을 뿐이오. 사람들에겐 희망의 여지를 남겨두고 정부들의 부담을 뒤로 미루고 싶어 한 책략도 어느 정도 들어 있는 것일 뿐이오. 우리가 조사한 바로는 우리가 당신을 만난 바로 그 2019년에 가장 합리적이고 실질적인, 어쩌면 진짜 최후의 경고도 있었던 걸로 알고 있소."

"그래요? 난 기억이 없는데…."

커트 보니것의 인자한 모습을 한 트랄팔마도어인이 벽 한쪽의 서재로 가더니 작은 책자 같은 것을 가져와서 내게 건네주었다. 거기엔 이렇게 제목이 적혀 있었다.

"실존적인 기후 관련 안보 위기
—시나리오적 접근"

그 거창한 제목의 문건은 호주 국립기후복원센터가 만든 기후 안보 관련 보고서였다. 발행일자는 2019년 6월이었다. 그리고 그 문건 뒤에는 그 문건과 관련된 각종 뉴스 기사들도 첨부되어 있었다.

그 보고서를 한마디로 요약하면 이런 내용이었다. "기후변화로 30년 뒤인 2050년 경 대부분의 인류 문명 파멸!"

섬뜩한 내용이었다. 그 보고서는 그때까지 나온 어떤 기후변화 시나리오보다 극적이었고, 최악의 시나리오를 그려 보이고 있었다.

보고서에 따르면 2050년의 지구 풍경에는 다음과 같은 현상들이 나타난다. 2019년 현재보다 기온이 1.5도 뜨거워지기 전에 남극의 서쪽 빙하층 및 빙하가 없는 북극해의 여름이 시스템 임계점을 넘어서게 된다. 2도 전에는 그린란드의 빙하층이 시스템 임계점을 넘어서서 모두 사라진다. 2.5도에 다다르면 넓은 영구동토층이 유실되고, 아마존에는 대규모의 가뭄과 고사병이 발생한다. 이 과정에서 인간의 온실가스 배출은 여전히 중대하게 일어난다. 그 결과 2050년에는 지구 육지의 35퍼센트, 지구 인구의 55퍼센트가 인간의 생존이 가능한 문턱을 넘어서는 치명적인 태양열 조건에 1년 중 20일 이상 노출된다. 그리하여 보고서는 이렇게 말한다.

"북아메리카는 들불, 폭염, 가뭄, 침수 등의 파괴적인 이상기후를 겪는다. 중국의 여름 장마기가 망쳐지고, 히말라야 얼음층의 1/3 유실로 인해 아시아의 큰 강들에 흘러 들어가는 유수량이 심각하게 감소한다. 안데스산맥의 빙하유실이 70퍼센트에 달하고, 멕시코와 중앙아메리카의 강우량이 절반으로 떨어진다. 반(半) 영구적인 엘리뇨 현상이 만연한다."[3]

무서운 이야기는 계속된다.

"세계 지표면의 30퍼센트 이상에서 건조 지대화(aridification)가 나타난다. 남아프리카, 지중해 남부, 서아시아, 중동, 호주 내륙, 미국 남서부 전역 등에서는 극심한 사막화가 일어난다. 산호초 생태계, 아마존의 우림지대, 북극 등을 포함한 여러 생태계들이 붕괴한다"고 했다. 이러한 급격한 생태계의 변화는 결국 무수한 '기후 난민'들을 만들어내게 된다.

"주민들에게 인위적으로 시원한 환경을 제공할 능력이 없는 가난한 나라들과 지역들은 독자 생존이 불가능해진다. 치명적인 태양열 조건이 서아프리카, 남미의 열대지방, 중동, 동남아시아 등에서 1년에 100일 이상 지속한다. 이는 열대지대에 살던 10억 명 이상의 사람들을 난민으로 내모는 데 기여한다. (…) 주요 식량 생산 지역들에서의 곡물수확량 1/5 감소, 식량의 작물 영양 성분 감소, 곤충 개체 수의 파국적 감소, 사막화, 우기의 실패, 만성적 물 부족이 일어날 수밖에 없다."

이렇게 되면 식량 가격 급등에 따른 거친 식량 전쟁은 불가피하다. 메콩강, 갠지스강, 나일강과 같은 농업적으로 중요한 삼각주의 하류지역들이 침수되고, 첸나이, 뭄바이, 자카르타, 광저우, 톈진, 홍콩, 호치민, 상하이, 라고스, 방콕, 마닐라 등 세계에서 가장 인구가 밀집된 일부 도시들의 주요 지역에서 사람들이 떠나 대지를 헤메게 된다.

보고서가 그려 보이고 있는 시나리오는 인류문명과 근대 사회가 종말에 이르게 되는 전면적인 혼돈의 세계 자체였다. 2050년! 2019년 기준 고작 30년 만에 지구가 이토록 무서운 대혼돈 상태에 빠지게 되다니! 고작 30년 만에 지구 평균온도가 약 2도나 더 올라버린단 말인가! 이 얼마나 무서운 일인가!

그럼에도 보고서는 현재 "세계는 현재 파국적인 기후변화의 결과를 직시할 준비가 전혀 되어 있지 않으며, 심지어 이것을 문제로도 다루지 않는다"고 비판한다.

보고서의 내용을 요약하자면 기후변화와 지구 온난화 현상으로 인한 가뭄, 해수면 상승, 환경 파괴로 수십억 명의 인구가 이주해야 한다거나 뜨거운 지구(Hothouse Earth) 효과로 지구 면적의 35퍼센트, 전 세계 인구 55퍼센트가 거주하는 지역에서 생활이 불가능해진다는 것이었다.

즉 기후변화로 아마존 열대우림, 북극 등 생태계가 붕괴하면서 빠른 속도로 지구 생태계가 변해 인도 뭄바이, 인도네시아 자카르타, 중국 톈진과 광저우, 홍콩, 태국 방콕, 베트남 호찌민 등 세계 주요 대도시에선 인류의 생존이 불가능해지고 또 해수면이 상승하면서 네덜란드, 미국, 남아시아 등 전 세계 해안도시도 범람한다는 것이다.

만일 정말로 2050년에 지구 온도가 산업혁명 때보다 3도나 더 올라버려 인류 문명의 파국이, 종말이 시작된다면, 지금 내가 보고 있는 2099년의 지구 풍경은 어찌 보면 필연적일지도 모른다. 이 풍경은 결코 환영이나 꿈이 아니었다.

이토록 강력한 경고가 담긴 보고서가 나왔는데도 우리 인류는 진정 즉각적인 행동에 나서지 않았단 말인가? 나는 깊은 한숨을 내쉬면서 보고서를 다시 찬찬히 읽기 시작했다. 보고서는 2019년의 각 정부들의 행태와 과학자들의 지나친 신중함을 강하게 비판하고 있었다. 2015년에 맺은 파리기후협정에 따르면 2100년경 지구 온도는 현재보다 3도 이상 상승하는 것으로 예측하고 있지만, 이 수치는 장기간의 탄소순환변동을 포함하고 있지 않다. 더욱이 현재 인간 활동이 전례 없는 속도로 기후 체계를 교란시키고 있는 탓에 실제 온난화는 2100년경에 약 5도 상승할 것이다. 이런 식으로 보고서는 매우 암울한 전망을 내놓았다.

2100년에는 약 5도가 상승한다고!? 보고서의 미래 시나리오는 정확했다. 너무 정확해서 끔찍할 정도로. 지금 내 눈앞에 펼쳐지고 있는 2099년의 지구 풍경이 바로 그 풍경이 아닌가!

보고서에 나와 있는 한 문장이 눈을 찔렀다.

"기후변화는 기술적 문제도 학문적 문제도 아니다. 그것은 인류의 사회 정치적 가치들의 문제다. (…) 우리는 기후 체계가 임계점(tipping point)에 도달하기 전에 우리의 생각을 확 뒤집을 사회적 변곡점(tipping point)이 필요하다."

보고서는 인류 문명의 파국을 막기 위해서는 마치 전시동원체제와도 같은 극단적이고 긴급한 지구적인 차원의 행동에 당장 나서야만 한다고 주장하고 있었다.

"인류 문명을 보호하기 위해서는 향후 10년 동안 대규모의 전 지구적 자원 동원이 필요하며, 이를 통해 탄소가 전혀 배출되지 않는 산업 시스템을 건설하고 안전한 기후의 회복을 시작해야 한다."

이를 위해서는 보고서는 △기후변화 연구와 관련된 정책의 한계를 인정하며 △온난화가 최대치에 이를 가능성에 특별한 관심을 보이는 시나리오적 접근법을 채택하고 △단기적 조치가 해야 할 역할에 분석적 초점을 맞추는 한편 △탄소를 전혀 배출하지 않는 산업시스템을 구축하기 위해 국가 안보 분야가 실행할 수 있는 역할을 긴급하게 조사해야 한다고 주장하고 있었다.

나는 보고서를 덮었다. 나도 모르게 한숨이 나왔다.

"만일 내가 2019년에 이 보고서를 읽었더라면…, 설사 읽었다 하더라도 대부분의 사람들의 반응이 그러했을 것처럼, 설마 진짜 이렇게

까지 될까, 너무 지나친 비관론이고 극단적으로 최악의 상태만을 예상한 시나리오라고 말했을 것 같습니다."

"아마도 그럴 거요. 심지어 지구에서 제일 힘세고 소위 지구온난화에 가장 큰 책임도 지고 있는 미국이란 나라의 트럼프 대통령이란 작자는 지구온난화 자체가 사기극이라고 말하고 있다지요. 그리곤 파리기후협약에서도 탈퇴해버렸고. 놀랍게도 지구엔 그런 인간들이 생각보다 훨씬 많다고 들었소."

나는 부끄러웠다. 솔직히 나 자신만 하더라도 지구가 온난화로 심각한 위기 상태로 접어들고 있다는 사실을 분명하게 인식하고 있으면서도 막상 일상생활 속에서는 별다른 행동엔 나서지 않고 그저 정부나 기업, 유엔 탓만 하고 있었으니.

"'블랙스완 효과'란 거 아시오?"

블랙스완 효과···. 언젠가 2008년 금융위기 사태 때에 그 말이 시중에 떠돌았던 기억이 났다. 1697년 네덜란드 탐험가 윌리엄 드 블라밍(Willem de Vlamingh)이 서부 오스트레일리아에서 기존에 없었던 '검은 백조'를 발견했다. 그때까지 유럽에선 검은 백조가 있으리라곤 상상도 하지 못했다. 그 사건에 착안하여 전혀 예상할 수 없었던 일이 실제로 나타나는 경우를 '블랙스완'이라고 부르게 되었다. 블랙스완은 우선 9·11 테러나 2008년 지구적 금융위기처럼 예외적으로 일어나는 사건이다. 그리고 그 사건이 일단 발생하면 엄청난 변화를 초래할 만큼 충격적이다. 웃기는 사실은 블랙스완이 발생한 이후가 되면 사람들이 마치 사전에 예측할 수 있었던 사건이라고 받아들이기 쉽다고 한다.

내가 고개를 끄덕이자 트랄팔마도어인은 미소를 지었다.

"지구인들은 늘 지난 과거의 경험을 토대로 미래를 예측하곤 하는 습관이 있지요. 마치 칠면조가 추수감사절에 목이 뎅겅 날아갈 줄도 모르고 주인이 내일도 오늘처럼 맛있는 모이를 주리라고 당연히 예상하는 것처럼 말이요."

"귀납적 사고는 사피엔스종의 장점이자 한계지요. 우리 지구인들은 내일 무슨 일이 일어날지 전혀 알 수가 없으니 과거 경험에 의지할 수밖에 없지요. 물론 미래 시나리오를 그려볼 수는 있지만, 우연이 개입하는 미래는 늘 우리의 기대를 배신해버리게 마련이니까요."

"그게 우리 트랄팔마도어인들과 지구인들의 차이요. 과거 10만여 년 전 쯤, 우리 트랄팔마도어에도 지금 지구가 닥친 것과 같은 위기가 닥친 적이 있소. 우리는 우주가 다중적으로 펼쳐지는 일종의 시공간의 미로라는 것을 알고 있었고, 최선과 최악의 시공간 경로가 모두 잠재적으로 현실화될 힘이 있다는 사실을 알고 있소. 문명이 있는 어느 행성에서나 가장 큰 문제는 우리 행성에서 '기술 적응 윤리'라고 부르는 문제지요. 어린아이 손에 총이 주어지면 어떻게 되겠소? 언젠가는 반드시 위험한 사고가 나지 않겠소? 파괴적이고 위험한 기술을 가지게 되면 문명은 반드시 그 수준에 맞는 높은 윤리를 나란히 갖추어야만 하지요. 20세기부터 지구인은 핵무기를 비롯해 자기 파괴적인 기술을 손에 넣게 되었지만, 그것으로 인해 초래될 미래 경로에 대해선 아무런 윤리적 부담도 지지 않으려 했었소. 기후변화 문제도 마찬가지고. 그저 말과 회의, 그렇소, 공허한 말과 회의만 끝없이 이어질 뿐이었소. 윤리적 수준에서 보자면 지구인은 아직 침팬지 수준을 거의 벗어나지 못하고 있다고 해도 과언이 아니오."

"그렇다면 트랄팔마도어에선 어떻게 위기를 벗어났습니까?"

나는 부러움과 호기심으로 되물었다.

"우리 지혜로운 트랄팔마도어에서는 모든 예상 가능한 경로 가운데 최악의 경로가 펼쳐지는 미래를 보았소, 멸종의 시나리오 말이오. 행성 지도자들은 현명하게도 최선의 경로가 무엇인지를 숙고했고 그런 방향으로 행성의 미래를 다시 설계했지요. 일차적으로 했던 것은 우리의 윤리의식을 높이는 것이었소. 거기에 과학이 힘을 보탰고, 행성인들의 윤리지능을 높이는 쪽으로 스스로 향상했지요. 물론 위험한 법과 제도, 관습들은 모두 폐기했고. 그 결과 우리 행성은 더욱 높은 문명과 문화를 이루어 오늘날까지 이렇게 전 우주를 탐사하고 있지요."

나는 호주 국립기후복원센터에서 읽었던 한 문장을 떠올렸다.

"진짜 최악의 시나리오는 우리가 안전한 지식의 항구를 떠나 더 위험한 불확실성의 바다를 탐색하기 위한 모험에 나서지 않는다는 것일지도 모른다."

2099년 아름답고 건강한 지구의 미래는 어떻게 가능한가?

트랄팔마도어인과 이어진 대화는 오래도록 계속되었다. 어느 대화 끝에 내가 물었다.

"그런데 내가 지금 보고 있는 2099년의 저 끔찍한 지구의 풍경은 되돌릴 수 없는 결정된 미래인가요? 우리 지구인들의 미래의 삶이 저런 문명의 파괴와 생물 대멸종 사태로 끝나는 걸 막을 방법은 없었던 것인가요? 여섯 번째 대멸종은 막을 수 없었던가요!"

내가 그렇게 물었던 건 문득 트랄팔마도어인이 말한 다중우주 개념이 떠올랐기 때문이다.

"당신이 말한 대로라면, 이 우주 어디엔가는 최선의 시나리오가 펼쳐진 2099년 지구의 미래도 분명 존재하고 있지 않겠습니까? 우리 지구인들이 마침내 분연히 떨쳐 일어나 혁명을 일으키듯이 지구 문명과 지구인들의 삶의 양식 전체를 바꾸고, 그래서 지구가 옛날처럼 아름답고 푸르고 건강한 상태를 되찾는 그런 미래 말입니다."

커트 보니것의 얼굴을 한 트랄리는 빙그레 웃음을 지었다.

"다행히 당신의 뇌는 장식 이상인 것 같군요. 그래요. 다른 미래가 펼쳐진 2099년 지구도 있을 거요. 지금 당장 보고 싶소?"

"그래요! 지금 당장 그 우주로 데려가주십시오."

나는 들뜨고 흥분된 목소리로 외쳤다.

그러자, 갑자기 트랄팔마도어인이 눈앞에서 사라지고 말았다. 그리고 2099년 참혹한 지구가 보이던 창이 흰 벽으로 바뀌었고, 내가 앉아있는 서재가 천천히 선회하는 듯한 기분이 들 현기증이 일었고, 나는 까무룩 잠에 든 건지 기절한 것인지 모르게 의식을 잃었던 것 같다.

내가 정신을 차려 눈을 떴을 때, 맞은편 소파엔 다시 커트 보니것의 모습을 한 트랄팔마도어인이 미소 띤 얼굴로 앉아 있었다. 나는 벌떡 일어나 먼저 흰 벽 쪽을 쳐다보았다. 창밖으로 푸르디 푸른 행성, 아름다운 지구가 매혹적인 모습을 드러내고 있었다. 나는 창 쪽으로 달려가 창에 얼굴을 바짝 갖다 붙인 채 지구의 모습을 살펴보았다.

눈물이 날 정도로 아름다운 지구가 거기에 있었다.

짙푸른 바다, 그리고 새하얗게 빛나는 북극과 남극지대, 단정하게 제자리를 지키고 있는 대륙들. 그리고 하늘 위를 떠다니는 온갖 형상의 구름들.

"도대체 무슨 일이 일어난 걸까요? 제 눈으로 보고 있으면서도 왠지 쉽사리 믿기지가 않네요. 지구인들이… 지구인들이 어떻게 대오각성했기에 저런 일이."

그랬다. 나는 원래 회의주의자인데다 내가 속한 호모사피엔스 종에 대한 신뢰를 많이 잃어버리고 있던 참이었다. 2019년의 나는 "지구와 생태계의 안녕을 위해선 차라리 지구 스스로 리셋할 필요가 있을지도 몰라. 지금과 같은 상태라면 호모사피엔스 종은 자신이 지구에 행한 악덕에 대한 처절한 대가를 치를 수밖에 없어" 하는 마음이 내 마음 깊숙한 곳에 자리잡고 있었는지도 모른다.

내 머릿속에 얼마 전에 읽었던 유엔 기후회의 관련 기사가 떠올랐다.

2019년 12월 2일부터 스페인 마드리드에서는 '2019 유엔 기후변화협약총회(COP 25)'가 열렸다. 애초 일정은 2일부터 13일까지였지만, 일정을 이틀이나 연장한 끝에 15일에 폐막했다. 하지만 정작 기후변화 대응을 위한 방안에 합의하는 데는 실패하고 말았다. 이번 회의에도 전 세계 200여 개국, 자그마치 2만 명이 넘는 각국 정부 대표단이 참석해 머리를 맞댔다. 이번 총회는 지난 2015년 국제사회가 도출한 '파리 기후변화협정' 이행에 필요한 세부 규칙을 모두 완성하는 것을 목표로 삼은 회의였지만 결국 목표를 이루지 못했다. 특히 탄소 시장 문제를 둘러싸고 선진국과 개도국 간에 심각한 이견만을 드러낸 끝에 내년에 다시 논의하기로 했던 것이다. 이산화탄소 감축을 위한 실질적인 조치를 마련하는 데 또다시 실패하고 만 것이다.

나는 그 뉴스를 보고선 적잖이 실망했고 좌절했었다. 은하계만 놓고 보더라도 먼지 같은 존재인 이 자그마한 지구행성에서, 200여 개가 넘는 나라들이 갈갈이 찢어진 채 저마다의 이해관계에 얽매여 지구의 운명을 책임지지 못하다니. 국익과 이념, 종교, 부자와 빈자의 이해관계 상충, 이런 무수한 갈등이 지구를 뒤덮고 있는데, 과연 어떻게 2099년의 지구행성이 산업혁명 이전과 같은 청정 지구로 되돌아갈 수 있단 말인가? 도대체 지구 행성에서 어떤 혁명적인 사건들이 일어났기에?

나는 눈을 의심할 수밖에 없었다. 지구의 정부들이 아닌, 지구의 77억 평범한 시민 모두가 들고 일어나기라도 했단 말인가? 그레타 툰베리 혁명이라도 일어난 것일까?

"마치… 꿈을 꾸고 있는 것 같네요. 눈으로 보면서도 믿기지가 않는 게."

"그럴 거요. 어쩌면 지금 당신이 보고 있는 멋진 풍경은 실제라기보다는 잠재적인 현실에 더 가까운 것일지도 모르지요. 지금 당신이 '자아'라고 믿고 있는 의식을 가진 몸으로서는 만나지 못할 미래일 수도 있지요."

"다시 말하면, 최악의 2099년이나 최선의 2099년 모두 일종의 '가능세계'라는 것인가요?"

"그렇소. 2019년을 기준을 볼 때 두 세계 모두 가능세계요. 잠재적으로는 현실화할 수 있는 가능세계."

"하지만 지금 나는 두 세계 모두를 이 두 눈으로 직접 보지 않았습니까? 시간과 공간을 가로질러."

"그 말도 맞소. 지구인의 두뇌로는 잘 이해되진 않겠지만. 둘 다 현실이기도 합니다."

"이해하긴 어렵지만 그렇다고 합시다. 그런데 이 최선의 미래가 어떻게 도래하게 되었는지 전 그게 솔직히 더 이해하기 어렵습니다. 탐욕적이고 잔혹하고 이기적인 사피엔스종이 저마다 자기 이익을 내려놓을 뿐만 아니라 어떤 희생과 고통, 불편까지도 감수하면서 저토록 위대한 일을 해냈다는 게 도무지 실감이 나지 않아서요."

"지나친 낙관도 맹목이지만, 지나친 비관도 어리석은 일이지요. 불행 중 다행으로 2020년 미국이란 나라의 대통령 선거가 지구행성에 유리한 방향으로 결론이 났고 그때부터 사정이 달라지기 시작했다고 할 수 있습니다. 미국은 다시 파리 기후협약에 가입하고 소위 지구적인 차원에서 아주 과감한 '그린 뉴딜' 정책을 추진하자고 제안했소. 그리고 제일 먼저 미국이 그걸 실행에 옮기기 시작했습니다."

"그린 뉴딜 정책? 그건 뭔가요? 20세기 초에 있었던 루스벨트의 뉴딜 정책은 들어봤지만 그린 뉴딜 정책은…."

"애초에 그 정책은 2019년 2월 미국 하원에서 알렉산드리아 오카시오코르테스(Alexandria Ocasio-Cortez)라는 한 민주당 의원이 발의한 것이라오. 향후 10년 안에 미국 내 모든 가용한 자원과 인력을 동원하여 무공해청정 재생에너지로의 전환을 완결하고 탄소제로에 도달한다는 거대계획, 그것이 바로 그린 뉴딜(Green New Deal)이란 것이지요. 이미 지난 오마바 행정부 때 구상되었던 계획이긴 한데 실행되진 못했지요. 그건 더 거슬러 올라가면 1930년대 미국의 대공황을 극복하기 위한 루스벨트 대통령의 거대 인프라 프로젝트이자 공공정책이었던 뉴딜 정책으로부터 연원을 갖는 것이기도 하고. 안타깝게도 오카시오코르테스 하원의원이 발의한 결의안은 채택이 좌절되고 말았소. 그러나 다행히도 그 문제는 2020년 미국 대선에서 큰 쟁점이 되었고, 민주당은 그 정책을 내세워 승리하게 되었소. 지구 온난화를 심각하게 여긴 미국 시민들이 많았다는 뜻이겠지요.

2019년 12월 초에 유럽 의회가 유럽과 전 세계에 기후 환경 비상사태를 선포하고, EU 회원국의 행동을 촉구하는 결의안을 채택했던 사실은 알고 있겠지요? 그 결의안은 EU 회원국의 EU 차원의 탄소중립 달성 계획 수립, 항공 선박부문 대책 마련, EU 회원국의 녹색기후금융 기여금 확대, EU 회원국의 화석연료 보조금 철폐를 촉구하는 내용이

지요. EU가 늦어도 2050년까지 탄소중립을 달성하기 위한 전략을 가능한 한 빨리 마련할 것을 주문하고, 2050년 탄소중립 달성을 위해 EU 집행위가 2030년까지 55퍼센트의 온실가스를 감축하는 계획안을 환경정책인 '유러피안 그린 딜'에 포함시킬 것을 권고했다. 유럽 의회는 EU 차원의 2050년 탄소중립목표를 제시했구요. 물론 폴란드, 헝가리, 체코의 반대로 유럽 이사회가 해당 안에 서명하지 않았지만, 유럽의 그런 노력이 미국의 그린 뉴딜 정책과 만나 유엔차원에서도 그린 뉴딜 정책이 본격 수립되기 시작했답니다."

"오 그런 일이! 제가 알기론 지구 온도가 1.5도 이상으로 오르지 않게 하려면 탄소 배출을 10년 동안 매년 7.6퍼센트씩[4] 줄여야 하지만 2015년에 파리기후협약이 체결된 이후 이산화탄소 배출량은 되레 4퍼센트 이상 늘어난 걸로 알고 있는데…, 오염의 주범인 부유한 국가들은 지난 스페인 마드리드 회의에서 2015년 파리기후협약에서 정한 것보다 높은 감축량을 정하려는 시도를 방해하기까지 했다구요!"

나도 모르게 목소리가 높아졌다. 트랄팔마도어인은 그저 빙그레 미소만 짓고 있었다.

"그러게 말입니다. 하지만 항상 역사의 반전도 있게 마련이지요. 이 또한 '블랙스완 효과'라고 말해두지요. 여하튼 미국과 유럽이 본격적으로 탄소 제로 달성을 위한 그린 뉴딜 정책을 수립하고, 그것이 IPCC에서도 우여곡절 끝에 통과되면서 강제력을 갖게 되었다는 게 중요합니다. 2021년에 마침내 그게 지구적인 차원에서 실행되기 시작했지요. 정부 차원에서뿐만 아니라 기업이나 시민 각자에게도 큰 부담이 가게 되었고 불편을 감수해야 했지만, 시민들도 지금까지 해왔던 삶의 방식을 더 이상 유지해서는 안 된다는 공감대를 외면할 순 없었으니까요.

　　스위스에서는 2008년도부터 탄소세-생태배당이라는 획기적인 제도를 도입한 바 있다는 걸 아시오? 이는 탄소배출을 많이 한 사람에게 탄소세를 부과하고, 그걸 모아서 탄소배출을 거의 하지 않는 시민들에게 1/n로 생태배당을 나누어주는 방식의 제도지요. 그린 뉴딜 정책 속에는 부유세, 탄소세, 육류세, 기후세, 생태세 같은 여러 증세 방안이 포함되어 있는데, 그걸 생태배당과 기본소득, 공공일자리 정책 등을 통해 탄소빈곤층과 시민들에게 실질적으로 도움을 주는 방향으로 설계되었지요. 다행히도 그게 많은 시민들에게 호응을 얻어 많은 국가들에서 시행되기도 했구요. 여하튼 2030년경부터는 정말로 이산화탄소 배출량이 급격히 줄기 시작했고, 2040년 무렵엔 거의 탄소 제로에 가까운 상태로 이행할 수 있게 되었다는 게 중요하지요. 물론 여기엔 그레타 툰베리 같은 열정적인 환경 운동가들의 노력도 크게 기여했다는 걸 잊으면 안 되겠지요.”

　　“그레타 툰베리도 알고 계시는군요!”

　　“물론이요! 우리는 그녀를 쭉 지켜보고 있었소. 그 작고 어린 한 소녀가 불러일으킨 작은 바람이 수많은 지구인들을 변화시켰다는 사실을 어찌 모를 수가 있겠습니까? 사실은 지구엔 수많은, 이름 없는 툰베리들이 있지요. 지구를 위기에서 구하기 위해 의식적으로 자동차 대신 대중교통을 이용하거나 비행기 여행조차 자제하고, 육식을 자제하여 멀리하고, 전기 에너지를 아끼는 데 성의를 다하고, 플라스틱 사용을 최대한 억제하려고 칫솔조차 플라스틱 칫솔 대신 대나무 칫솔을 이용하는 그런 사람들 말이요."

그는 마치 은근히 나를 꾸짖는 듯했다. 그런데 너는 그동안 어떻게 살았니, 하고.

나는 고작 지난 2019년 9월 한국의 원로 지식인과 연구자 등 664명이 발표한 '기후위기 선포를 촉구하는 지식인·연구자 선언문'에 서명을 하고, 더 이상 차를 갖고 다니지 않고, 가급적 플라스틱을 사용하지 않으려 신경 쓰는 것 외에 특별히 지구위기를 의식하면서 더 나은 윤리적 행동에 나서진 못했다.

생각해보니 2019년 9월 21일에 서울 대학로에서 대규모 시위가 벌어졌었다. 전 세계 60개국에서 약 400만 명이 참여한 사상 최대 기후 시위인 9월 20~27일 국제기후파업(Global Climate Strike) 주간에 맞춰, 한국에서도 서울 대학로를 비롯한 전국 각지에서 대규모의 기후행동이 진행되었던 것이다. 그 행사를 주최한 '기후위기 비상행동'은 기후위기에 침묵하는 정부와 온실가스 다배출 기업 등을 비판하며, 이윤과 성장보다 생명과 안전이 우선하는 가치임을 선포하며, 화석연료 기반한 정치·사회 시스템의 변화를 위해 행동할 것을 선언했다. 아울러 기후위기 진실 인정과 비상상황 선포, 온실가스 배출제로 계획 수립과 기후정의 실현, 범국가기구 건설 등을 정부에 요구하였다. 그 자리에선 수천 명의 남녀노소가 참여했다고 들었다.

하지만 나는 거기에 없었다. 거기에 없었다. 나는 겸연쩍은 목소리로 말했다.

"그래요. 숨은 툰베리들이 많지요. 결국 세상을 진짜로 바꾸는 힘은 시민들의 연대에서 나오는 것이니까요."

트랄팔마도어인은 지긋이 웃으며 고개를 끄덕였다.

"우주는 무한히 많은 가능세계들을 품고 있고, 또 우리나 지구처럼 지적인 생명체를 포함한 무수히 아름다운 다양한 생명들을 품고 있기도 합니다. 지구에만 하더라도 육지와 바다, 하늘에 얼마나 많은 생명들이 제각기의 아름다움으로 이 지구를 풍요롭게 해주고 있나요? 지구의 생물 다양성은 우리 트랄팔마도어인들이 부러워하는 지구의 보물 같은 것이지요. 지구인들은 그걸 너무나 당연한 걸로 생각하지만. 위엄 넘치는 경이로운 고래들, 앙증맞고 귀여운 펭귄들, 복합적이고 자연의 진화가 빚어낸 기묘한 산물인 코끼리나 기린, 아름다운 문양을 뽐내는 공작새, 고상하고 우아한 고양이 들. 아니, 아니, 실은 지구에 존재하는 모든 생명 가운데 아름답고 독특한 개성이 없는 생물은 없지요!

반면에 호모 사피엔스라고 스스로 이름 붙인 털 없는 원숭이인 인간종은 솔직히 우리가 보는 관점에선 별로 아름답게 생기진 않았습니다. 우린 처음에 인간종이 자신들의 추함이 부끄러워 옷이라는 걸 만들어 입고 다니는 줄 알았습니다. 여하튼 인간들은 지능이 조금 더 높다는 이유로 다른 생물종들을 모조리 노예 취급하거나 잡아먹고 있지요. 취미생활로 살상을 일삼기도 하고. 지능으로 따지자면 우리 트랄팔라도어인들이 수십, 수백 배는 더 높을 텐데, 그래도 우린 인간들을 잡아먹진 않습니다. 인간종은 참으로 특이하게도 위계 서열 만들기를 너무 좋아해서 끊임없이 다투면서 높은 자리를 차지하려고 혈안이 되어 있더군요. 모든 비극은 사실 거기서부터 시작되는 것인데도. 인간 사회에서 하는 그런 서열투쟁의 버릇대로 생태계에서도 그런 서열싸움을 하며 자기들이 마치 넘버원인 양, 오만하기 짝이 없는 태도로 군림하고 있지요. 인간이 저지르는 지구 파괴가 이 지경에 이르도록.

더 충격적인 사실은 인간들이 자기들끼리 서로 고통을 주는 걸로도 모자라 다른 뭇 생명들과 지구까지 괴롭히면서도 아무렇지도 않게 생각하는 그 무감각함이오. 인간들은 늘 자신이 무슨 짓을 하는지 알게 해주는 의식을 갖고 있다고 주장하고 또 그 의식이 바로 인간 존엄의 근거라고 주장하곤 하는데, 과연 지금 지구에 벌어지고 있는 일들을 보면 이젠 정말로 인간에게 의식을 소유하고 있는지 지극히 의심스럽소. 하긴 인간들은 그들의 구세주도 못 알아보곤 십자가에 매달곤 쾅쾅 대못을 박아버렸다지요? 그러고선 뒤늦게 후회한다며 법석을 떨고. 내 생각엔 인간에 대한 제일 정확한 정의는 차라리 '너무 늦게 후회하는 동물'이라고 하는 게 더 맞지 않을는지?"

"휴… 반박하기 어려운 비판이군요. 우리 인간들은 착각도 잘하지요. 지난 300년간 우리 인간이 세상의 중심이라고 착각해온 것, 그게 바로 휴머니즘 사상인데, 그걸 지금은 '과도한 인간중심주의'라고 부릅니다. 근래 들어 많이 비판받고 있지요. 그런 인간중심주의가. 옛날에 신을 넘버원으로 섬기다가 신을 걷어차버리곤 인간 스스로 넘버원이라고 선언한 게 휴머니즘이란 사상이었는데 지금은 많이 반성하는 분위기입니다. 인류세라는 새로운 지질시대의 이름을 붙인 것도 알고 보면 그런 반성의 토대 위에서 그런 이름을 붙인 것이구요. 인간 중심에서 지구 중심, 가이아라고 이름 붙인 지구행성 중심의 사고로 전환해야 한다고 하는 게 인류세 시대의 시대정신이기도 하지요."

"그렇다면 그나마 다행이군요. 지구엔 아직 희망이 남아 있다고 해야겠군요. 2019년의 지구에. 하지만 희망만으론 아무런 변화도 가져올 순 없고, 행동만이 변화를 가져올 수 있다는 걸 잊어선 안 됩니다. 인간종이 그토록 자랑스러워하는 이성, 그건 사실 별 보잘것없습니다. 아주 무력하지요. 욕망이나 감정에 비하면 말이에요. 그것보다는 윤리적 책임을 회피하지 않는 결의와 행동, 그리고 결과에 무한 책임을 지려는 단호한 윤리의식, 그런 게 위대한 것이지요."

"그나저나 최악과 최선의 가능세계를 보여주신 데 진심으로 감사드립니다. 하지만 지구의 미래가 그 두 가지로밖에 경로가 정해지진 않았을 텐데요…."

"물론 최악과 최선 사이엔 다른 많은 중간 경로들이 있지요. 지구가 좀 더 천천히 데워져서 2199년에 가서야 최악의 시나리오가 현실화되는 가능세계도 있어요. 지구인들이 굼뜨게 움직일 때, 노력은 하지만 여러 방해요소들 때문에 21세기 말에 가서야 겨우 탄소 제로 상태에 이를 때, 그러나 대기에 이산화탄소가 너무 많이 축적된 바람에 지구 기후가 통제 불능 상태에 들어가버린 그런 상태도 있지요."

"아… 두려운 일이군요."

"하지만 당신에게 더 이상 보여줄 미래는 없습니다. 두 가지 가능세계를 보여준 것으로도 충분하다는 생각이 드는군요."

2099년, 트랄팔마도어 외계인 지구 행성 관찰기

"그런데 하필이면 왜 저를 군이 초대해서…, 아니 무엇 때문에 지구를 방문해서…."

"글쎄요. 누구면 어떤가요? 우린 이미 오래전부터 수시로 지구를 방문해서 관찰하고 있습니다. 올 때마다 점점 더 나빠지는 지구의 풍경을 보며 우리는…."

"잠깐만요. 설마 당신들은 인간종을 제거하기 위해…"

"한 종 때문에 아름다운 지구가 파괴되고 멋진 생물들이 멸종하는 사태를 당하는 게 나을까요, 아니면 차라리 그 한 종이 사라지는 게 더 나을까요? 그건 마치 한 사람을 살리고 100만 명을 죽게 하느냐, 그냥 100만1명이 죽게 내버려두는 게 나으냐 하는 문제와도 같지요."

"아니, 그건 생각만큼 그렇게 간단한 문제가 아니지요! 100만1명 모두가…"

그러나 내 말이 채 끝나기도 전에 갑자기 내가 앉아 있던 방이 흔들리는가 싶더니 다시 현기증이 일었다. 나는 다시 의식을 잃고 말았다.

시간이 얼마나 흘렀을까. 내가 다시 정신을 차려 눈을 떴다. 화들짝 놀라 주변을 살폈더니 나는 여전히 그 서재에 있었다. 눈을 돌려 트랄팔마도어인을 찾았는데 그는 암흑 속에서 빛나는 거대한 행성이 내다보이는 창가를 향해 서 있었다. 인기척 때문이었는지 그가 고개를 돌려 나를 보았다.

"잘 잤소?"

그는 왠지 조금 어색해 보이는 미소를 지으며 말했다.

"내가 기절한 게 아니라 잠을 잤다구요? 벌써 여러 번째 잠에 드는 군요. 강제 수면."

나는 그들이 나를 고의적으로 강제 수면에 들게 했다는 걸 강조하듯이 대꾸했다.

"미안하오. 그러나 어쩔 수가 없소. 당신의 신체는 우리 우주선의 속도를 감당할 수 없는 구조라, 시공간 터널을 이동할 땐 그런 현상이 일어나는 거라오."

나는 소파에서 일어나 그가 있는 쪽으로 걸음을 옮기기 시작했다.

"그런데 지금 저기 보이는 행성이 지구인가요, 아니면 당신의 행성 트랄팔마도어인가요?"

나는 낯설면서도 왠지 친숙해 보이는 행성을 가리키며 물었다.

"저건 진짜 2099년의 지구예요. 가능세계의 2099년이 아닌, 현실 그대로인 2099년. 우린 지금 시공간을 이동해 진짜 미래로 온 것이오. 우린 당신에게 진짜 미래를 보여주기로 결정했소. 그때 당신이 어떤 생각을 하게 될지가 궁금하오."

나는 눈이 휘둥그래해졌다. 뭐라고? 저 행성이 2099년의 지구라고?

내 눈앞에 미래의 지구. 2099년의 지구가 펼쳐져 있었다. 나는 창에 얼굴을 바싹 갖다대고 2099년의 지구를 바라보기 시작했다. 우주선이 지구에 점점 더 가까이 다가가기 시작했고, 그에 따라 2099년의 지구도 차츰 더 선명하게 내 시야에 들어왔다. 내 눈앞에 펼쳐지고 있는 이 2099년의 지구는….

2099년, 트랄팔마도어 외계인 지구 행성 관찰기

주석

1 커트 보니것의 소설 『제5 도살장』은 제2차 세계대전 당시 동독의 드레스덴 폭격을 소재로 만들어진 반전 소설이다. 외계인 트랄팔마도어인들과 만난 덕에 시간과 시간 사이를 떠돌며 여행하는 주인공 빌리 필그림의 이야기가 중심인데, 이 글은 이 소설에서 모티브를 빌려왔다.

2 Intergovernmental Panel on Climate Change, 기후변화에 관한 정부 간 협의체.

3 후주국립기후 복원센터 보고서 「실존적인 기후 관련 안보위기 – 시나리오적 접근」. 번역은 인터넷 미디어 『생태적 지혜』(ecosophialab.com)에서 인용.

4 10년 누적량 55퍼센트.

'You have stolen my dreams and my childhood with your empty words,' climate activist Greta Thunberg has told world leaders at the 2019 UN climate action summit in New York. In an emotionally charged speech, she accused them of ignoring the science behind the climate crisis, saying: 'We are in the beginning of a mass extinction and all you can talk about is money and fairy tales of eternal economic growth - how dare you!'

UN secretary general hails 'turning point' in climate crisis fight
This video was relaunched on 24 September 2019 to reinstate a short segment of speech that was edited out in the original version

'You have stolen my dreams and my childhood with your empty words,' climate activist Greta Thunberg has told world leaders at the 2019 UN climate action summit in New York. In an emotionally charged speech, she accused them of ignoring the science behind the climate crisis, saying: 'We are in the beginning of a mass extinction and all you can talk about is money and fairy tales of eternal economic growth - how dare you!'

UN secretary general hails 'turning point' in climate crisis fight
This video was relaunched on 24 September 2019 to reinstate a short segment of speech that was edited out in the original version

03

송은주

인류세와 문학

이야기에 홀리는 것은 인간의 본능이다. 시대가 바뀌고 이야기를 전하는 매개체는 달라져도 이야기를 듣고 싶고, 들려주고 싶은 욕망은 변하지 않는다. 이야기는 단순히 재미만을 위한 것도 아니다. 책을 접하기 어렵고 교육의 기회가 드물었던 시절, 아이들은 할머니, 할아버지로부터 옛날이야기를 들으면서 삶의 지혜를 배웠다. 이야기는 나와 다른 이들의 마음을 헤아려 짐작케 하고, 내가 직접 겪어보지 않은 세상을 상상하게 해주었다. 이야기는 나와 남, 시간과 공간의 경계를 넘어 서로 다른 존재와 차원들을 이으면서 경험과 감정, 인지의 차원을 끝없이 넓힌다.

이야기는 언제나 우리가 세상을 이해하는 중요한 수단이자 자원이었다. 유발 하라리(Yuval Harari)는 『사피엔스(*Sapiens*)』에서 다른 종에 비해 신체적 능력이 뒤처지는 인간이 지배 종이 될 수 있었던 원인을 '허구를 말하고 믿는 능력'에서 찾는다. 호모 사피엔스는 이 능력으로 신화, 종교, 전설, 신 등을 창조해냈고, 이를 통해 집단적으로 상상할 수 있었다. 이러한 집단적 상상은 공통의 믿음을 기반으로 대규모 협력 체제를 구축할 수 있게 해주었다. 또한 허구를 창조하는 능력은 환경이 변하면 그에 맞게 새로운 신화를 만들어냈고, 인간은 그 신화에 따라 행동 방식을 바꿀 수 있었으므로 신속하게 변화를 수용하고 적응할 수 있었다. 이처럼 이야기는 인류 진화에서 중요한 역할을 했다.

　　문학은 인류에게 가장 오래된 도구 중 하나인 언어와 내러티브를 통해 우리 삶에서 일어나는 크고 작은 사건들을 순서대로 배열하고, 의미를 부여하고, 인과관계를 구성한다. 내러티브를 구성할 수 없다면 우리 주변의 세계는 이해할 수 없는 혼돈과 무질서로 가득할 것이다. 세계와 타인을 이해할 수 있게 해주는 내러티브의 설명적 힘이 있었기에 인류는 하라리의 말처럼 제국을 건설하고 문화를 창조하고 지구를 지배하는 종이 될 수 있었다. 이야기의 주인공이자 이야기를 하는 주체로서 항상 인간을 중심에 놓고 이야기를 구성한다는 점에서, 문학은 인간 중심적인 장르다. 특히 근대 이후로 소설은 인간이 주인공이 되는 인간의 이야기이자 인간을 위한 이야기가 되었고, 주변 환경이나 인간 아닌 것들은 대개 인간의 드라마가 펼쳐지는 배경으로만 이용되었다. 소설의 주인공은 폭풍우가 몰아치고 땅이 흔들리는 속에서도 용감하게 모험을 계속하고 임무를 완수한다. 자연과 환경이 가하는 여러 시련은 이를 극복해가는 인간의 의지와 능력을 돋보이게 해줄 뿐이지, 주인공의 승리로 끝나는 결말에 영향을 주지는 않는다. 18세기 역사가 쥘 미슐레 (Jules Michelet)는 역사가 자연에 대한 인간의 전쟁, 물질에 대한 정신의 전쟁, 숙명에 대한 자유의 전쟁에 대한 이야기라고 말했는데, 근대 소설의 주제 또한 이와 유사하다.

자연 환경과 인간의 관계에 대한 이러한 관점은 문학만이 아니라 근대 이후 사회과학과 인문학 전반에서 찾을 수 있다. 인간의 역사와 자연의 역사는 따로 분리되어 흘러가며, 서로 뒤섞이거나 영향을 주지 않는다는 것이 일반적인 생각이었다. 인간의 역사가 사회과학과 인문학의 영역이라면, 자연의 역사는 어디까지나 자연과학의 영역이다. 두 분야는 C. P. 스노(Snow)가 말한 대로 인문학과 과학이라는 별개의 두 문화로 철저히 나뉘어졌다. 두 문화는 서로 다른 논리에 따라 구성되므로 접점이 없다. 과학자와 인문학자는 서로가 알아들을 수 없는 다른 언어로 이야기하는 것이나 마찬가지다.

과학과 인문학이 처음부터 물과 기름처럼 섞일 수 없는 서로 다른 두 영역이었던 것은 아니다. 19세기 초반까지는 과학은 다양한 분야의 지식을 망라하는 체계를 의미했으며, 역사학도 천문학만큼이나 엄연한 과학이었다.[1] 지금의 자연과학은 '자연철학'으로 불리며 철학의 우산 아래 있었다. 19세기 학문들이 여러 분과 학문으로 갈라지면서 과학과 인문학은 서로 다른 용어를 쓰고 다른 식으로 세계를 이해하고 다른 잣대로 세상을 재며 다른 길을 걷기 시작했다. 한쪽에는 사회와 분리된 채 그 나름의 법칙에 지배되며 역사가 추구하는 목적과는 어떤 관계도 없이 흘러가는 자연이 있고, 다른 한쪽에는 자연의 제약을 극복함으로써 자유를 향한 진보의 길로 나아가는 사회가 있다. 이러한 분리에 따라 한편에는 인간적 요소와 무관한 자연과학이, 다른 한쪽에는 자연적 요소와 무관한 사회과학과 인문학이 각기 제자리를 차지하게 되었다. 이러한 분리는 문학에서도 마찬가지로 나타났다. 근대 이전에는 과학자와 철학자가 뚜렷이 나뉘지 않았듯이, 문학가도 그러했다. 괴테가 광학에 큰 관심을 가지고 색채에 대해 연구한 글을 썼다는 것은 잘 알려진 사실이다. 그때만 해도 문학가가 과학에 대해 진지하게 이야기하는 것이 비전문가의 오지랖이나 영역 침범으로 여겨지지 않았던 것이다. 그러나 근대 이후 자연과학과 인문학의 분리에 따라 과학을 다루는 소설은 과학소설 장르로 축소되었고, 과학소설은 진지한 문학에 끼지 못하고 비주류로 밀려났다.

이렇게 마치 원래부터 그랬다는 듯이 두 문화의 분리를 당연한 것으로 여기게 되었지만, 2000년 노벨상 수상자인 화학자 파울 크뤼천이 제기한 '인류세'라는 새로운 시대 개념은 인간의 역사와 자연의 역사, 인문학과 과학을 분리하여 세계를 이해하려는 방식이 더는 통할 수 없게 되었음을 의미한다. 역사가 디페시 차크라바르티(Dipesh Chakrabarty)의 표현을 빌리면, 이제 인간이 자연의 역사를 바꾸는 "지질학적 힘"이 되었기 때문이다. 인간의 역사와 자연의 역사는 간섭하지 않고 따로 흘러가는 것이 아니라, 인간의 힘이 자연에 돌이킬 수 없는 거대한 변화의 흔적을 남기며 자연의 역사에서 물길을 바꾸어놓고, 그렇게 바뀐 자연이 다시 인간의 삶과 사회제도와 정치, 문화를 비롯한 인간 역사의 전 영역에 변화를 일으키는 식으로 서로 뒤섞이며 영향을 주고받게 된 것이다. 이제는 인간의 역사가 자연의 역사고, 자연의 역사가 인간의 역사가 되었다. 견고하게 보였던 자연과학과 인문학 사이의 벽이 무너졌다.

이는 인간의 역사에 등장하여 사건을 일으키고 변화를 만드는 행위자가 더는 인간만이 아니게 되었다는 뜻이기도 하다. 우리는 일상 속에서 물과 공기 등 우리를 둘러싼 자연의 존재를 거의 의식하지 않는다. 환경은 마치 없는 듯이 조용히 늘 그 자리에 있기 때문에 그 존재를 쉽게 잊는다. 그러나 잔잔히 흐르던 강물이 어느 날 갑자기 무섭게 불어나 우리 동네를 덮치고 집들을 집어삼킬 때, 산들바람이 거친 태풍으로 변해 가로수를 뿌리째 뽑고 간판을 날려버릴 때에는 우리의 일상 바깥에 있었던 자연이 갑자기 안으로 침투해 들어와 우리 삶을 온통 휘저어놓는다. 물과 공기는 더는 있는 듯 없는 듯 말없이 우리 일상의 배경 속에 숨은 일부가 아니라, 우리의 삶에 구체적인 변화를 일으키는 행위자가 된다. 과학철학자 브뤼노 라투르(Bruno Latour)는 인류세에 지구가 역사의 행위자로 등장했으며, 이제 대문자 '역사(History)'가 아니라 인간과 공동의 '지구이야기(geostory)'가 씌어지게 되었다고 말했다.[2]

인류세는 이처럼 과거에는 의식하지 않아도 되었던 기후와 같은 비인간적 힘들이 우리의 삶 속으로 침투해 들어오고 그 일부가 되는 세대다. 인류세라는 새로운 시대의 문턱에 들어서서 지금까지 세계를 이해하던 방식이 더는 통할 수 없게 되었다. 따라서 더는 과거에 이야기하던 식으로 우리의 삶과 우리를 둘러싼 세계에 대해서 이야기할 수 없다. 인류세를 맞아 문학은 이 변화된 세계와 그 세계 속에서 인간이 환경과 맺는 관계를 이야기할 새로운 방식을 찾아야만 하게 되었다.

인류세와 근대 사실주의 소설의 한계

새로운 이야기 방식을 찾아야 한다는 인류세의 도전은 결코 만만한 것이 아니다. 인류세는 예술과 인문학뿐 아니라 현대의 문화 전반을 넘어 우리의 상식적인 이해에 도전하면서 우리가 세상을 이해하는 틀 자체를 근본적으로 다시 들여다보도록 요구하기 때문이다. 인류세의 지질학적 시간 개념은 인간이 인식할 수 있는 범위를 훨씬 뛰어넘는다. 지금 우리가 살고 있는 시대인 홀로세는 1만2000여 년 전 가장 최근의 빙하기가 끝나면서 시작되었다. 홀로세에서 인류세라는 새로운 시대로 접어들었다는 주장의 주요한 근거 중 하나는 인간이 화석 연료를 사용하면서 대기 중 탄소량이 급증했고, 이로 인하여 대기의 화학적 조성과 지구의 환경 조건이 돌이킬 수 없이 변화했다는 것이다. 그렇기에 인류세가 시작된 기점을 화석 연료를 본격적으로 사용하게 된 산업혁명으로 보는 시각이 우세한데, 그쯤으로 잡는다 해도 수백 년 전이다. 하지만 그 정도 시간은 전체 지구 역사에서 그야말로 찰나의 순간에 불과하다. 46억 년에 달하는 지구의 역사에서 인간의 역사는 고작 24만 년 전 시작되었다. 지구 역사를 24시간으로 잡는다면 인간이 출현한 시간은 밤 11시 58분경이다. 스티븐 제이 굴드(Stephen Jay Gould)는 지구 역사를 팔을 쫙 뻗었을 때 팔 끝까지의 길이로 친다면, 줄칼로 가운뎃손가락 손톱 끝만 한 번 갈아도 인류 역사 전체가 지워질 것이라고 표현했다. 이러니 지질학자인 제임스 허튼(James Hutton)과 함께 지층 탐사에 나섰던 수학자 존 플레이페어(John Playfair)가 시간의 흔적이 새겨진 절

벽 앞에서 "시간의 심연 속을 너무 멀리까지 들여다보았더니 현기증이 난다"고 말한 것도 무리가 아니다.

인류세는 지구의 시간과 인간의 시간을 대비함으로써 기나긴 지구 역사 속에서 하루살이만큼이나 짧고 덧없는 인간 존재의 유한함을 상기시킨다. 영겁 같은 지질학적 시간 앞에서 우리의 일상적인 시간 감각에 혼란이 일어나게 된다. 인류세는 시간만이 아니라 우리의 공간 개념도 뒤흔들어놓는다. 대규모로 발생하는 기후 재앙이나 환경재앙은 어느 한 나라의 국경 안에 제한되지 않는다. 1987년 체르노빌 발전소가 폭발했을 때, 핵 구름이 아프리카와 중국까지 도달하는 데 불과 나흘밖에 걸리지 않았다. 물론 우리나라에서도 낙진이 검출되었다. 『체르노빌의 목소리』 저자인 알렉시예비치는 핵 공포가 국경을 허물었고 과거 정치에서 사용되던 '우리-남'이나 '멀다-가깝다' 같은 어휘는 이제 통하지 않게 되었다고 말한다. 기후변화의 파괴적인 영향에서 자유로울 수 있는 사람은 아무도 없다.

문학이 인간을 중심에 놓고 인간이 느끼고 이해한 바를 통하여 주변 세계를 서술하고 구성해왔다는 점을 생각하면, 시공간적으로 인간이 인지할 수 있는 범위를 초월하고 비-인간 행위자들이 무대 위에 등장하는 인류세는 문학의 위기일 수도 있다. 인도 작가 아미타브 고시(Amitav Ghosh)는 기후변화 등 인류세의 위기에 지대한 관심을 갖고 있다 해도 막상 이를 소설로 옮기기는 매우 어렵다며 소설가로서의 고충을 토로한다. 태풍이나 홍수 같은 극적인 사건들은 비일상적이고 예외적인 사건이기 때문에, 소설 속에 넣으면 문학의 가장 중요한 덕목인 개연성을 해치게 된다. 아리스토텔레스가 『시학』에서 말했듯이, 문학에서는 실제로 일어날 수 있는 일보다 일어날 법한 일을 묘사함으로써 사람들이 허구를 실제처럼 믿게 만드는 것이 무엇보다 중요하다. 그러다 보니 기후재앙은 소설보다는 주로 논픽션에서 다루어지곤 한다.

고시는 기후변화를 문학이 제대로 다루지 못하고 있는 상황을 들어 인류세의 주요한 징후인 기후변화는 문화의 위기이며, 상상력의 위기이기도 하다고 진단한다. 고시가 분석하기로는 이러한 문학의 한계는 문학 전체의 것이라기보다는 19세기 이후 등장한 근대소설의 한계다. 근대소설 이전의 우화나 서사시는 수백, 수천 년의 시간을 넘나들기도 하고 동물 등 비인간들이 등장하기도 했다. 그러나 현실을 최대한 있는 그대로 재현하고자 했던 근대 사실주의 소설은 이러한 우화나 서사시의 요소들을 창작에서 최대한 배제했다. 근대 소설은 18세기 부르주아 계층의 부상과 관련이 있다. 고시는 근대 소설이 광대무변한 현실 세계에 시간과 공간의 경계를 부여하여 특정한 장소와 시간대를 배경으로 삼고, 여기에서 규칙성을 가지고 반복되는 일상을 재현하는 부르주아적 세계관을 바탕에 깔고 있다고 말한다. 소위 '진지한' 근대 소설의 세계는 부르주아적 삶의 질서에 대한 믿음을 바탕으로 세계를 재현하고자 했다는 것이다.

그러나 아무리 '사실적으로' 재현되었더라도 허구는 허구일 뿐 현실 그 자체는 아니다. 고시가 볼 때 이러한 개연성이라는 환상은 인간이 인식할 수 있는 범위를 초과하는 사건들이 실제로, 점점 더 빈번하게 벌어지면서 부르주아적 삶의 규칙성을 무너뜨리는 인류세에는 더 이상 지속되기 어렵다. 그는 2012년 미국을 강타한 허리케인 샌디를 예로 들어 설명한다. 이 전례 없는 재난은 과학적으로 계산하여 예측할 수 있었지만 도저히 '일어날 법하지 않은' 비개연성 때문에 사람들이 이를 받아들일 수가 없었고, 적절히 대처하는 데 실패했다. 사실주의 소설의 세계에 익숙해진 우리는 반복되는 일상이 우리 발밑을 받치고 있는 땅이 흔들리지 않듯 견고하다고 믿는다. 재난은 일어난다 해도 나의 평온한 일상과는 무관하게 저 멀리 어딘가 다른 사람들한테나 벌어지는 일일 뿐이다. 사실주의 소설은 개연성을 위해 예외적이고 극단적인 사건이 전개되는 플롯은 피하려 하지만, 이러한 소설의 특성이 오히려 실재를 은폐하는 아이러니를 낳게 된다. 근대 세계의 부르주아적 세계관을 반영하는 소설의 서사 구성 방식은 한순간에 파국을 불러오는 인류세의 위기를 이야기로 재구성하는 데에는 한계를 드러낼 수밖에 없다.

인류세 문학의 가능성 찾기

부르주아 계층의 규칙적인 세계를 그리던 근대 소설의 내러티브가 인류세의 위기를 재현하기에는 적합하지 않다는 고시의 비판은 충분히 타당성이 있다. 하지만 근대소설에 대한 고시의 날카로운 비판을 받아들인다 해도 인류세의 전 지구적 변화를 이해하고 재현할 도구로서 문학이 갖는 잠재력에 기대를 저버릴 필요는 없을 것이다. 소설은 사회, 정치 제도와 문화 등 추상적인 요소들 뿐 아니라 경제적이고 물질적인 것들까지, 인간 삶을 구성하는 다양한 요소들을 한데 아우른다는 점에서 인간과 자연이 서로 얽히는 인류세의 복잡한 네트워크를 설명할 수 있다. 문학비평가 애덤 트렉슬러(Adam Traxler)는 지난 40년간 기후변화 담론이 어떻게 문화를 형성했는가, 기후변화를 이해하거나 인류가 직면할 미래를 이해하기 위해 어떤 비유가 필요한가, 수백만 년에 걸친 지질학적 과정을 인간의 상상력에 어떻게 이해시킬 수 있는가, 인류학적 기후온난화가 정치적 상상력에 어떻게 도전하는가, 인류세에 산다는 것이 인간의 경제와 생태계를 어떻게 재구성할까, 기후변화가 예술과 문화 내러티브의 형식과 잠재성을 어떻게 변화시킬까 등의 질문들은 문학 연구가 오랜 경험을 갖고 있다고 평가한다. 소설, 시, 희곡 등 문화적 텍스트들은 역사, 과학적 생각, 정치담론, 문화적 의식, 상상력의 도약, 일상생활의 문제 등 복잡한 아이디어들의 네트워크다.

문학에서 인류세 문제에 대한 관심은 높지만 본격적인 논의는 이제 막 시작되었다. 환경과 인간의 관계가 문학에서 어떻게 다루어지는

가에 주목하는 생태비평이 1990년대부터 대두되었지만, 생태비평은 18세기 영국 낭만주의 시나 19세기 미국 작가 소로의 『월든』과 같이 목가적이고 아름다운 자연의 가치를 찬양한 '자연문학'에 주로 집중하면서 정작 기후변화 문제는 놓쳤다. 이러한 생태비평의 한계에 대한 비판과 함께, 최근 기후변화 문제를 소재로 삼는 '기후변화소설(cli-fi)'이 하나의 새로운 장르로 등장할 조짐을 보이고 있다. 기후변화소설의 원조를 찾자면 대홍수가 나오는 『길가메시 서사시』까지 거슬러 올라가지만, 기후변화가 소설 속에서 본격적으로 다루어지기 시작한 시기는 1970년대 이후로 본다. 애들라인 존스-퍼트라와 애덤 트렉슬러는 기후변화가 과학적으로만이 아니라 문화적으로도 복잡한 현상이어서 이해하기 쉽지 않으며, 이러한 복잡성 때문에 작가들이 이를 적절히 상상하고 묘사하고 전달하기 위해 새로운 장르를 만들어낼 필요가 있다고 말한다. 배경이나 장소, 자연처럼 문학 속의 익숙한 개념들을 다시 생각하고 새롭게 바꾸어야 한다는 것이다. 또한 기후변화소설은 흔히 과학소설의 한 하위 장르로 취급되는데, 과학소설은 나뉘었던 과학과 문학을 통합할 잠재성이 있을 뿐 아니라, 종종 무대를 지구 바깥의 우주로까지 넓히거나 수백만 년의 긴 세월을 다룬다는 점에서 과거의 서사시가 지녔던 거대한 시공간적 상상력을 계승한다. 또한 과학소설에서는 로봇이나 외계인, 인공지능 등 비-인간 존재들이 심심찮게 주요 인물로 등장한다는 점에서도 인류세의 비-인간 행위자들을 다룰 새로운 형식을 제공할 가능성이 있다.

　인류세를 이야기할 가능성을 타진하기 위해, 경계를 넘는 과학소설의 상상력으로 인간의 인식 범위를 넘어 시간적 배경을 확대함으로써 인간의 서사를 다른 차원에서 전개하는 문학 작품들을 고려해볼 수 있을 것이다. 인류세라는 새로운 시대 구분은 우리의 현재가 '심원한 시간(deep time)' 속에 존재하며, 깊은 과거와 깊은 미래가 연결되어 있음을 깨닫게 함으로써 현재의 차원을 확장한다. 심원한 시간 개념은 세계의 주인이자 지배자로서 인간의 지위를 초라하게 만든다. 프로이트는 과학의 역사에서 첫 번째로는 갈릴레이의 지동설이 인간을 우주의 중심에서 밀어냈고, 그다음으로는 다윈의 진화론이 인간의 특권을 박탈했다고 말한다. 그리고 자신의 무의식에 대한 연구가 인간의 자존심을 꺾은 세 번째의 결정적 사건이 될 것이라고 했다. 스티븐 제이 굴드는 프로이트가 인류의 지배 영역인 지구가 우주에서 지극히 제한적인 공간에 불과하다는 깨달음과, 인간이 다른 피조물과 물리적으로 연결되어 있다는 깨달음을 과학사적 양대 사건으로 언급하면서 갈릴레이 혁명과 다윈의 진화론을 연결해주는 중요한 사건을 빠뜨렸다고 말한다. 그것은 바로 인간이 시간적으로도 아주 미미한 존재에 불과하다는 지질학적 발견이다. 지구 나이의 엄청난 시간적 규모에 대한 이해, 심원한 시간의 중요성은 앞의 두 사건에 견주어도 결코 떨어지지 않는 것이었다.

'심원한 시간'을 발견할 수 있었던 것이 지질학과 층서학만의 공로는 아니다. 굴드는 『시간의 화살, 시간의 순환』에서 17세기 중반부터 19세기 초 사이에 지구 역사가 수백만 년 전까지 거슬러 올라간다는 생각을 받아들이게 되었지만, 당시 아직 지질학이 독립적인 학문으로 존재하지 않았기 때문에 몇몇 지구과학자의 힘으로 이러한 지식의 진보를 이루어냈다기보다는 신학, 고고학, 역사학, 언어학 등 여러 영역을 섭렵하고 이로부터 얻은 통찰력 덕분에 가능했다고 말한다. 우리의 일상 경험과 아주 멀리 동떨어진 심원한 시간의 특성상, 이 개념은 신화와 문학의 상상과 비유를 빌리지 않고서는 이야기하기 어렵다.

　지질학과 층서학은 지층에 남은 과거의 흔적을 읽어냄으로써 지구 역사를 재구성하지만, 이러한 재구성은 과학적인 차원에서만 이루어지는 것이 아니라 문화적이기도 하다. 인류세 연구는 지층에 흩어진 무수한 물질적 증거들을 일종의 기호로 보고 이러한 지질학적 표시들을 통해 행성의 역사와 인류의 진화에 대한 기억들을 어떻게 재구성할 것인가를 논의하기 때문이다. 인류세라는 용어가 벌써 학계를 넘어 대중에게까지 널리 퍼지고 있지만 아직 지질학계에서 공식적으로 우리가 홀로세가 아닌 인류세에 들어왔다고 인정한 것은 아니다.

　또한 인류세의 시작이 언제인지를 놓고도 다양한 견해가 있다. 멀게는 인류가 농경을 시작한 신석기시대부터 증기기관이 발명되고 화석연료를 본격적으로 쓰기 시작한 18세기 산업혁명 시기, 그리고 가깝게는 제2차 세계대전 이후 경제가 급격히 발전한 '대가속(the Great Acceleration)' 시기까지 여러 주장들이 있다. 이처럼 인류세의 시대 구분을 둘러싸고 논의가 분분한 점도 인류세라는 새로운 시대의 표식이 될 만한 지질학적 증거들을 수집·분석하고 기록하는 지질학의 과학적 탐사가 이를 해석하고 인류세의 서사를 구성하는 문화적 과정과 함께함을 의미한다.

심원한 시간을 이야기하기

이처럼 인류세라는 전례없는 시대를 담기 위하여 인간의 유한한 삶을 넘어 지질학적 시간의 관점에서 인간사를 바라보려는 문학적 시도를 한 작품들의 예를 찾을 수 있다. 고시는 근대소설이 특정한 시간과 공간을 취사 선택하여 소설의 배경으로 재창조한다고 말한다. 그런데 이렇게 창조된 허구의 세계는 우리의 현실 세계에는 존재하지만 소설 속에서는 보이지 않는 사물과 힘들을 마치 애초부터 존재하지 않았던 것처럼 만들어버린다. 우리가 살고 있는 세계는, 실은 우리 주변의 가장 가까운 것들도 복잡한 연결망을 통해 우리로부터 가장 멀리 있는 것들까지 이어져 있지만, 제한된 소설의 무대는 상호 연결된 전체 생태계를 보지 못하게 만든다. 이런 문제점을 고려한다면, 인간의 시간을 초월하는 지구 역사의 시간을 배경으로 삼는 소설들은 역사를 만드는 주체로서의 인간이라는 관념이 얼마나 오만하고 협소한가를 드러낸다. 이런 소설들을 읽으면서 우리는 인간을 인간보다 더 큰 지질학과 진화의 역사에 연결시켜, 인간 이전과 이후의 시간들을 성찰하게 된다.

문학비평가 어슐러 K. 하이스(Ursula K. Heise)는 이러한 이야기 방식을 '딥 타임 스토리텔링(deep time storytelling)'이라고 부른다. 소설 속에서 이렇게 긴 범위의 시간을 다루기 위하여 시간여행이나 갑자기 수천에서 수만 년의 시간을 훌쩍 뛰어넘는 시간 도약 등의 장치를 흔히 이용한다. 예를 들면 스탠리 큐브릭의 영화 〈2001: 스페이스 오디세이〉 도입부에는 먼 과거에 유인원이 허공으로 던져 올린 뼈다귀가 21세기의 우주선으로 바뀌면서 과거에서 미래로 넘어가는 유명한 장면이 등장한다. 영화는 이러한 시간 도약을 통해 인류 최초의 도구인 뼈에서 미래의 최첨단 도구인 우주선까지, 인류 역사에서 기술의 진화를 요약해서 한눈에 보여준다. 2004년 데이비드 미첼(David Mitchell)의 『클라우드 아틀라스(Cloud Atlas)』도 이러한 시간 도약의 구조를 가진 소설이다. 『클라우드 아틀라스』는 1850년경 배를 타고 시드니에서 캘리포니아로 떠나는 주인공 애덤 어윙의 이야기로 시작하여, 1931년 벨기에의 젊은 음악가 로버트 프로비셔, 1975년 캘리포니아의 기자 루이자 레이, 21세기 초반 런던의 출판업자 티모시 캐번디시의 이야기를 거쳐 근미래의 한국을 배경으로 한 복제인간 손미의 이야기에서 핵전쟁 이후 대부분의 인류가 죽고 소수만 살아남은 먼 미래까지 나아간다. 방대한 시공간을 아우르며 인류 문명의 흥망성쇠를 그리는 서사는 '인류세의 연대기'라는 평을 들을 만하다.

여섯 개의 각기 다른 배경에서 전개되는 이야기들에는 각각 다른 주인공들이 나오지만 실은 이 여섯 명의 인물들은 한 영혼의 환생이다. 그러므로 다른 배경에서 다른 삶을 살아가는 다른 인물들이면서 하나의 인물이다. 한 영혼의 환생이라 해도 과거의 기억을 지니고 있지도 않고, 전생의 경험이 다음 생에 불교적인 업으로 작용하지도 않는다는 점에서 이 인물들은 연결되어 있으면서도 별개의 삶을 산다. 미첼은 여섯이면서 하나이고, 하나이면서 여섯인 주인공들을 통해 인류가 '종(種)'으로서 겪는 문명의 역사에 관하여 이야기한다. 차크라바르티는 인류세에 인류가 인간 전체를 하나의 종으로 사고할 필요가 있다고 주장하지만, 사실 우리는 각자 한 개인으로서 살아갈 뿐이고 종의 개념으로 역사를 사고한다는 것이 어떤 의미인지 알기 어렵다. 미첼의 독특한 인물 설정은 차크라바르티의 '종적 사고'를 소설의 내러티브를 통해 어떻게 상상할 수 있는가에 대한 일종의 사고 실험이다.

『클라우드 아틀라스』의 이야기들의 배경은 남태평양 채텀제도의 한 섬에서 시작되어 유럽과 미국, 아시아를 누비다가 마지막 이야기에서는 처음 시작했던 곳으로 돌아와 끝난다. 애덤 어윙의 첫 번째 이야기에서, 섬의 원주민인 모리오리족은 평화를 사랑하는 부족이지만 잔인하고 폭력적인 마오리족에게 주민 대부분이 학살당하고 살아남은 이들은 노예가 된다. 모리오리족의 슬픈 역사는 여섯 번째 이야기에서 머나먼 미래에 살아남은 소수의 인간들 사이에서 다시 반복된다. 지질학에서 지층을 파고 들어가면 각기 다른 시대의 유물과 흔적이 발견되듯, 하나의 공간은 겉으로 보이는 표면이 전부는 아니다. 그 공간에는 무수한 시간의 흐름과 역사의 흔적들이 깃들어 있다. 지질학자들이 암석과 지층을 조사하여 지구의 역사를 읽어내듯, 소설가들은 역사적 사건들의 흔적을 읽고 해석하며 내러티브로 구성한다. 이러한 내러티브는 인간과 자연의 역사에서 인간이 목적의식과 의도를 가지고 하는 행동의 의의를 약화시킨다. 기나긴 시간 속에서 오늘의 승리가 내일의 패배로 바뀔 수도 있고, 내 행동이 궁극적으로 어떤 결과를 가져오게 될지 예측할 수 없다. 『클라우드 아틀라스』의 인물들은 각자 자신의 시대에서 문명의 진보와 인간의 선함을 믿고 이를 지키고자 싸우며 때로는 자신을 희생하지만, 결과적으로는 그 누구의 노력도 문명의 종말을 막지는 못한다. 그러나 미첼은 먼 미래에서 다시 처음 시작했던 이야기로 돌아가는 순환적인 구조를 통해 광대한 시간 속에 아직도 다른 미래의 가능성이 열려 있음을 전한다.

　이렇게 한 장소에 여러 시간대가 겹쳐지는 서사 구조는 리처드 맥과이어(Richard McGuire)의 그래픽 노블 『여기에서(Here)』에서도 찾아볼 수 있다. 『여기에서』는 유기 생명이 지구상에 처음 모습을 드러낸 3억 5000만 년 전부터 시작하여 22세기의 미래까지의 기나긴 시간을 다루지만, 공간적 배경은 미국 북동부 어느 집의 거실(혹은 그 거실이 있기 전이나 있었던 자리)이라는 특정한 장소로 제한되어 있다. 소설은 별다른 줄거리나 설명 없이 집이 세워지기도 한참 전인 수천만 년 전 늪지와 초원의 모습과, 대를 이어 여러 가족이 거실에서 생활하는 모습들을 시간 순서에 따르지 않고 뒤죽박죽으로 섞어서 보여주거나, 때로는 한 페이지 안에 여러 시간대를 한꺼번에 보여준다. 한 페이지의 작은 칸 속에 거실 소파에 앉아 차를 마시는 남자의 모습이 있고, 그 칸 밖에는 먼 과거의 시간 속에 거실이 있던 자리의 들판을 지나가는 공룡이 있다. 가족들이 태어나고 살고 죽고, 집이 있고 없고, 지구의 긴 시간 속에서 어떤 일이 일어나건, 어떻게 풍경이 변하건 그 장소 자체는 그대로 존재한다. 1907년에 지어졌던 집은 2211년 홍수로 사라진다. 인간이 사라진 더 먼 미래의 어느 알 수 없는 시간 속에서도 그 장소는 여전히 있을 것이며, 인간은 잠시 스쳐 지나가는 존재일 뿐이다. 『여기에서』에는 그 장소에 잠시 머물다 가는 이름 모를 여러 사람들이 나올 뿐, 소설을 읽을 때 우리가 기대하는 주인공이나 특정한 등장인물이 없다. 지질

학과 진화의 인간보다 더 큰 역사 속에서, 인간은 지구의 유일한 주인
공이 아니다.

종말을 이야기하기: 인간 없는 미래

여기에서 한 걸음 더 나아가, 많은 과학소설이나 사변소설들이 인간 없는 미래를 상상한다. 엘리자베스 콜버트(Elizabeth Colbert)는 지구 역사 중 존재하는 생물 종의 75퍼센트가 멸종하는 대멸종이 다섯 차례나 있었고, 이제 여섯 번째 대멸종이 눈앞에 와 있다고 경고한다. 인류가 지구상에 출현하기 전 포유류 한 종이 멸종하는 데 평균 50만 년이 걸렸다. 하지만 인류가 등장한 이후 한 달에 한 종꼴로 포유류가 멸종했다. 지난 500년 동안 포유류 중 5570종이 멸종한 것으로 보고되고 있다. 향후 500년 안에 지구상의 생물 종 가운데 50퍼센트가 사라질 것이란 어두운 전망도 나온다.[3] 지구상에서 영원히 사라질 생물종 속에 인간이 포함되지 않으리라는 법은 없다. 이렇게 많은 생물종들이 멸종한 세계에서 인간은 여전히 건재할 수 있다면 그게 더 이상할지도 모른다. 인류 종말을 상상하는 디스토피아 장르나 포스트-아포칼립스 장르는 항상 그 시대의 가장 큰 두려움과 우려를 반영한다. 냉전시대에 종말의 상상을 불러오는 소재가 주로 핵전쟁이었다면, 최근 환경 재앙으로 인한 인류 멸망을 그린 작품들이 늘어나는 경향은 환경에 대한 위기의식이 높아지고 있음을 보여준다.

마가렛 애트우드(Margaret Atwood)의 『오릭스와 크레이크』는 기후 변화와 환경 파괴로 인한 디스토피아적 세계가 멸망하기까지의 과정과 그 이후의 세계를 묘사한다. 인구 증가와 환경오염, 이상기후로 황폐해진 세계에서 부와 권력을 독점한 소수의 특권층은 자기들만의 요새를 쌓고 그 안에서 안전하고 풍요로운 삶을 누리지만, 그 바깥에 내쳐진 서민들은 질병과 오염이 만연한 빈민촌에서 생존을 위해 싸워야 한다. 천재 과학자 크레이크는 탐욕과 폭력으로 자신뿐 아니라 다른 생명체들까지 망쳐놓는 이 결함투성이의 인류를 지구상에서 제거하고 자신이 유전자 조작으로 탄생시킨 신인류인 크레이커들로 대체할 꿈을 꾼다. 크레이크는 최고의 쾌락을 약속한다는 신약에 치명적인 바이러스를 숨겨서 뿌린다. 그의 계획대로 거의 대부분의 인간이 순식간에 손쓸 틈도 없이 죽음을 맞았어도 인간의 멸망이 곧 세계의 멸망을 뜻하지는 않는다. 오히려 인간이 사라진 뒤 식물들이 무성하게 자라나 정글을 이루고 천적이 없어진 세상에서 동물들이 활개를 친다. 인류의 종말 이후의 미래를 그리는 소설들에서 생존자들은 파국 이후의 시점에서 인간의 역사가 끝난 지점을 되돌아본다. 아직 기회가 있었을 때 왜 우리는 스스로를 구하지 않았을까? 정말로 그 종말은 피할 수 없는 것이었나? 그들의 질문은 인간종의 유한함이라는, 우리가 점점 피할 수 없게 되어가는 사실을 대면하게 한다. 종말의 이야기는 우리에게 인류라는 종으로서 파국을 어떻게 느끼는가라는 차크라바르티의 질문을 문학적 상상을 통해 재구성한다.

　　코맥 매카시(Cormac McCarthy)의 『로드(The Road)』도 알 수 없는 재앙으로 거의 대부분의 인류가 죽은 종말 이후의 세상을 그린다. 인류를 절멸시킨 재앙의 정확한 원인은 구체적으로 설명하고 있지 않으나 아마도 핵전쟁이나 혜성의 충돌 같은 극단적인 사건이 지구 환경 전체를 한 순간에 완전히 바꾸어놓은 것으로 보인다. 핵겨울과 비슷하게 보이는 기후변화로 더는 식물이 자라지 않게 되었고, 이어서 동물들도 거의 사라지고 소수의 인간만이 살아남아 좀비처럼 잿빛 세상 위를 목적 없이 떠돈다. 식량을 재배할 수 없게 된 죽은 땅에서 먹을 것을 찾아 헤매다가 결국은 인간들끼리 잡아먹는 문명 이전의 지옥이 펼쳐진다. 『로드』는 이 아무런 희망도 남지 않은 세상에 남겨진 어느 아버지와 어린 아들의 여정을 그린다. 이들은 추위와 굶주림과 싸우면서 따뜻한 남쪽 바닷가를 향해 산을 넘어 먼 길을 가지만, 간신히 도착한 해변도 역시 생명의 흔적이라고는 전혀 없는 폐허일 뿐이다.

『로드』는 기후변화로 파멸해가는 세계를 그린다는 점에서 '최고의 기후변화소설'이라는 평을 받아왔다. 소설 속의 상황이 인간의 의지로 극복하거나 해결할 희망이 전혀 없으며, 인간을 압도하고 있다는 점에서 『로드』의 종말 이야기는 전통적인 리얼리즘소설의 전개 방식과는 다르다. 부자는 여행 중 그들의 생명을 위협하는 도둑을 만나기도 하고 굶어죽을 위기에 처했다가 우연히 식량 창고를 찾아내기도 하지만, 이렇게 길 위에서 겪는 사소한 사건들이 간간이 묘사될 뿐 클라이막스를 향해 이야기가 전개되어 나가지도 않고, 클라이막스라고 할 만한 대목도 없다. 그들의 여행의 종착점인 바다에 당도했어도 새로울 것도 없고 특별한 감흥도 없다. 소설 말미에서 자신의 유일한 삶의 이유인 어린 아들을 지키기 위해 고군분투했던 남자는 결국 숨을 거두고, 혼자 남겨진 소년은 어느 가족을 만나 그들을 따라 다시 길을 떠나게 된다. 『로드』는 역사의 발전이 정지하고 인간이 서서히 소멸되는 운명을 피할 수 없을 듯이 보이는 막다른 세계를 그리면서, 인류의 문명이

기대어왔던 전통적인 가치와 믿음들이 효력을 잃은 세상에서 생존한
다는 것이 어떤 의미인지 묻는다. 그 질문은 결국 그런 파국으로 이어
질지 모를 우리의 현재에 던지는 질문이다.

인류세 문학의 윤리적 차원을 향하여

앞서 언급한 여러 소설들은 모두 결말을 완전히 매듭짓지 않고 다른 시간, 다른 세계의 가능성을 향해 열린 채로 남겨둔다. 인물들을 인류의 완전한 소멸과 재생, 그 사이의 알 수 없는 어딘가에 남겨둔 채로 소설은 끝난다. 『로드』에서 남자가 숨을 거둔 후 자기들은 좋은 사람들이라 주장하는 가족이 남겨진 소년을 거두어주지만, 이들이 과연 이 인간을 제외한 모든 생명이 사라진 불모의 땅에서 새로운 희망을 찾아낼 수 있을지는 알 수 없다. 『클라우드 아틀라스』의 먼 미래에서 문명의 불꽃은 꺼질 듯이 위태롭고, 살아남은 소수의 인간들이 이를 지켜낼 수 있을지도 확실치 않다. 『오릭스와 크레이크』의 지미는 뜻밖에도 자기 외에 생존한 인간들 셋을 발견하지만 그들에게 자기 존재를 알려야 할지 망설이는 장면에서 소설이 끝난다. 『여기에서』는 연대기적 순서를 따르지 않고 기승전결이 없기 때문에 소설의 결말이랄 것도 없다. 이 소설들이 전통적인 휴머니즘의 인간중심 서사의 한계를 넘어서는 것은 이 지점에서다. 소설들 속의 세계는 오직 인간이 자신의 운명을 자기 의지로 결정할 수 있는 세계가 아니기 때문이다. 그 세계는 인간들에게 완전한 절망도, 완전한 희망도 허락하지 않는다.

종말 이후의 세계에서 생존자들은 계속 살아남아야 할 이유를 타인에게서 찾는다. 『오릭스와 크레이크』에서처럼, 물과 식량을 비롯해 최소한의 삶의 조건들도 보장되지 않은 야생의 세계에 소통할 상대도 없이 홀로 남는다는 것은 가장 끔찍한 악몽일지도 모른다. 차라리 죽어서 먼저 간 이들을 따라가는 것이 나을지도 모를 상황에서, 지미는 크레이크가 자신에게 부탁하고 간 신인류 크레이커들에 대한 책임 때문에 버틴다. 그는 밀폐된 실험실 속에만 있다가, 처음 밖으로 나와 궁금한 것투성이인 크레이커들에게 세상을 설명해줄 수 있는 유일한 존재다. 지미는 크레이커들이 인간과 비슷하다 해도 자신과는 근본적으로 다르며 영원히 그들 집단의 일부가 될 수 없음을 알지만, 이 다른 종의 생존과 적응을 도와야 한다는 책임감을 버릴 수가 없다.『로드』에서도 소년의 어머니는 재난 이후 절망과 공포를 이기지 못해 자살을 선택한 상황에서, 남자는 소년을 지키기 위해 죽음과 파괴, 폭력만이 지배하는 세상에서 살아남기를 선택한다. 그는 아들에게 수없이 되풀이해 말한다. "우리는 불을 나르는 사람들이야." 그에게는 순수하고 선한 아들이 인간의 희망을 상징하는 불 자체이며, 아무리 어두운 세상이라도 그 불빛을 포기할 수 없다. 마지막 죽음의 순간에도 그는 아들에게 삶의 희망을 절대 포기하지 말고 '불을 나르는 사람'으로서의 책임을 다하라고 당부한다.

인간이든 인간 아닌 것들이든, 타자에 대한 책임은 인류세에 환경과의 관계에서 인간의 위치와 역할에 대하여 문학이 성찰하도록 요구한다. 과학사가 도나 해러웨이는 '책임(responsibility)'을 '응답할 수 있는 능력(response-ability)'으로 풀어서 쓴다. 인류세의 이야기는 우리를 둘러싼 비-인간 존재들의 말없는 부름에 응답하고, 그들을 이야기 속으로 불러들일 때 비로소 씌어질 수 있다. 비-인간들이 인간의 감독 아래 소도구나 배경으로 거대한 플롯의 일부가 되는 식이 아니다. 해러웨이가 말한 실뜨기 놀이처럼, 이 이야기는 여럿이 함께 참여하고 각자 제 몫을 함으로써 구성되는 이야기다.

인류세의 이야기가 인간만의 이야기는 아니라고 해도, 사실 인간 중심적인 장르인 소설에서 어떻게 비인간들의 행위성을 드러내고 이것이 인간의 행위성과 얽히고 상호작용하는 양상을 재현할지는 쉽지 않은 문제다. 인간이 주인공으로 등장하지 않는 소설을 상상하기 어렵고, 비-인간 사물을 소설 속에서 어떻게 행위 주체로 등장시킬 수 있을지도 어렵다. 생태비평은 초창기 자연을 대상으로 한 수필이나 비소설 위주의 자연문학에서 벗어나 확장을 꾀하면서, 문학비평의 역사에서 페미니즘 비평이 여성의 목소리를 찾아내고, 탈식민주의 비평이 유색인종들을 말하게 했듯이 자연을 단순한 배경 이상의 역할로 서사의 구성에 참여시켜야 한다고 주장했다. 그러나 사물에 일방적으로 인간의 관점을 투사하는 인간중심주의의 함정에 빠지지 않고 "산처럼 생각하라"는 생태비평의 구호를 실천할 수 있을지는 여전히 풀지 못한 숙제다.

인류세 문학이 비-인간 행위자들을 다룰 수 있는 방법으로, 기후 현상이나 사회 정치 제도와 같은 비-인간 사물의 존재가 어떻게 인간의 지식으로 다 파악되지 않고, 인간의 뜻대로 구성되거나 움직여지지 않는가에 주목함으로써 사물이 갖는 독자적인 행위성을 드러낼 수 있을 것이다. 이러한 사물들은 인간의 의도에 저항하고 행위에 제약을 가한다는 점에서 인간의 행위가 인간과 비-인간이 연결된 네트워크 안에서 이루어지는 것임을 드러낸다. 행위성이 꼭 인간의 의도와 연결될 필요는 없다. 따라서 어떤 사건의 원인을 의도를 가지고 사건을 일으킨 인간에게서만 찾을 수 있는 것이 아니라, 이렇게 인간과 비-인간이 이루는 네트워크 안에서 찾아야 한다. 예를 들어 기후변화는 인간의 화석연료 사용과 과도한 탄소 배출이 원인이 되었지만, 인간이 기후를 변화시키려는 목적을 가지고 화석연료를 사용한 것은 아니다. 화석연료를 사용하여 문명을 발전시키려던 인간의 노력은 의도치 않게 생태계의 균형을 파괴하는 결과를 가져왔고, 그 결과는 역시 생태계의 일부인 인간의 삶을 위협하고 있다. 원인 제공은 인간이 했지만 의도한 것은 아니었고, 그 결과 또한 인간이 통제할 수 있는 것이 아니다. 그러므로 근대소설에서처럼 인간이 자연과 환경의 역경을 극복해가는 과정과 승리의 결말이 아니라, 인간과 비-인간 네트워크 안에서 인간과 환경이 서로 영향을 주고받으며 때로는 저항하고 때로는 제압되는 과정을 보여줄 필요가 있을 것이다. 그럼으로써 자연은 인간의 필요에 따라 이용되거나 희생되는 수동적인 대상이 아니라 인간 드라마의 참여자이자 구성원이 될 것이다. 거기에서부터 자연과의 관계에 대한 성찰이 새롭게 시작될 수 있다.

또한 인간이 과학기술의 힘과 인간의 의지로 인류세의 문제를 해결할 수 있다는 오만은 버려야 하지만, 환경과 비인간 존재들을 책임지는 주체로서 인간의 역할은 다시 생각해볼 필요가 있다. 본질적으로 인간에 대한 이야기인 문학이 인류세에 인간의 위치와 역할에 대해 무엇을 말할 수 있을 것인가에 대한 고민은『인류세』의 저자 클라이브 해밀턴(Clive Hamilton)이 주장하는 신(新)인간중심주의에서 단초를 찾을 수 있다. 해밀턴은 인류세 논의에서 인간의 행위성을 전적으로 부정하거나 비-인간 행위자들과 동등한 위치에 놓고 보려는 관점에 불만을 드러낸다. 해밀턴의 불만은 인간을 특권적인 위치에서 끌어내리려는 시도를 향한 것이 아니다. 그는 인간중심주의의 오만에 반대하는 입장을 분명히 한다. 단지 그의 신인간중심주의는 인간에게 힘이 있음을 인정하되, 이 힘을 남용하지 않도록 조심하면서 신중하고 현명하게 사용해야 한다는 주장이다. 신인간중심주의의 핵심에는 자주성을 가지고 있으나 지구 시스템 속에서 비인간의 힘에 제약을 받는 자로서의 인간이 있다. 해밀턴의 인간 개념은 라투르가 말하는 '지구에 묶인 자(the Earthbound)'의 개념과도 통할 것이다.

해밀턴이 인류세 담론에서 행위 주체로서 인간의 역할을 인정해야 한다고 주장하는 까닭은 인간이 인류세의 위기에 책임져야 한다는 믿음 때문이다. 해밀턴의 신인간중심주의는 과거의 인간중심주의의 이기주의와 탐욕이 아니라, 비-인간과 환경을 책임지는 윤리적이고 도덕적인 자세를 바탕에 둔다. 이러한 자세는 인류세 문학에 기대할 책무이기도 하다. 2019년 유엔 정상회의에 청소년 대표로 참석해 연설함으로써 기후변화 문제의 상징적 인물이 된 17세 소녀 그레타 툰베리(Greta Thunberg)는 "당신들이 우리의 미래를 빼앗고 있다"고 기성세대에 분노했다. 그녀의 말대로 기후변화의 파괴적인 영향은 지금 현재 기성세대가 누리는 삶보다는 다음 세대들이 맞아야 할 미래에서 나타날 것이다. 그런 점에서 인류세 문학들이 상상하는 묵시록적인 미래의 모습은 다음 세대의 도둑맞은 미래에 대한 지금 현재 우리의 책임으로부터 눈 돌려서는 안 된다고 말한다. 인류세 문학이 궁극적으로 전해야 할 메시지는 이 위기들 앞에서 인간의 윤리적이고 정치적인 변화의 필요성과 가능성일 것이다.

인류가 인류세의 위기를 초래했다고 해도 인간이 멸종되어 지구상에서 사라지는 것이 해결책이나 답이 될 수는 없다. 해밀턴의 말처럼 이런 위기를 초래한 것이 인류라 해도 지구 환경과 다른 생물종들에 대한 인간의 책임을 다해야 하듯이, 소설이 인류세의 위기를 재현하고 상상하는 데 한계가 있다 해도 우리가 그 위기를 넘어설 수 있는 길은 다시 한 번 소설의 문학적 상상력에서 찾을 수밖에 없다. 해러웨이의 책 제목 『곤란과 더불어 머물기(Staying with Trouble)』처럼, 우리는 인간됨의 한계와 더불어 현재에 머무는 법을 상상해야 한다. 『로드』에서 남자는 재난 이후에 태어나 그 이전의 세계를 경험해본 적이 없는 아들에게 틈날 때마다 책을 읽어주고 과거의 이야기를 들려줌으로써 문명의 기억을 전수해주려 애쓰지만, 모든 사물이 기존의 의미를 잃어버린 세상에서 그것들을 표현할 말을 찾을 수가 없고 이야기를 할 수 없는 곤경에 빠지곤 한다. 그럼에도 남자는 죽음의 순간에 아들에게 "내가 여기 없어도 우리는 계속해서 이야기를 할 수 있다"고 말한다. 소년은 아버지의 말대로 다른 가족과 함께 하게 된 후에도 아버지와 상상 속에서 이야기를 계속한다. 종말과 죽음의 그림자는 여전히 소년의 머리 위를 떠나지 않겠지만, 소년은 아버지로부터 전수받은 다른 가능한 세계들을 상상하고 이야기하는 힘을 가지고 지금 여기 머물면서 여기보다 더 나은 세상을 꿈꿀 것이다.

주석

1   이상욱, 「'과학자(scientist)'의 탄생」『경향신문』 2012. 3. 25.

2   Agency at the Time of the Anthropocene, 3.

3   이정모, 「지구 생물 6번째 대멸종, 산업혁명과 함께 시작됐다」, 『중앙선데이』, 2014. 12. 28.

'You have stolen my dreams and my childhood with your empty words,' climate
activist Greta Thunberg has told world leaders at the 2019 UN climate action
summit in New York. In an emotionally charged speech, she accused them of
ignoring the science behind the climate crisis, saying: 'We are in the beginning of
a mass extinction and all you can talk about is money and fairy tales of eternal
economic growth - how dare you!'

UN secretary general hails 'turning point' in climate crisis fight
This video was relaunched on 24 September 2019 to reinstate a short segment
of speech that was edited out in the original version

'You have stolen my dreams and my childhood with your empty words,' climate
activist Greta Thunberg has told world leaders at the 2019 UN climate action
summit in New York. In an emotionally charged speech, she accused them of
ignoring the science behind the climate crisis, saying: 'We are in the beginning of
a mass extinction and all you can talk about is money and fairy tales of eternal
economic growth - how dare you!'

UN secretary general hails 'turning point' in climate crisis
video was relaunched on 24 September 2019 to reinstate a short segment of
speech that was edited out in the original version

04

허정림

인류세와 4차 산업,
그리고 AI

4차 산업혁명은 인간이 스스로 만든 기계와 경쟁하게 만들었으며 심지어 인간을 기계의 선택 대상으로 만들었다. 이렇듯 4차 산업혁명은 인간 자신이 누구이고 무엇을 하는 것인가 하는 본질적인 문제의 해답을 얻어야 하는 순간임을 알렸다. 이러한 인식의 변화는 인간관계의 축을 흔들고 프라이버시나 소유권, 소비패턴과 근로행태나 시간 등 다양한 변화를 이끌었으며, 그로 인해 우리는 자기개발 방법 또한 다양해지고 인간관계 등에서도 빠르게 변화가 일어나고 있다.

지질학적 측면에서 인간이 남긴 족적이 지구를 변화시키고 파괴하는 작금의 시대에, 우리가 가져야 할 과학기술의 발달에 대한 새로운 시각에서 4차 산업혁명을 조명해보고자 한다. 인간을 대신할 기계와의 공존을 위한 방식을 재정비하고 나아가 지질학적으로 인간이 남긴 인류세의 흔적에 관해 책임 있는 인간 삶의 형태를 함께 생각해보고자 한다.

4차 산업혁명과 인류세

영화 〈AI〉를 보자. 과학문명은 천문학적 속도로 발전하고 있지만, 극지방의 해빙으로 도시들은 물에 잠기고 천연자원은 고갈되어가는 미래의 지구. 모든 생활을 감시받고, 먹는 음식조차 통제되는 그 세계에서 인간들은 인공지능을 가진 인조인간들의 봉사를 받으며 살아간다. 정원 가꾸기, 집안일, 말동무 등 로봇이 인간을 위해 해줄 수 있는 일은 무한하다. 단 한 가지 '사랑'만 빼고…. 로봇에게 '감정'을 주입시키는 것은 로봇공학 발전의 마지막 관문이자, 논란의 쟁점이기도 했다. 인간들은 로봇을 정교한 가재도구로 여길 뿐, 그 이상을 용납하지 않았다. 그러나 젊은 세대가 임신 및 출산에 대해 회의적으로 돌아서고, 출산율이 급격히 하락하자 인간들은 로봇에게서 가재도구 이상의 가치를 찾게 된다.

어느 날 하비 박사는 감정이 있는 로봇을 만들겠다고 선언한다. 하비 박사의 계획에 따라 로봇회사를 통해 감정을 가진 최초의 인조인간 데이빗이 탄생하고, 데이빗은 그 회사의 직원인 헨리 스윈튼의 집에 입양된다. 인간을 사랑하게끔 프로그래밍된 최초의 로봇 소년 데이빗은 과연 인간을 사랑하고 교감을 나누며 인간의 존재감을 인식할 수 있을까? 스윈튼 부부의 친아들 마틴은 불치병에 걸려 치료약이 개발될 때까지 냉동된 상태였다. 데이빗은 그들 부부의 아들 역할을 하며 인간 사회에 적응해간다. 그러나 스윈튼 부부를 부모로 여기던 데이빗은 마틴이 퇴원하면서 버려지고 만다. 엄마가 들려주었던 피노키오 동화를 떠올리며 진짜 인간이 되었다고 생각하는, 잃어버린 엄마의 사랑을 되찾을 수 있다고 생각하는 데이빗은 자신의 장난감이자 친구이며 보호자인 테디 베어를 데리고 여행을 떠난다.

'사랑받고 싶은 로봇, 데이빗'은 엄마의 사랑을 채워주기 위해 인간이 만든 로봇이었지만 인간으로부터 버려진다. 이 로봇은 인간이 의도하고 만든 대로 진정 인간을 사랑했고 그의 존재의 의미가 없어졌을 때조차도 인간의 사랑을 원했기에 인간이고자 했다. 그가 전하고 싶었던, 그의 한결같은 마음은 인간의 사랑을 받고 싶고, 인간을 사랑한다는 것이었다. 그러나 끝내 진심을 다해 사랑한 엄마로부터, 아니 인간으로부터 버림을 받는 로봇 데이빗은 애원하면서 이렇게 말한다.

"제발 날 버리지 말아요, 내가 인간이 되면 날 사랑해줄 수 있나요?"

과연 피노키오의 동화를 믿으면서, 인간을 꿈꾸는 간절한 로봇 데이빗의 마음처럼 그가 인간이 된다면 진실한 인간의 사랑을 얻을 수 있었을까? 로봇인 그가 바람처럼 푸른 요정을 만나서 진짜 인간이 되었다면 과연 그는 인간으로서 사랑을 받았을까? 이 영화의 끝처럼 인간의 탐욕과 이기심으로 가득 찬 지구가 멸망하고, 아주 먼 훗날 인류가 멸종해버린 미래에 비로소 로봇 데이빗이 엄마의 사랑을 얻게 된다면 이 또한 인간의 이기심의 한계를 보여주는 것이 아닌가? 그래서인지 먼 미래 지구에서 기계만이 살아남고 복원기술로 하루만 깨어난 엄마를 만나 행복한 하루를 보내는 인간 로봇 데이빗이 주는 슬프고 처연한 모습은 왠지 차고 쓰다. 이 영화를 만든 스필버그는 일찍이 ET라는 감정을 교감하는 외계인을 등장시켜 우주를 친근하게 지구로 끌어들이고 인간이 갖는 우주 세계에 대한 막연한 불안과 두려움을 아이의 눈을 통해 우주인 ET와 감정을 주고받는 아름다운 우정으로 그려내면서 우주로의 동경과 과학발전의 방향을 제안했다. 그러나 인간 중심의 과학발전은 환경파괴는 물론이고 기본적인 사회질서의 변화 또한 수반했다. 인간이 생존을 위해 원시사회에서부터 만들어낸 자연의 법칙에 조화로웠던 사회구조는 변형되고, 심지어는 뒤틀어져가며 과학발전은 새로운 양상의 사회 모습을 만들어내고 있다. 인간을 대신하거나, 필요에 의해 만든 과학적 산물들은 인간 스스로를 고립시키고 있다. 그런 의미에서 〈AI〉는 고독한 인간 존재의 위기감을 과학발전의 산물인 AI를 통해서 '사랑'마저도 인간이 가진 본연의 감성으로 기계와 대비하여 보여줌과 동시에 인간의 이기적인 욕망과 인간만의 냉혹함에 대해 경고했다. 이는 마치 성악설을 기초로 한 인간 근간의 추함과 악의 모습을 전제로 한 이 영화는 어쩌면 인류세가 보여주고자 하는 극단적 인간중심의 이기적인 인간 모습의 단면이 아닐까.

영화 〈그녀(Her)〉는 인간의 외로움과 인간을 지탱하는 최후의 감정인 정과 사랑에 대한 물음을 던지고 있다. 영화 〈AI〉가 인간이 되고자 진심을 다하고 사랑을 갈구한 인간 로봇을 불필요한 존재로서 양심의 가책 없이 버릴 수 있었던 것은 '로봇은 기계이므로 감정은 없다'라고 한 기본 전제 이전에, 마치 사랑이란 감정은 인간만이 가진 전유물로 여긴 것에서부터 비롯된다. 사랑을 인간만이 가져야 할 특권처럼 여기는 것은 인간 중심적인 사고를 바탕으로 당위성을 내포한 극한 이기주의이다. 즉, 인간을 위해서는 모든 지구상의 생물이든 무생물이든 인간을 위해 존재해야 한다는 당위성을 전제하고 있다. 이는 모든 지구환경문제를 야기한 근본적인 문제이며, 동시에 인간을 위해서는 그 무엇도 우선될 수 없으며 인간의 필요에 의한 것임에도 인간 스스로 버릴 수 있다는 인간의 냉혹성에 대한 정당함을 내포하고 있다. 인간이 인간을 위해 만든 로봇이 본연의 자신의 역할 그대로 인간을 진정으로 사랑했지만, 결국 인간으로부터 버림받은 상황은 인간 이기심이 드러난 우리의 민낯이다. 이 순간에도 복제기술의 발달로 버려지는 지구상에 명명되지도 못한 채 수많은 사라지는 생명체에 대한 윤리적측면의 책임 또한 인간의 몫임에 틀림없다.

그러나 다른 관점에서 보자면, 영화 〈그녀〉에서 묘사된 인간은 초현실사회에서 인간에게 버림받거나 받아들여지지 못해 패배한 사랑의 공허함을 위로받는 과정에서 과연 인간이 기계를 사랑할 수 있는가 하는 물음을 던진다. 영화 〈AI〉와 달리 인간이 인간 스스로 만든 기계에게 사랑을 갈구한다. 이는 인간이 만든 기계이므로 인간과 사랑을 주고받는다는 사실에 충실했지만, 인간이기에 일 대 일의 관계에 대한 인간만의 이기심을 모두 채울 수는 없음을 간과했음을 인지하고 혼란에 빠진다. 영화 〈그녀〉는 인간 감정을 목소리만으로도 충분히 공감하는 로봇에게 인간이 가진 사랑의 감정과 진심이 상처받는 데 또한 의문을 던진다. 어쩌면 인간이 로봇에게 느낀 사랑이 오롯이 자신과만의 교감이 아니었음을 알게 되면서 좌절하는 것 또한 인간의 또 다른 이기심을 보여주고 있는 것은 아닐까 하는 생각이 드는 까닭은 이 또한 인간 중심적 사고에서 비롯되기 때문일 것이다. '어쩌면 인간과의 사랑보다 비록 또 다른 다수의 인간들과의 관계 맺음이었을지언정 로봇과의 사랑이 그 순간만큼은 더 진솔한 이해와 공감의 순간은 아니었을까? 그렇다면 그것으로 족하면 그만 아닌가?' 하는 생각에 머물게 된다. 이 지구상 모든 만물이 비록 인간이 만들어낸 산물일지라도 인간 소유로서의 의미로만 존재하여야 하는가? 이것은 인간의 이기심의 한계, 사물을 대하는 깊이의 한계, 그리고 인간만의 전유물로 여기는 사랑의 한계가 드러나는 것에서 시작한다고 볼 수 있지 않을까.

과연 인간 사이에서 진정한 사랑은 존재하는 것인가? 남녀 사이는 말할 것 없고, 부모 자식 간에도 자신의 이기심과 잣대를 갖고 색안경을 쓴 채로 사랑이란 포장지로 진실을 왜곡시키고 있지는 않은지 묻게 된다. 인간의 속성이 이기적이라 생각하기 때문에 자기애가 중심인 사랑과 달리 숭고한 헌신적 사랑에 대해 동경하고 추앙하는 것이 아니던가? 머리가 아닌 가슴으로 사랑을 하는 사람이라고 할지라도 마음속 사랑의 잣대는 이기심과 자기중심적인 관점에서 비롯된 공정하지 못한 눈금이 새겨져 있었음을 깨닫게 된다. 이것이 우리가 나이 들어감과 더불어 인정하게 하는 자아성찰이며 자신의 삶을 반추해보는 일임을 안다. 이러한 인간의 본성의 문제가 지금 지구환경의 문제를 야기하고 인류세라는 새로운 지질연대를 만들어낸 것이 아닐까 싶다.

인류세라는 명명에서 그 자체의 인간적 오만함을 꼬집는 이가 있다 한들 인간이 이 지구에 생존하는 모든 생명체들의 우위적 우월감과 자만으로 그들은 물론이고 인간 스스로 위기감을 초래하고 있는 지금은 인류세인 것만은 분명하다. 비록 인간적 관점의 인류세라 명명했다 하더라도 인간이 아닌 이 지구상의 무생물은 말할 것도 없고 그 어떤 생물도 그들의 관점에서 이 세상을 규정하지는 않을 것이니 말이다.

하지만 나는 이런 생각을 해본다. 인간이 지구의 위기상황을 초래한 가해자인데 이제 와서, 지구생물의 삶의 질은 물론이고 삶의 터전 또한 위협받고 생존마저 위태로운 작금에 이르러서야, 인류세의 정의와 철학을 선언함이 어쩌면 더 오만한 것은 아닐까? 생물뿐 아닌 무생물에게 까지 법적 존재로서의 가치를 부여하고 그 존엄성을 지켜주자는 결의 또한 인간의 교만을 뻔뻔하게 보여주고 있는 건 아닌지 자문해본다.

물론 이제라도 지구상의 모든 무생물까지도 법적 존재로 인정하고, 인간만이 아닌 모든 존재의 주권을 인정함과 동시에 그들과 더불어 살아갈 지구를 대하는 태도를 바꿔야 한다. 그러나 그 이전에 지구상에 이유 없이 태어난 것이 없었을, 태초의 지구의 주인이었던 모든 생물과 무생물에게 인간이 법적 지위를 인정하고 말고 하는 것 자체가 위선이고 교만이다. 그러하기에 인간은 자연을 정복하고, 무생물을 이용하고, 생물을 인간 하위의 존재로 인간을 위한 도구로 여겨 살육하고, 짓밟고, 이용한 것에 대한 진정한 사과와 반성이 먼저다. 이런 깊은 회한이 전제된다면 지금 이 순간, 인간은 그 어떤 말과 표현보다 자연의 모든 것들에게 있어 뜨거운 연민의 눈물이 먼저여야만 한다. 그것은 바로 그 어떤 말보다 우선한, 생명 중심의 전 지구적 차원에서의 상생과 돌봄이 곧 우리 자신이 행하여야 할 인간의 도리임을 보여주는 진심일 때 가능하다. 그것은 지구의 모든 것들과 조화롭게 살아가고자 하는 친환경적 생활실천과 생명존중과 경외심이다. 이는 곧 무생물까지도 귀히 여기는 생명사랑과 존중의 마음자리다.

4차 산업혁명의 서막

현재 우리 삶에서 진행 중인 변혁은 자연스러운 변화 진행 중인 성장의 연장선상이 아니다. 3차 산업혁명의 진화가 아닌 새로운 혁명으로서의 4차 산업이다. 그 이유는 우리 사회의 속도나 범위 그리고 사회구조까지 미치는 그 영향력이 결과를 예측할 수 없는 가변 요소의 소용돌이처럼 발생하고 기하급수적으로 커지고 있기 때문이다. 따라서 이러한 극변의 시대를 맞아서 "4차 산업혁명"을 기술이나 국가의 이슈를 뛰어넘는 지구적 차원의 사회 이슈로 인식한다고 주장한다.[1] 4차 산업혁명이 세계인의 관심을 모은 것은 2016년 1월에 열린 다보스포럼[2]에서 이슈화되면서부터다. 하지만 한국에서는 대중의 이목을 끈 대표적인 사건인 이세돌과 알파고의 대국으로 그 서막을 이끌어냈다. 이전에 인공지능과 인간의 대결이었던 체스대회와 퀴즈대회는 모두 인공지능의 전승이었고, 바둑 대결 역시 인공지능의 승리였다.

2016년 3월 9일부터 15일까지, 하루 한 차례의 대국으로 총 5회에 걸쳐 서울에서 열린 이세돌과 알파고 간의 바둑 대결인 딥마인드 챌린지 매치는 '다시금 최고의 바둑지능이 최고의 인간실력자를 능가할 수 있는가?'라는 관건이었다. 이때 최종 결과는 알파고가 4승 1패로 이세돌에게 승리하는 것으로 인간의 패배를 인정하게 한 결과였다. 그러나 인공지능과 인간의 세기의 대결을 주도했던 구글 CEO인 에릭 슈미트의 말처럼 '누가 이기든 인류의 승리'였다. 또한 우리의 이세돌 기사는 인공지능을 이긴 세계 최고의 기사로 등극되어 인간이 기계인 인공지능을 이길 수 있음을 보여 준 역사적 기록을 썼던 장본인이기도 했다. 물론 2019년 다시 인공지능과 재격돌했을 때 이세돌은 인공지능에게 졌다. 하지만 그가 남긴 한마디는 '한판 잘 놀고 갑니다'였으며, 회한 없는 홀가분한 그의 표정에서 비록 대국은 인공지능에게 졌다지만 그 사실을 받아들이고 인정하는 모습에서 인간이 결코 기계에게 뒤지는 것이 아니라는 것을 만천하에 고했다. 이 순간 사람들은 기계에게 졌으나 궁극적으로 인간의 진정한 승리임을 자축했다. 이 대결의 결과는 단지 데이터에 의한 기술적인 승리일 뿐 그 이면엔 인간의 성장과 철학적 가치에 대한 숭고함을 보여주었기 때문이다. 이 얼마나 아름다운 은퇴인가? 기계와 한 판을 즐긴 멋진 인간의 모습이 이것 아니던가! 우리는 인류세에 있어서 멋진 한판승을 위해 과학기술발전에 몰두하고 있다. 그러나 이러한 과학기술의 발전은 인간뿐 아닌 지구에게조차 승부수를 겨누고 있고 당연히 인간이 이겨야 한다는 논리로 이 지구의 모든 것을 혹사시키고 있는지도 모른다. 그저 자연과 더불어 즐기고 함께 향유하면서 서로를 인정하며 살았다면 오늘날의 환경위기를 이끌지 않았을 것이다. 인간은 왜 경쟁하고 이기려고만 하는 걸까? 이것이 바로 인류세에 있어 인간 스스로 성찰하면서 바라봐야 할 인간의 본성일 것이다. 사람이 기계를 이길 수 있는가의 관심은 알파고라는 기술혁명의 사회적 관심의 폭발로 나타났던 것이다.

　산업혁명의 역사를 통해서 4차 산업혁명의 발자취를 돌아보면 1차 산업혁명은 1784년 증기터빈기술로부터 시작되었다. 인간을 대체하는 증기터빈과 기술은 인간 생활을 윤택하게 하고 사회변화와 발전을 도

모했다. 당시 전기의 등장은 대량생산의 경제구조를 만들어내면서 경제적 변혁을 가져온 2차 산업혁명을 1872년에 열었다. 이에 1969년에는 전자와 정보기술의 발달로 인한 생산의 자동화를 이루어냄에 따라 경제성장의 신기루를 만들어냈다. 이제 우리는 4차 산업혁명의 시대를 열었다. 4차 산업은 물리와 디지털 그리고 바이오기술의 융합(cyber-physical systems)으로 정의 내리고 있다. 결국 복잡 다양해진 사회 속에서 융합적인 기술의 성장과 발전은 당연한 필수요건이 된 것이다. 즉, 4차 산업혁명은 새로운 신생기술을 만들어냈고, 변화는 더욱 가속될 것으로 보고 있다. 그 대표적인 4차 산업혁명의 산물은 과연 무엇일까? 인간을 대신하는 로봇과 감성과 교류 그리고 인간의 두뇌를 지닌 AI, 모든 생활의 기계화를 이룬 IoT, 그리고 인간의 사고와 인지능력 등에 의존하는 기존의 운전이 아닌 인간보다 안전이라는 목표치를 설정하고 그 기준에서 더 탄탄한 신뢰 구도를 갖추었다고 말하는 자율주행자동차, 무엇이든 생각한 대로 만들어내는 요술 상자 같은 3D 프린트 산업, 10억 분의 1 수준의 정밀도를 요구하는 극미세한 구조나 물질을 일상생활이나 산업에 응용하는 나노기술 그리고 태초의 생명탄생 신비마저도 비웃을 DNA 재조합 기술을 응용한 새로운 과학적 방법의 생명공학인 바이오기술과 새로운 신소재 과학, 퀀텀컴퓨팅, 에너지저장 등으로 일컫는다. 이 모든 4차 산업을 대표하는 산물들은 기존 산업계의 변화를 초래했다. 산업구조를 바뀌었고 비즈니스 프로세스와 모델 등 기존 패러다임의 변화를 이끌었다.

4차 산업혁명이라 일컫는 기계의 발달 즉, 기술의 혁명이 주는 의미는 단순히 인간의 능력을 능가하는 기계, 두뇌를 대신하는 로봇 그 이상이다. 그것은 바로 사람의 능력은 물론이고 사람의 가치까지도 근간을 흔들만한 위력으로 부상했다. 그것이 바로 인간의 일자리를 기계가 대신하는 것으로부터 이미 인간은 기계로부터 종속되어가는지도 모른다. 결국, 기계의 발달이 혁명의 수준으로 인간과 지구의 영향을 주게 된 것은 바로 인간 스스로 기존의 삶의 방식을 바꾸기를 요구한다. 이제까지의 삶의 방식을 다시 익히고 배우고 또 다음 세대까지도 전수해야 하는 것 그 자체만으로도 현대인의 삶에 있어 4차 산업은 더 많은 능력을 필요로 한다.

이제 우리는 사람이 살아가는 새로운 방법을 터득해야만 한다. 일하는 방법은 물론이고 근본적으로 변화하는 기술혁명의 시대에서 살아남아야 한다. 빠른 기술의 발전을 따라가야 하고 변화된 사회구조 속에서 나의 정체성을 확고히 찾아야 한다. 지금껏 인간이 경험하지 못한 사회적 변혁이 어떻게 전개될지 모르는 불확실성의 시대 속에서 살아남아야 한다. 그래서 우리는 인간이란 본연의 모습을 잃지 않고 인간으로서 기계와 경쟁하여 살아남아야 한다. 그것이 기계보다 나은 인간의 우위를 보여줄 수 있는 유일한 방법이다. 모든 국가의 모든 산업이 변화의 일로에 하루가 다르게 변모하고 있다. 생산, 관리, 지배구조가 총체적 시스템으로 바뀌고 사회시스템인 경제, 정치, 사회도 거대한 변혁의 물결이 거세게 오고 있다. 이는 자본구조의 핵심요소가 생산이 아니라 독창성과 창의성이 되고, 갈수록 일자리의 양극화 현상은 심화될 것이다. 결과적으로 4차 산업이란 기술의 눈부신 발전은 혁명적 요소로 사회의 위기를 초래할 수 있는 부정적 단면의 민낯을 여실히 드러내어놓고 있다. 이는 부의 분배를 악화시키고 노동시장을 붕괴시킬 가능성을 보여준다. 부의 분배는 사회적 이슈로 사회질서를 위배하고 교란하는 악의 요소가 될 소지가 농후하다. 뿐만 아니라 인간을 대신하는 기계의 한계가 어디까지인지 고민해볼 필요가 있다. 인간 능력의 한계를 뛰어넘어 인간을 능가하는 능력을 구사하는 기술의 발전이 주는 의미를 되짚어 본다면 비단 기술의 발전을 혁명이란 단어로 미화시키기보다는 그 혁명의 소용돌이 속에서 인간 스스로 삶의 질과 인간 사회의 질서에 관해서 고민해봐야 한다.

정보통신기술(Information & Communication)의 융합으로 이루어지는 차세대 산업혁명을 말해 정보통신 기술을 줄여서 ICT 혹은 IT라고 하며 셀 수 없이 많은 정보를 통신으로 연결하고 개발하며 저장하고 관리해서 만드는 모든 기술로 인해 지금 우리의 산업계는 변화하고 있다. 산업구조는 물론 비즈니스 모델과 프로세스의 변모는 기존의 산업질서의 교란은 물론이고 구조적인 근간을 변혁시켜 가치사슬의 패러다임의 변화를 가져왔다. 공급과 소비의 패턴이 바뀌고 기존의 산업구조의 틀이 무너지면서 새로운 신조어가 쏟아지고 있다. 공유경제의 개념이 생기고, 플랫폼이라는 비즈니스 모델이 확산되고 있다. 개인 단위로 시장에 진입하고, 부를 만들어내는 데 필요한 장벽이 무너지고 있다. 누구나 아이디어로 승부하고 그것의 가치를 이끌어내는 플랫폼이란 새로운 경제구조를 이용하여 서로 원원하는 전략은 많은 신생 벤처의 탄생과 성공이라는 결과를 이끌어내고 있는 실정이다. 닫힌 사회가 아닌 디지털 사회에서 누구나에게 평등하게 적용되어 기회를 주는 신경제 시스템을 구현해내고 있는 것이다. 또한 모바일네트워크와 빅데이터를 통해 인간 생활 소비패턴을 예측하여 소비자의 니즈를 분석하고, 이를 바탕으로 파악한 시장의 미래를 마치 족집게 도사처럼 기업에게 소비자의 정보를 알려준다. 이러한 정보 전달 체계의 빠른 변화는 더욱 가속화될 것이다.

현재 기업에서의 의사결정은 사람의 직관력과 판단력보다는 데이터베이스에 기반한다. 결국 산업체계나 경제 생산물은 모두 데이터베이스에 의한 의사결정의 산물로부터 기인하고 있다. 이는 이젠 더 이상 기계보다 인간의 생각이 가치 있는 것으로 정의할 수 없다는 것을 증명하듯 기업에서의 의사결정이 인간의 사고를 바탕으로 하는 것이 아니라 빅데이터의 객관적 지표로부터 결정되고 우선된다. 이는 아무리 데이터를 기반으로 한 인공지능의 활용이 효과적인 수단일 수는 있다고 하지만 인간보다 기계의 통찰력에 의존하고 있는 현실에서 안주할 수 있을 것인가를 묻게 된다. 이러한 안일함이 인간적 가치와 정체성에 대한 비굴함이 언젠가는 인간이 인공지능의 하수인이 되고 노예로 전락하는 인간 존엄의 근간을 흔들 수도 있다는 사실까지도 예측해볼 수 있기 때문이다. 이런 생각이 기우이며 기술의 부정적 측면을 부각하는 구시대적 착오라고 비웃을지 모른다. 하지만 비록 알파고와의 대국은 졌어도 시원하게 패배를 인정하고 나름의 철학적 가치를 인간적 우위에서 보여준 이세돌 기사의 사례를 통해서 볼 때 생각의 틀을 바꿀 필요가 있다.

과연 우리는 이기고 지는 게임의 법칙에서 승자와 패자를 나누고 이익의 잣대로만 판단의 기준을 세웠던 것에서 벗어나야 한다는 것이다. 빅데이터, 이것은 다수의 결과를 모은 것이며, 동시에 이를 경제적 관념에서만 바라본 것일 뿐이다. 이는 소수의 의견이 존중되지 못하고 개인의 취향을 무참히 살해해 사회적 약자나 소수자로서의 삶을 피폐화하고 불이익을 감수하게 하고 있는 것이다. 이젠 사회도 경제도 살아 있는 생명체의 구도로서 이해하고, 탄생과 죽음 그리고 성장과 도태로 구성되는 생태계로 본다. 이렇듯 사회가 디지털화됨에 따라 소비패턴의 공급과 수요가 변화하여 소비자가 참여하는 서비스의 방법이 달라지고 있다. 혁신적인 비즈니스 모델을 만들어내지 못하는 기업은 산업생태계에서 생존할 수 없다. 이제 더 이상 산업경제는 무생물이 아닌 생물적 가치를 가진 숨을 쉬고, 성장하며, 그러지 못하면 도태되는 생태계로 그 속에서 살아남아야 한다. 그러하기에 더욱이 기계에 의존하고 빅데이터에 현혹되어 인간 존엄과 개성이 몰살되고 경시되는 일은 없어야 한다.

4차 산업혁명의 두 얼굴

'세계에서 가장 큰 배' 타이타닉호는 길이 269미터, 높이 20층에 달하는 거대한 배에 2200명을 태우고 1912년 4월 10일 영국을 떠나 목적지인 뉴욕을 향했다. 항해 5일 만에 승객 한 사람 한 사람의 사연과 꿈이 빙산과 충돌하여 산산이 부서지고 침몰되기 직전까지 그 누구도 1514명의 목숨이 바다로 빨려 들어가리라고 상상하지 못했다. 여기서 주목할 점은 이 세상에서 가장 안전하고 큰, 절대 침몰하지 않을 것이라고 장담하던 타이타닉호의 침몰 원인이 이제껏 우리가 알던 빙하와의 충돌 때문만은 아니라는 것이다. 바로 '철판과 리벳'이라는 재료 역학적 원리가 침몰의 궁극적인 원인으로 추정되고 있다. 즉, 빙하와의 충돌이 승객들이 충돌한지도 모른 채 계속 잠을 잤을 만큼 미미했음이 그 많은 사상자를 낼 정도의 심각한 원인이 아니었던 것이다. 궁극적 원인은 바로 배의 원료인 금속재료에 의한 것이었음이 재료과학의 발전에 의해 밝혀진 것이다. 타이타닉호 선체는 두꺼운 6센티미터의 강판과 300만 개의 리벳으로 조립된 이중구조로 되어 있었는데, 각 재료의 화학적 성분이 현재의 강판구조와 달리 극저온의 차가운 바다에서 휘어지기보다 깨져버리는 성질이 강한 재료였다는 것과 철판과 철판을 이어주는 나사못과 같은 역할을 하는 리벳이 불량이었다는 것을 화학적 분석을 통해 알 수 있었다. 결국 큰 배였으므로 일반 철이 아닌 튼튼한 강철을 사용했어야 했는데, 이 강철이 빙하와의 충돌 시 충격을 견디지 못하고 짧은 시간에 바닷물이 유입되게 한 원인을 제공한 것이다. 만약 강철리

벳이었다면 침몰시간 2시간을 더 늦추고 그만큼 많은 사람을 구조할수도 있었을 것이다. 이러한 사실을 알았더라면 빙하가 떠다니는 차디찬 바다 위에서 운명처럼 만난 연인 리오나르도 디카프리오의 죽음을지켜봐야 했던 5일 밤의 천년 같은 사랑이 바다 속에 얼어 얼룩처럼 남겨지는 일도 없었을 텐데 말이다.

이처럼 과학과 기술의 발달은 야누스의 두 얼굴처럼 우리를 편리하고 유용한 것의 유혹과 더불어 파괴와 멸망이란 극명한 대치를 이룬다. 즉, 과학의 발달은 이면이 있다. 희노애락이 드러나는 얼굴의 양면이다. 과학기술의 발전을 이끈 발명품만 봐도 그 이면은 존재한다. 대표적인 것 중 하나는 바로 '죽음의 상인'이 된 노벨이다. 당시 다이너마이트를 발명한 노벨은 어느 날 신문에서 이런 기사를 발견한다.

"다이너마이트를 발명한 죽음의 상인, 알프레드 노벨 사망하다!"

그의 형 루드비히 노벨의 죽음이 오보로 신문지상에 노벨 자신의죽음으로 보도된 것을 본 노벨은 큰 충격을 받게 된다. 그는 당시 폭약이 액체로 되어 있어 조금만 잘못 다루어도 많은 사람이 다치거나 죽는 것을 목격하면서 공사현장에서 안전하게 쓰일 수 있는 고체형 폭약을 만들었다. 그의 발명은 선의로부터 시작했고 의로운 방식을 따른 과학기술의 발달의 산물이었다. 그러나 전쟁이 발발하자 이 유용한 발명품은 전쟁용 무기로 사용되기 시작했고 비록 그는 많은 돈은 벌게 되었지만, 자신의 발명품이 죽음의 도구가 되어 급기야 자신이 '죽음의 신'으로 명명되기까지 이르게 된 것을 확인한 순간, 그의 다이너마이트 폭발보다 더한 충격을 맛보게 되었던 것이다. 결국 그는 자신의 의도와는 달리 많은 희생자를 만들어낸 그의 발명품으로 벌어들인 전 재산을 스웨덴 정부에 맡기고 인류 복지와 평화를 위해 애쓴 사람들에게 상을 주어 그 업적을 기리라는 유언을 남겼고, 인류역사상 가장 영예로운 상인 노벨상은 1901년 12월 10일 첫 노벨상이 수여될 때 다이너마이트 불빛보다 더 큰 빛으로 세상에 울림을 남겼다.

그에 못지않게 자신이 만든 발명의 산물로 괴로워했던 대표적인 인물은 아인슈타인이다. 그는 제2차 세계대전 당시 인류를 파멸시킬 무서운 무기인 우라늄으로 만든 비밀무기를 만드는 독일의 과학자 중의 하나였지만, 독재정권에 대항하여 미국으로 망명하고 그 위험성을 견제하기 위해 원자폭탄을 발명한다. 하지만 그의 세계평화를 지키기 위한 바람인 전쟁을 끝낸 '리틀보이'였지만 결국 많은 사람들의 목숨을 처참히 빼앗았다. 이 작은 아이 '리틀보이'는 히로시마 인구 중 7만 명이 죽고 11만 명이 다치게 하고, 나가사키에서는 2만 명이 죽고 9만 명이 다치게 했으며 집과 건물은 물론 모든 것을 초토화시키고 죽음의 땅을 만들었다. 물론 현대 우리 생활에서 우라늄은 원자력이란 이름으로 정정되고 경제적인 에너지원이자 의학과 생명공학 등 다양한 분야에서 사용되는 유용한 재료이지만 그 순기능의 역할이 언제 역기능의 위해성으로 표적을 인간에게 비수를 꽂을지도 모른다.

얼마 전 전 세계 사람들을 공포로 몰고 갈 만한 위기로 몰아넣은 대대적인 사건이 있었다. 영화 〈엔젤 해즈 폴른〉의 드론 공격 장면을 연상하게 하는 미국이 드론을 이용해서 이란 군부 실세를 제거한 작전이 그것이다. 특수 요원의 희생 없이 드론만으로 이란 쿠드스군(이란혁명수비대정예군) 사령관 거셈 솔레이마니를 미군의 공격용 드론 MQ-9 리퍼의 공습으로 피습한 사건이었다. 2010년대 어른을 위한 최고의 장난감으로 개발된 '키덜트'는 암살용 무기가 되어 두 얼굴의 이면을 드러낸 것이다. 드론 즉, 무인 이동체는 스스로 외부 환경을 인식하고 상황을 판단하여 이동하며 필요 시 작업을 수행하는 이동체다. 무인 이동체와 인공지능은 세계적인 시장조사전문기관인 가트너가 2017년 10대 전략 기술트렌드로 뽑을 만큼 4차 산업혁명의 중요한 요소로 자리매김하고 있다. 무인 이동체 기술이 연평균 32퍼센트 이상 성장하면서, 5년간 시장을 선도할 것으로 예측하고[3] 있는 드론은 인간이 접근할 수 없는 곳을 볼 수 있는 간접탐험과 위험한 재난상황에서의 구조와 예방, 물류와 농법의 이용까지 유익한 장점은 너무도 많다. 하지만 영화로 보고 말로만 회자되던 드론의 공격성이 현실로 드러난 이번 사건으로 인해 과학기술발전의 두 얼굴을 다시 보게 된 것이다. 암살드론이란 명칭으로 다가온 '차세대 무인공격기'로서의 관측·표적 확보장치(MSTS)를 장착한 최첨단 무기용 드론은 타기팅한 표적을 골라내서 끝까지 추적한다. 그러나 결국 인간이 만든 기계로부터 인간이 쫓기고 결국 살해되는 인간의 무력함을 여실히 보여주는 기술이다. 인간이 만든 기계로부터 벗어날 수 없고 지배되는 것이 바로 기술발전의 이면인 것이다.

현재 전 세계적으로 사용되는 화학물질은 10만여 종에 이른다. 해마다 시장에 진입하는 화학물질만 해도 2000여 종이나 된다. 한국에 사용되는 화학물질은 약 4만3000여 종이다. 해마다 시장에 진입하는 화학물질은 400종에 달한다. 그에 따라 국내에 유통되는 물질 중 30.1퍼센트가 국제 기준상 발암물질 또는 발암가능물질로 지정되고 그 수는 351종이나 되며, 유통량은 1억5637만 톤이다. 게다가 암을 일으킬 가능성이 높은 1A등급 물질만 2286톤이다.[4] 이렇듯 이미 화학물질은 우리 생활 곳곳에서 환경의 역습이라는 모습으로 이미 인간에게 되돌아오고 있다. 현대 생활 속 화학물질은 넘쳐나고 있고 화학물질의 대란으로 전쟁보다 더 무서운 무기가 되어 우리 생활을 위협한다. 가장 대표적인 화학물질의 잔재인 편리한 포장재이며 손쉽게 만들고 가볍고 싼 재료로 산업체나 생활용품으로 각광받던 플라스틱은 미세플라스틱이란 모습으로 돌아왔다. 마치 화려하고 멋진 크리스탈 컵이 깨져 산산이 부셔져 몸 속 구석구석 편린처럼 박히듯 그렇게 사람의 몸에 환경호르몬이란 가면을 쓰고 침투하고 있다. 사람은 물론이고 지구상의 동식물을 공격하는 무지막지한 힘을 매일 배가시키는 거대한 몸집인 거인이 되어 커다란 입으로 집어삼키고 우악스러운 발로 짓밟으려고 든다. 쓰레기로 소각되어 대기 중에 숨어 있다가, 바다 속에 녹아들거나, 지하수에 단풍 들 듯 슬며시 스며들어 생명이 깃든 모든 것들을 잠식하면서 지배하려고 든다. 질서를 깨뜨리고 병들게 하고 원래의 모습과 생각을 앗아가고 있다. 이러한 화학물질의 역습은 언젠가는 지구상의 모든 존재 그 자체를 잃어버리게 만들고 새로운 생명체의 위험한 탄생을 예고하고 있는 것인지도 모른다. 이제 이러한 죽음보다 더 처절한 인간의 잔해인 플라스틱의 폐해로부터 항거하며 죽음의 거리에 내몰린 많은 동식물들을 흔히 만날 수 있다.

이제 또 다른 모습으로 지구생명체들은 그들만의 방식으로 '다잉 메시지'를 전하고 있다. 그러나 과연 우리들 중 누구라도 그들의 혼신의 힘을 다한 절규를 절절한 안타까움으로 들어주고, 고통을 같이하며 그 책임을 통감하고 그들의 죽음과 고통을 덜어주고자 노력하고 있을까? 언제나처럼 자연 속에서 인간은 파괴적이고 이기적이고 도전하며 지배하려고만 했다. 그칠 줄 모르는 탐욕을 과학의 발전이나 기술의 개발과 같은 명분을 앞세워서 지구환경을 파괴해왔다. 인간만의 지구가 아님에도 불구하고 인간은 모든 지구 생명체에게 가해자가 되고 있음이다. 그렇게 만들어낸 인간의 족적은 인류세라고 하는, 지구의 지질학적 구조를 바꾸었고 새로운 지구의 역사를 쓰고 있다.

그렇다면 그들은 왜 죽음으로 어떤 메시지를 전하고자 하는 것인가? 그것은 바로 인간의 발전을 추구한 욕망에서 비롯된 경제성장과 과학의 발전으로 인한 지구온난화의 결과물이다. 지구온난화로 지구의 연평균기온이 계속 올라가고 있다. 이것은 단순히 지구의 온도가 상승한다는 단순한 통계치의 결과로 치부될 수 없다. 그 결과는 홍수나 가뭄으로 이어지고 가장 큰 문제는 기온 상승에 따라 빙하가 녹는 해수면 상승으로 꼬리를 무는 재해다. 2000년 7월 NASA는 지구온난화로 그린란드의 빙하가 녹아내려 지난 100년 동안 해수면이 약 23센티미터 상승하였다고 발표했고 이러한 해수면 상승은 북극곰이나 펭귄을 비롯한 여러 동물이나 식물들이 멸종위기에 처해 있다는 것을 의미한다. 물론 섬이 가라앉거나 해변이 줄어들면서 사람들의 생활도 위협하고 있고 동시에 지구의 생명체의 근간을 흔들면서 생존위기의 극명한 상황으로 몰아가고 있다.

"어느 날 원인 모를 병이 마을을 덮쳤다. 새들의 지저귐이 사라졌고 꽃 사이로 붕붕거리던 꿀벌도 자취를 감췄다. 꽃은 열매를 맺지 못하고 시들었다. 죽은 듯 고요한 봄이 찾아왔다." 미국의 해양생물학자이자 작가인 레이첼 카슨은 저서 『침묵의 봄』에서 환경파괴의 위험을 경고했다. 그런데 더 이상 가상의 글이 아닌 현실에서 "어느 날 갑자기 (…) 수천 마리 새떼가 추락하고 지렁이는 집단 자살했다"는 지구촌 재앙의 뉴스들이 들려오고 있다. 세계 곳곳에서 크고 작은 동물 의문사가 잇따르고 있는 사건들은 더 이상 지어낸 이야기가 아닌 사실로 나타나고 있다. 2009년 3월 칠레 남부의 해안에서 펭귄 1200마리가 죽은 채 발견된 것을 시작으로, 4월에는 정어리떼 수백만 마리의 죽은 채 해안으로 쓸려 내려왔고, 희귀종인 홍학 수천 마리는 둥지를 버리고 떠나버려 불쌍한 새끼 2000여 마리가 굶어 죽기도 했다. 호주에서는 고래들이 스스로 해변으로 올라와 목숨을 끊으면서까지 사람들에게 더 이상 지구에서 살기 어려운 환경이라는 것을 몸으로 말해주었다. 2008년 호주 남부 태즈메이니아섬에서 둥근머리돌고래 60마리와 참거두고래 150마리가 죽었고 비극은 이듬해까지 이어져 2009년 태즈메이니아섬에서 향유고래 45마리와 둥근머리돌고래 등 돌고래 140여 마리가 죽었지만 명확한 원인도 밝혀지지 않았다. 2006년 미국에선 박쥐 100만 마리가 괴질에 걸려 죽고 미국 14개 주로 번진 이 곰팡이성 질병은 생태계 균형이 깨지기 때문에 걱정되는 일이다. 뿐만 아니라 꿀벌의 '집단 가출'사건은 가히 충격적인 사건이었다. 미국국립과학아카데미에 따르면 지난 3년간 미국 전역에서 호박벌 4개 종의 개체 수가 10~15년 사이에 96퍼센트가 줄었다고 발표했다. 결국 벌이 없어진다는 것은 꽃이 피지 못하고 열매가 맺어지지 않는 것이므로 식량이 부족해질 것을 걱정해야 하는 것을 의미한다. 과학자들은 이러한 현상을 지구의 환경 파괴와 온난화 때문이라고 말한다. 근래에 들어 자주 동물들이 이렇게 알 수 없는 이유로 집단으로 죽어가는 것은 결국 사람의 책임인 것이다. 이렇듯 동물들이 다양한 형태와 이유로 집단 죽음으로 보여주면서 까지 사람들에게 알리고 싶은 메시지는 무엇일까?[5]

인간인가? AI인가? 선택의 기로

4차 산업혁명은 인간이 스스로 만든 기계와 경쟁대상이 되고 선택의 대상이 되게 만들었다. 이렇듯 4차 산업혁명은 인간 자신이 누구이고 무엇을 하는 것인가 하는 본질적인 문제의 해답을 얻어야 하는 순간임을 알린다. 이러한 인식의 변화는 인간관계의 축을 흔들고 프라이버시나 소유권, 소비패턴과 근로행태나 시간 등 다양한 변화를 이끌었으며, 그로 인해 우리는 자기개발 방법의 다양화와 인간관계 등에서 빠른 변화를 맞이하고 있다. 기술의 발달을 인류 역사의 흐름으로 보지 않고 혁명으로 명명할 때는 그만큼 인류 역사에서 커다란 변혁을 이끌었음을 증명한 것이다. 또한 4차 산업혁명으로 기억될 인류세는 기술적 혁신과 이로 인해 일어난 사회, 경제적 변화의 혁명이다. 인류 역사변화의 중심에는 기술 혁명이라는 혁신이 자리하고 있다. 그로 인한 경제구조를 바꾼 큰 변혁은 사회구조뿐 아닌 지구상의 지질학적 구조를 바꾸고 있다. 산업혁명은 역사적 관점에서 볼 때 짧은 기간에 발생되었지만 그 파급력과 영향력은 지구상의 모든 질서의 근간을 흔들었다. 산업, 경제, 기술과 사회 전반의 구조는 물론 개인의 일상인 삶의 행태도 바꾸었으며 그 속도는 인류기술발전의 속도로 카운트다운되고 있다.

AI 혁명인 4차 산업혁명은 빠르게 진행되고 있다. 하지만 사회로부터의 신뢰가 없다면 첨단과학기술인 AI 혁명은 실패할 수 있다. 4차 산업혁명의 대표적인 기술은 4가지로 정리해서 보여주고 있다. 먼저, IoT(Internet of Things)로 사물인터넷이라고도 하며, 사물에 센서가 부착

되어 실시간으로 데이터를 인터넷 등으로 주고받는 기술이나 환경을 의미한다. IoT가 도입된 기기는 사람의 개입 없이 상호 간 정보를 직접 주고받으면서, 필요 상황에 따라 정보를 해석하고 스스로 작동하는 자동화된 형태다. CPS(Cyber-Physical System)는 로봇, 의료기기 등 물리적인 실제의 시스템과 사이버 공간의 소프트웨어 및 주변 환경을 실시간으로 통합하는 시스템으로 기존 임베디드 시스템의 미래지향적이고 발전적인 형태로서 제조시스템, 관리시스템, 운송시스템 등의 복잡한 인프라 등에 널리 적용이 가능한 기술이다. 빅데이터는 디지털 환경에서 생성되는 다양한 형태의 데이터를 의미하며 그 규모가 방대하고 생성 주기가 짧은 대규모의 데이터를 의미한다. 증가한 데이터의 양을 바탕으로 사람들의 행동 패턴 등을 분석 및 예측할 수 있고, 이를 산업 현장에 활용할 경우 시스템의 최적화 및 효율화 등이 가능한 기술이다. 인공지능은 컴퓨터가 사고, 학습, 자기계발 등 인간 특유의 지능적인 행동을 모방할 수 있도록 하는 컴퓨터공학 및 정보기술의 한 분야로 단독적으로 활용되는 것 외에도 다양한 분야와 연결하여 인간이 할 수 있는 업무를 대체하고, 그보다 더욱 높은 효율성을 가져올 것으로 기대할 수 있다. 그 밖에 생활을 풍요롭게 해주는 IT의 예로 거대한 컴퓨터 통신망인 인터넷과 IT의 움직이는 두뇌인 소프트웨어 그리고 현실이 아닌 인공환경을 보여주는 VR(Virtual Reality)과 현실을 증강되게 보여주는 AR(Augmented Reality)가 있다.[6]

결국 이런 첨단 과학발전으로부터 만들어진 4차 산업혁명의 산물인 AI 혁명은 인간의 존재감을 흔들고 있다. 현재 초등학교 학생 65퍼센트는 현재의 직업을 갖지 않을 것이라고 하는데, 이는 곧 현재 직업의 65퍼센트는 도태된다는 의미다. 인간이 만든 기계로부터 과학의 발전이 초래할 멀지 않은 미래의 모습은 인간의 일자리를 빼앗고 인간의 존재 자체의 무의미함을 보여줄 수도 있을 것이다. 그동안 인간이 가져온 경제원칙에 의거한 능력과 이익, 효율이라는 관점은 인간의 가치와 기술의 발전을 만들어냈지만 동시에 인간 본연의 무능력함과 기계를 능가할 수 없다는 현실을 인정하게 만들었다. 그 결과는 인간이 기계로부터 도태되기 시작한 것이었고 그것은 무구한 세월 속에 인간이 노력하고 인간이 믿어온 성공과 삶이라는 대명제를 무색하게 하는 기존의 인간 사회질서의 붕괴를 의미했다. 그러한 의미에서 4차 산업혁명이 일어나기 전의 단계인 1, 2, 3차 산업혁명의 중심은 인간이었지만 그 혁명의 바탕이 업무효율을 높이는 도구인 과학기술의 발전을 추구한 결과로 인해 만들어진 4차 산업혁명은 인간이 아닌 기술발전이 중심이 되는 현상의 사회를 만들게 된 것이다.

4차 산업혁명의 시대에서 살아남기
-인간을 대신할 기술

산업혁명이란 기술적 혁신으로 인해 경제적, 사회적으로 큰 변화가 나타나는 시기를 말한다. 이는 더 나은 새로운 기술의 발전이란 혁신을 이끌어 내고, 지속적으로 일어남과 동시에 진행됨에 따라 또 다른 산업혁명을 야기한다. 산업혁명은 이러한 인류 역사 변화의 중심에 서서 신기술의 등장과 변화로 경제구조의 변화와 함께 역사적 관점에서의 사회 전반적 구조를 바꾸어놓는 원인을 제공했다. 4차 산업혁명은 '초연결성(Hyper-Connected)', '초지능화(Hyper-Intelligent)의 특성을 가지고 있으며 이를 통해 "모든 것이 상호 연결되고 보다 지능화된 사회로 변화"시킬 것이라 전망된다. 초연결성 사물인터넷, 클라우드 등 정보통신기술(ICT)의 급진적 발전과 확산은 인간과 인간, 인간과 사물, 사물과 사물 간의 연결성을 기하급수적으로 확대시킬 것이라고 한다.[7]

이러한 4차 산업혁명이 가져올 우리의 미래는 어떤 모습일까? 우선 인간사회구조를 변화시키기에 충분한 기술 혁명은 인간을 대신할 수 있는 인공지능을 비롯한 기술 산업구조, 고용구조 그리고 인간이 맡아서 해왔던 직무의 변화를 예고하고 있다. 우선 가장 드러나는 문제는 고용이다. 고용은 현대사회의 생존의 바로미터이며 필수불가결한 문제다. 4차 산업의 전유물인 인터넷 사이트의 파도를 타고 넘으며 하얀 밤을 지새우거나 혹은 이른 새벽의 노곤한 몸을 일깨우기 위한 수단으로 보게 되는 넘치는 정보의 홍수 속에서 눈에 띄는 한 기사가 4차 산업의 한 이면을 단적으로 보여주고 있다.

　　"50대 아버지는 햄버거를 살 수 없었다."

　　이 기사는 과연 무엇을 낚으려고 헤드라인을 50대가 고작 햄버거를 살 수 없었다는 표현을 한 것일까? 호기심과 연민으로 기사를 열어본다. 이 50대는 돈이 없어서도 아니고 몸이 아파서도 아닌 기계 때문에 햄버거를 살 수 없었다. 그가 햄버거를 사기 위해서는 매장에 있는 키오스크로 주문을 해야만 했기 때문이다. 고작 키오스크 하나 작동하지 못하냐고 핀잔할 수도 있겠지만 온라인보다 오프라인을 선호하고, 전자식 디지털 방식보다 기계식 아날로그 방식이 더 편한 세대가 바로 50대가 아니었던가? 더 나이가 많아 노인으로 불려야 하는 나이라면 개인주의요, 남은 전혀 고려할 마음일랑 전혀 없는 젊은 세대에게라지만 그들에게 물어볼 용기라도 있고 명분이라도 있을 터이다. 그러나 중장년층인 50대는 그럴 수 없었을 것이기에 충분히 그 기사가 이해가되고 어쩌면 동병상련의 측은지심마저 들었다. 물론 4차 산업시대를 사는 사람이 그 쉽고 당연하고 알아야 할 키오스크 조작 따위를 못 해서 도움을 요청하냐고 비웃을 젊은 세대의 따가운 눈빛을 받는 수모를 겪을 용기가 있는 기계치이고 싶은 중년은 없다. 그러나 중장년층인 50대와 60대는 리포트용지를 사서 숙제를 제출하고 도서관 색인지를 찾아서 대출하고 회사에 들어가 타자기를 치다가 컴퓨터 시대를 익히고 배우면서 이메일주소를 만들면서 격동하는 기술사회에서 버텨왔다.

그리고 지금의 젊은 세대와 경쟁하고 있다. 백색과 흑백전화시대를 기억하고 있는 이 세대들은 신호를 보내면 전화를 걸었던 삐삐와 전화 부스 근처에서만 통화할 수 있었던 시티폰, 그리고 도시락만 한 큰 사이즈의 휴대폰과 지금의 5G 스마트폰까지 모든 산업의 발달을 직접 체험하면서 적응해온 세대였다. 그들은 사람마다의 차이가 있겠지만 그 어중간한 신세대와 구시대의 낀 세대로 부단한 노력을 했음에도 불구하고 늘 초라한 성적표를 쥐고 처진 어깨로 홀로 싸워야만 하는 외롭고 가여운 세대다. 그러나 그들이 바로 이 시대의 기술혁명을 이끌어낸 선두 리더임을 인정해주어야 한다.

'100세 시대'라고 한다. 의료기술의 발달로 더 많이 살아야 할 세월이 남았지만 버틸 수 있는 일자리는 젊은 세대와 기계에 밀려 있다. 4차 산업혁명의 대표적인 산출물은 미래 사회의 고용구조 변화다. 이미 그 변화는 시작되고 있다. 단순, 반복적인 사무행정직이나 숙련을 요구하지 않는 단순 일자리는 도태되고 있다. 인간의 노동력으로 만들어낸 제조업은 기계가 차지하게 될 것이다. 독일 제조업 분야에서 생산부문 12만 개(부문 내 4퍼센트), 품질관리부문 2만 개(부문 내 8퍼센트) 및 유지부문 1만 개(부문 내 7퍼센트)의 일자리가 감소하고 생산계획부문의 반복형 인지업무(Routine cognitive work)도 2만 개 이상의 일자리가 사라질 것으로 예측되고 있고 GE(2016)는 산업계에서는 인공지능, 3D 프린팅, 빅데이터 및 산업로봇 등 제4차 산업혁명의 주요 변화 동인과 관련성이 높은 기술 분야에서 200만 개의 일자리가 창출되고, 그중 65퍼센트는 신생직업이 될 것이라 전망한다.[8] 물론 과학기술이 발달해도 인간의 인지능력과 경험에 의한 판단력 그리고 창의력까지 대신할 수는 없을 것이다. 하지만 빅데이터에 의한 인공지능은 인간의 고유영역마저도 침범하면서 그 일자리를 빼앗고 있다. 아파트 단지의 소소한 일들을 도맡아주고 눈을 마주치면서 인사를 나누는 경비아저씨보다 무인경비 시스템을 더 선호한다. 나이 든 경륜과 인간미는 무시되고 오로지 데이터와 시스템이 우선된다. 이런 삭막한 기계적 시스템 속에서 우리의 모든 사회경제적 구조가 바뀌고, 그 소용돌이 속에서 중장년층은 소외되고 철저히 배제되고 있다. 물론 중장년층만의 이야기가 아닐 수도 있다. 과학의 발달과 4차 산업혁명의 거대한 파도는 젊은 세대들에게까지도 덮치고 있다. 누구에게나 더 변화하고 발달하는 변혁의 시대적 요구는 더욱더 많은 스킬을 요구한다. 이러한 것으로 인해 가정에서 배워야 할 덕목이나 학교 교육보다 더 우선시되는 외적 요소들에 의해 만들어질 것을 강요받는다. 사회가 요구하는 관심이 있고 스펙을 쌓는 일이 성황당 돌무덤마냥 매일매일 쌓여감에도 사회에서 요구하는 경쟁에서 살아남기가 어렵다. 또한 이러한 사회구적인 문제는 가진 자와 그렇지 않은 자의 절대 이길 수 없는 전쟁터로 내몰고 있다. 금수저니 흙수저처럼 사람을 수저로 명명하는 그런 값싼 사회가 된 것이다. 이런 젊은 세대에게 낭만을 이야기하고 순수한 연애를 회고하는 중장년층은 어쩌면 괴리감을 주는 존재이기 이전에 여유로움과 감성을 향유할 수 있었던 여유로운 기득권층의 꼰대이며 동시에 시대적으로 더 많은 기회를 얻었던 행운의 세대로 시샘하게 되는 그 간극을 좁힐 수 없는 질투의 대상일지도 모른다.

과연 인간을 대신할 기계를 언제까지 맹신하고 더 끝없이 개발하고 발전시키는데 혈안이 될 것인가? 인간 본연의 가치를 더 강화할 수 있는 기술과 발전의 평화로운 공존을 모색할 필요가 있지 않을까? 이젠 4차 산업의 발달을 위해 달려온 우리의 족적으로 인해서 더욱 심화되는 인류세의 뒷모습에 책임져야 하는 시기가 왔다. 더 이상의 앞만 바라보고 달릴 수 없다. 아무리 인간을 대신할 인공지능과 인간의 능력을 능가한 과학기술의 발전을 이용하고 살아야 하는 현대인의 경제 논리로 접근하는 것이 필수불가결한 문제일지라도 가장 전제되어야 할 대명제는 기억해야 한다.

"인간이 기계보다 낫다."

이 신념은 바로 인간이 과학기술의 주권을 쥐고 있으며 이에 따른 책임도 함께 가져가야 할 것이기에 신중해야 한다. 과학기술발달에서 인간 중심의 이기심이나 자연 파괴적 정복이 아닌 인간보다 생명존중의 모든 만물에 대한 책임감 있는 공존을 모색하는 것이 과학기술의 발달에 전제되어야 하는 정체성을 잊지 말아야 한다. 그것이 곧 지구상에서 살아남는 유일한 길이며 함께 가야 할 길이며 우리 인간이 리드해야 할 길이 될 것이다.

4차 산업혁명을 누리는 우리가 인류세에 남기는 것

지금 이 순간 과연 우리는 4차 산업혁명의 수혜자로 얼마나 많은 편리함을 추구하고 누리고 있는 걸가? 이러한 자문을 해본다면 우리는 이 순간도 지구환경의 가해자로 살고 있다는 점을 동시에 깨달아야 할 것이 있다. 현재의 지구환경을 위기로 몰아넣고 있는 우리가 인식 못 하는 순간의 행동에 대해서 한 번쯤은 생각해봐야 한다는 것이다. 집에서 누워서 온라인 동영상을 보는 것만으로도 환경파괴를 하고 있다는 사실을 알고 있을까? 무심결에 열어보는 유튜브와 넷플릭스의 영화 한 편을 보는 일이 환경을 파괴하는 행위였다고 하니, 현대인이라면 누구라도 지구환경 가해자로서 자유로울 수 없다. 온라인 동영상을 30분 재생할 때 발생되는 이산화탄소의 양은 차로 6.3킬로미터를 운전할 때 발생하는 양과 같다고 하니 말이다.[9] 그런 면에서 볼 때 하루의 지친 피로를 풀던 유일한 취미인 넷플릭스를 보는 일조차도 죄책감을 느껴야 한다고 생각하면 우울한 일이 아닐 수 없다.

　흔히들 인간은 그동안 지구환경파괴의 멈추지 않는 열차를 타고 앞만 보고 달려가고 있다고 표현한다. 멈추지 않는 지구 파멸이란 열차에 승객으로 살아간다. 끝없을 듯 달리는 철로의 종착역은 지구 종말일지 새로운 인류의 탄생을 예고하거나 외계인의 침범이나 모든 시나리오는 영화로든 SF소설이든 식상하고도 뻔한 스토리처럼 회자될 뿐이다. 할리우드 영화에 익숙한 우리들은 늘 그랬듯이 슈퍼맨을 기대한다. 그러나 지금 우리는 자신이 슈퍼맨이 되어야 한다. 지구를 구하는 사람은 슈퍼맨이 아니라 우리 자신이어야 함을 깨닫고 지구환경을 위해서 노력해야만 한다. 환경은 햄릿이 우리 모두에게 던진 삶을 향한 화두와 같다. "죽느냐 사느냐 그것이 문제로다."

환경이란 죽고 사는 문제로 인식되어야 한다. 좋고 나쁨의 선택의 문제가 아니고 죽고 사는 생존의 문제로 각인되어야 한다. 누구든 지구환경을 위한 행동은 지구상에 살아남기 위한 절대절명의 삶의 원칙이 되어야 한다. 환경이란 무임승차할 수 없는 것이다. 누가 불편함을 감수하고 누구는 문명의 이기를 누릴 자격은 없다. 그런 면에서 볼 때 이미 지구의 많은 환경파괴의 원인을 제공하도도 부를 누리고 있으며 지금 이 순간도 기술개발의 박차를 가하며 기득권을 유지하고 있는 북반부의 선진국은 책임을 가져야 한다. 그나마 지금 지구의 환경이 유지되는 것은 지구 남반구 가난한 나라 사람들의 불편한 삶을 담보로 삼고 있기 때문이다. 현재 지구가 가지고 있는 많은 지구환경위기의 문제는 너무도 많다. 그중에서 평범한 사람이 해야 할 일들이란 무엇일까? 과학의 발전을 추구하고 편리함만 추구하는 것이 과연 우리 삶을 윤택하게만 하는 것일까? 우리는 4차 산업혁명에 있어서 과학기술발달의 이면을 들여다보았다. 과학의 민낯은 바로 우리의 어두운 미래가 될 수도 있다.

생명을 존중하고 나보다 생물 혹은 무생물마저도 귀하게 여기는 섬김의 문화가 필요하다. 더 척박하고 힘들어질 지구에서 함께 사는 이웃 간에 마음으로 전하는 위로와 함께 살아가며 상생하는 문화가 이 사회를 지탱해 주는 힘이 되어야 한다. 조금은 불편하고 손해 보는 일일지라도 모두가 함께하는 공통분모라면 양보의 미덕이 있는 사회가 되어야 한다. 지구에서 살고 죽을 때, 인류세의 족적을 남기며 누구라도 실명제처럼 자신이 살았던 삶의 기록지를 남긴다면 마치 뒷모습의 잔영을 드리우며 지는 해처럼 붉게 물들이고 가는 것이라면 우리는 우리 삶의 행태에 있어 책임을 가져야 한다. 이 지구에 태어나서 어떻게 지구의 모든 것들과 함께 잘 살았는지, 나누었는지, 함께 고통을 나누고 도와주었는지, 지구를 위해서 선함을 행하고 유익한 사람이었는지, 그 기록지들을 남기고 간다면 과연 지금 우리가 잘 살고 있는지 되돌아 볼 수 있다.

〈은하철도 999〉를 보자. 어쩌면 만화로 그려진 서기 2000년대의 지구의 모습은 인간보다 기계가 기득권이 될 수도 있다. 인간이 만든 기계로부터 소외되고 지배되는 날이 올 수도 있다. 부의 상징이며 인류의 염원이기도 한 영원한 생명인 기계의 몸을 가진 부유층만이 향유하는 도시인 메가로폴리스를 가기 위한 은하철도 999를 타는 날이 올지도 모른다. 인간이 인간보다 부와 영생을 위해 인간을 포기하는 순간이 올 수도 있음을 말해준다. 이러한 척박해질 지구환경 속에서 인류의 초 근대 과학이 만들어낸 최첨단의 기계화 도시에서 영원한 생명인 기계의 몸으로 살아가야만 할 수도 있기 때문이다. 이런 만화적 상상력은 인류의 삶의 지표와 지구의 지질학적 변화를 준 과학기술의 발달이 예고하는 미래일 수도 있다. 영원한 삶에 대한 동경으로 지구를 버리고 기계 몸을 가지지 못한 인간들은 이 풍요한 기계화 도시에서 돈을 벌어 영원한 생명을 얻기 위해 은하철도 999 열차표를 구해야만 할 수도 있다. 지치고 거친 지구의 환경에서 살아남아, 많은 위기와 어려움을 넘긴 철이와 메텔처럼 결국 최후의 목적지인 안드로메다에 도착하는 그날이 올지 모르겠다. 그때 철이처럼 누군가를 만나고 함께 어려운 파도를 헤치고 나갈 수 있다면 다행일 것이다. 그래서 우린 멀리서 찾지 말고 부족한 내 곁에서 머물러주고 기다려주는 옆자리의 누군가를 기억해야 한다. 이 외로운 지구에서 살아 버티기 위해서라도….

주석

1   World Economic Forum(WEF), http://www3.weforum.org/

2   세계무역기구(WTO), G7 등 국제 경제에 큰 영향력을 미치는 스위스 다보
     스에서 열리는 국제민간회의

3   Technavio: Global Commercial Drones Market, 2017-2021

4   허정림, 『집이 우리를 죽인다, 적과의 동침』, 어문학사, 2014.

5   허정림, 「동물들의 다잉메시지, 사라지는 동물들」『초등 독서평설』, 2019.
     8.

6   「주요 선진국의 제4차 산업혁명 정책동향」, 정보통신기술진흥센터,
     2016.

7   「4차산업혁명 정의 및 거시적관점의 대응방안연구」, 테크노베이션파트너
     스, 2016. 10.

8   Boston Consulting Group, 2015.

9   프랑스 환경단체 '시프트 프로젝트'

'You have stolen my dreams and my childhood with your empty words,' climate
activist Greta Thunberg has told world leaders at the 2019 UN climate action
summit in New York. In an emotionally charged speech, she accused them of
ignoring the science behind the climate crisis, saying: 'We are in the beginning of
a mass extinction and all you can talk about is money and fairy tales of eternal
economic growth - how dare you!'

UN secretary general hails 'turning point' in climate crisis fight
This video was relaunched on 24 September 2019 to reinstate a short segment
of speech that was edited out in the original version

'You have stolen my dreams and my childhood with your empty words,' climate
activist Greta Thunberg has told world leaders at the 2019 UN climate action
summit in New York. In an emotionally charged speech, she accused them of
ignoring the science behind the climate crisis, saying: 'We are in the beginning of
a mass extinction and all you can talk about is money and fairy tales of eternal
economic growth - how dare you!'

UN secretary general hails 'turning point' in climate crisis
This video was relaunched on 24 September 2019 to reinstate a short segment
speech that was edited out in the original version

05

서윤호

인류세와 지구법

우리 인간종은 이제 어떤 방식으로든 지구에 결정적인 역할을 행사하는 지질학적 힘으로 작용하게 되었다. 이른바 '인류세'의 시대에 진입한 것이다. 인류세의 시대는 장구한 지구의 역사와 우리가 알고 있는 인간의 역사가 서로 교차하면서 다양한 위기상황을 야기하고 있다. 인류세는 우리가 지금까지 취했던 삶의 방식과 사유의 전환을 요구한다. 인류세는 법의 영역에서도 많은 변화를 요구한다. 심지어는 법의 패러다임 전환을 요구하기도 한다. 패러다임의 전환 그 한가운데에 '지구법'이 놓여 있다. 지금까지 법의 중심에는 언제나 인간이 놓여 있었다. 인간중심으로 편성된 법의 질서와 원리에 대해 인류세는 비인간 존재들의 고유한 자리를 인정할 것을 요구한다. 동물과 자연의 권리를 인정하고, 패러다임 전환의 기초로서 지구법에 대한 사유를 요청한다. 이글에서는 인류세가 요청하는 법사유로서 지구법이 무엇인지, 어떠한 내재적 논리를 취하고 있는지, 지금까지 전개된 지구법 논의는 어떠한지, 지구법의 한계와 역할은 무엇인지 살펴보고자 한다.

지구는 새로운 법학을 요구한다

'인류세'와 '지구법'은 많은 사람들에게 매우 낯선 개념으로 다가올 것이다. '인류세'의 개념은 이 책의 앞부분에서 여러 저자가 반복해서 언급하고 있기 때문에 여기에서 굳이 다시 설명을 하지 않아도 괜찮으리라 생각한다. 그렇지만 '지구법'이란 생소한 표현은 도대체 무엇을 말하는가? 어떠한 맥락에서 지구법이라는 새로운 법학의 분야가 나타나게 되었으며, 그것은 인류세와 어떠한 관계에 놓여 있는가? 지구법의 논의는 인류세 재난의 문제를 해결하는 데 실제로 도움이 되는가? 이 짧은 글에서 이 물음들을 남김없이 다루는 것은 불가능하다. '인류세 인문학단'이 기획하고 있는 인류세연구총서의 구성에 따라 여기에서는 '지구법'의 문제에 범위를 한정해서 인류세 시대에 법의 영역에서 어떠한 변화가 진행되고 있으며, 그 의미와 한계는 무엇인지 살펴보고자 한다.

　여기에서 살펴보고자 하는 '지구법'은 현재 세계적인 차원에서 그 이론적 기초가 서서히 형성되어가는 중에 있으며, 동시에 다양한 국제적인 지구법 운동과 실천 활동으로도 연결되고 있다. 그렇지만 지구법이라는 개념은 아직 우리 사회에서 매우 낯선 형태로 받아들여지고 있다. 전 법무부장관을 역임했던 '포럼 지구와 사람' 강금실 대표와 강원대학교 법학전문대학원의 박태현 교수가 수년 전부터 '지구법학회'를 창설하고 열정적으로 활동을 전개하고 있지만, 법학계에서뿐만 아니라 대중적인 차원에서도 아직 그 인지도가 크지 않은 상태다. 현재 우리나라에서 지구법학은 해외의 지구법 연구동향과 기본적인 관련 도서를 번역 소개하고 있는 상황이다. 여기에서는 박태현 교수가 번역한 코막 컬리넌(Cormac Cullinan)의 『야생의 법: 지구법 선언(Wild Law: A Manifesto for Earth Justice)』을 중심으로 기본적인 내용을 살펴보고 관련된 문제들을 함께 다루도록 하겠다.[1] 주로 8장에서 논의되고 있는 '권리의 문제'를 중심으로 법에 대해 잘 알지 못하는 이들을 위해 지구법에 대한 개괄적인 해설을 제공하고자 한다.

컬리넌은 지구법의 사상적 기초를 생태론자이자 지구신학자인 토마스 베리(Thomas Berry)에게서 찾고 있다. 베리는 1999년 자신의 책 『위대한 과업(The Great Work)』에서 오늘날 생태위기를 불러일으킨 시스템적 원인을 이해하고, 자연과 우리의 관계를 파괴의 관계에서 상호 호혜의 관계로 바꾸는 것이 우리 인류에게 던져진 숙명적 과제라고 주장했다.[2] 그는 생태위기의 일차적 원인으로 산업화된 세상 속에 살고 있는 인간이 지닌 믿음체계, 곧 인간중심주의를 지목하고, 이러한 인간중심적 세계관이 오늘날 산업사회의 모든 부문을 떠받치고 있으며, 자연세계는 단지 인간의 이용을 위한 대상의 집합에 불과한 것으로 만들고 있다고 말한다. 베리는 2001년 버지니아에서 열린 컨퍼런스에서 '지구는 새로운 법학을 요구한다'면서 지구법의 초석을 놓는다.

베리는 이렇게 말한다. "인간이든 인간이 아니든 모든 것은 지구의 구성원들이며, 실상 그들을 아우르는 단 하나의 통합된 지구공동체가 있을 뿐이다. 지구공동체에서 모든 존재는 자신의 역할, 존엄성, 자생성을 갖고 있다. 모든 존재는 그 자신의 목소리를 지닌다. 모든 존재는 우주의 다른 존재들과 영적 교류를 한다. 다른 존재들과 관계를 맺으며 현존하고 자생하는 능력은 우주의 모든 존재가 가지고 있는 능력이다."[3] 또한 베리는 모든 존재는 인정받고 존경받을 권리를 가지고 있다고 한다. 나무들은 나무의 권리를, 벌레는 벌레의 권리를, 강은 강의 권리를, 산은 산의 권리를 갖는다. 다시 말해 우주 전체에 걸쳐 모든 존재들이 자신의 권리를 갖는다. 그러나 모든 권리는 제한적이고 상대적이라고 베리는 파악한다. 인간의 경우도 그러하다. 우리는 권리를 가지고 있다. 우리가 필요로 하는 자양분과 은신처를 가질 권리를 지닌다. 그렇다고 해서 우리가 다른 종들을 그들의 서식지로부터 몰아낼 권리를 갖는 것은 아니다. 우리는 다른 종들의 이동 통로를 방해할 권리가 없다. 또한 지구 행성의 생명체계를 교란시킬 권리도 없다. 그것은 '권리'의 개념에 합당한 것이 아니다. 우리는 아주 작은 부분이라도 절대적인 방식으로 지구를 소유할 권리가 없다.

베리는 지구공동체의 모든 성원들은 존재할 권리, 서식할 권리, 지구공동체의 공진화 과정 속에서 자신의 역할과 기능을 수행할 권리 등 기본적 권리를 가진다고 주장한다.[4] 그가 말하는 권리가 무엇인지를 제대로 이해하려고 한다면 그의 「권리의 기원과 분화 그리고 역할」을 살펴보아야 한다. 그는 「권리의 기원과 분화 그리고 역할」에서 다음의 10개의 테제를 주장한다.

(1) 존재가 기원하는 곳에서 권리가 발생한다. 존재를 결정하는 것이 권리를 결정한다. (2) 현상 질서 속에서 우주를 넘어서는 존재의 맥락은 없기에 우주는 자기 준거적 존재로, 자신의 활동 속에서 스스로

규범을 만든다. 이러한 우주는 파생하는 모든 존재양태의 존재와 활동에서 일차적인 준거가 된다. (3) 우주는 객체들의 집합이 아니라 주체들의 친교다. 주체로서 우주의 모든 성원들은 권리를 가질 수 있다. (4) 행성 지구 위의 자연계는 인간의 권리와 동일한 연원으로부터 권리를 갖는다. 그 권리는 우주로부터 존재에게 주어진 것이다. (5) 지구공동체의 모든 성원들은 세 가지 권리를 갖는다. 존재할 권리, 서식할 권리, 지구공동체의 공진화 과정 속에서 자신의 역할과 기능을 수행할 권리가 그것이다. (6) 모든 권리는 특정 종에 국한된 제한적인 것이다. 강은 강의 권리를 갖는다. 새는 새의 권리를 갖는다. 곤충은 곤충의 권리를 갖는다. 인간은 인간의 권리를 갖는다. 권리의 차이는 양적인 것이 아니라 질적이다. 나무나 물고기에게 곤충의 권리는 아무런 소용이 없다. (7) 인간의 권리는 다른 존재양식이 자연 상태로 존재할 권리를 파기할 수 없다. 인간의 재산권은 절대적이지 않다. 재산권은 단지 특정한 인간 "소유자"와 특정한 일부 "재산" 간의 양쪽 모두의 이익을 위한 특별한 관계일 뿐이다. (8) 종은 개체 형태나 양, 소와 말 그리고 물고기 떼 등과 같은 집단 형태로 존재한다. 따라서 권리는 단순히 일반적인 방식으로 종이 아니라, 개체나 집단과 관련된다. (9) 여기서 제시된 권리들은 지구공동체의 다양한 성원들이 다른 성원들에 대해 갖는 관계를 수립한다. 행성 지구는 상호의존적인 관계로 상호 밀접하게 연결된 하나의 공동체다. 지구공동체의 모든 성원들은 직·간접적으로 스스로의 생존에 필요한 영양 공급과 조력·지원을 위해 지구공동체의 다른 성원들에게 의존한다. 포식자와 피식자 관계를 포함하는 이 상호

영양 공급은 지구의 각 요소가 포괄적인 존재 공동체 내에서 갖는 역할에 필수불가결한 것이다. (10) 인간은 특별한 방식으로 자연 세계를 필요로 할 뿐 아니라 자연 세계에 접근할 권리도 갖는다. 이는 물리적 요구는 물론 인간의 지성이 요구하는 경이로움과 인간의 상상력이 요구하는 아름다움 그리고 인간의 감정이 요구하는 친밀성을 충족하기 위한 것이다.

이러한 베리의 주장은 필연적으로 법의 패러다임 전환을 요구할 수밖에 없다. 지구법 논의는 기존의 법 패러다임과 많은 점에서 충돌을 야기한다. 지구법학은 우리로 하여금 기존의 법 패러다임으로서는 해결할 수 없는 문제와 마주하게 한다. 포스트휴먼 사회와 인류세의 시대에 새롭게 제기되는 법적 문제들에 대해 기존의 법사고가 충분한 해결책을 제시할 수 없다면 이 문제를 해결하기 위해 새롭게 등장한 지구법의 기본적인 문제의식을 제대로 파악하는 것은 매우 시급하고도 중요한 일이 될 것이다.

지구법의 문제의식과 법 패러다임의 전환

현재 우리의 법 시스템에는 하나의 뿌리 깊은 흠이 있다. 그것은 살아 있는 자연존재를 단순한 객체 내지 재산으로 취급한다는 것이다. 자연을 생명의 원천으로 보는 것이 아니라, 인간의 관점에서 효용성에 따라 자원, 재산 또는 자연자본으로 그 가치를 평가하는 것이다. 이는 자연파괴를 동반하면서 무한성장을 추구하는 경제 패러다임을 가속화한다. 그러나 우리는 이미 포스트휴먼 사회에 접어든 것으로 바라보는 사람들에게 이와 같은 기존의 법 시스템은 무언가 불만스러운 점이 많다. 포스트휴먼 사회의 법 시스템은 인간중심적 사회에서 지나치게 불균형을 이루고 있는 인간과 비인간 사이의 권리와 힘의 균형을 맞추는 작업부터 시작하지 않으면 안 된다. 자연을 고유한 이익과 권리를 가진 이해당사자로 법체계 내로 받아들인다는 것은 인간중심적 권리체계에 대한 강력한 균형조절 장치가 될 수 있다. 지구법은 이러한 균형의 역할을 자임하고 나선다.

컬리넌은 『야생의 법』에서 기존 법학의 이론적 체계가 지구의 심각한 생태 위기를 해결할 수 없음을 지적한다.[5] 그는 베리가 제창한 '지구법' 개념을 바탕으로 하여 기존 법학의 패러다임을 뒤집고 인간과 자연의 권리를 새롭게 해석하는 법학의 새로운 틀을 제안한다. 컬리넌이 말하는 '야생의 법' 혹은 '지구법'은 지구와 지구 환경을 위한 법이라 할 수 있다. 야생의 법, 지구법은 인간이 지구 환경으로부터 분리되어 있고 지구의 건강이 악화되더라도 번성할 수 있다는 믿음에서 벗어나, 지구의 권리를 되찾게 하고 그럼으로써 지구의 안녕과 인간의 안녕을 되찾고자 한다.

컬리넌은 이렇게 말한다. "지구법학을 표현하는 이러한 야생의 법은 그것이 존재하는 지구 시스템의 특질을 인식하고 이를 구현한다. 한 접근 방법으로서 야생의 법은 사람과 자연 간의 정열적이고 친밀한 유대를 조성하고 또 우리 본성의 야생적 측면과 유대를 심화하고자 한다. 이는 종국적 결과물이나 재산과 같은 '사물'보다는 관계성과 관계성을 강화할 수 있는 과정 자체에 중점을 두려는 경향이 있다. 이는 야생지와 생명 공동체가 스스로를 규율할 자유를 보호한다. 그것은 통일성의 부과보다는 창의적 다양성의 장려를 목적으로 한다. 야생의 법은 지금의 것과 다른 전통적인 접근법이 용솟음칠 수 있고, 번성하고, 자신의 길을 달리고 소멸하게 될 그러한 공간을 열었다."[6] 컬리넌은 기존의 법으로는 지구와 인류의 안녕을 되찾을 수 없기 때문에 야생의 법, 지구법이 필요하며 현재 상황으로 볼 때 시급히 마련되어야 한다고 말한다. 그리고 새로운 야생의 법, 지구법이 마련되기 위해서는 패러다임의 전환이 이루어져야 한다고 강조한다.

베리와 마찬가지로 컬리넌이 강조하는 지구법학은 지구와 지구의 기원을 이루는 우주에서 출발함으로써 권리에 관한 물음에 접근한다. 이는 지구공동체의 모든 성원들을 결합시키고, 공동체를 규정하는 공통 기반이 된다. 이 출발점으로부터, 한 존재가 된다는 것은 어떤 양도불가능한 '권리'를 갖는 것이라는 결론이 나온다. 이러한 지구권은 결국 다음과 같은 것으로 이해할 수 있다. 공동체 내에서 구별되는 한 성원으로 만드는 것이 무엇인지를 규정하는 것, 그리고 지구 이야기 속에서 그 성원이 공동체 내에서 계속 자신의 역할과 기능을 수행하기 위해 허용되어야 하는 자유를 기술하는 것, 이러한 권리는 공동체의 다른 성원들과의 관계 안에서 표현된다. 이러한 상호작용은 공동체의 다음 차원을 강화하는 방식으로 공동체 내의 특정 차원에서 서로 다른 권리들을 제한하고 균형을 맞추게 된다. 물론 개별적 차원에서는 영양을 제공받을 포식자의 권리는 피식자의 생애 종말을 의미할 수 있다. 그러나 이러한 역동적 균형의 유지는 둘 다, 한 부분으로 존재하는 생태계의 안정성과 순기능에 기여하고 있다.

이렇게 본다면 지구법학에 기반한 거버넌스 시스템은 지구공동체의 인간 이외의 성원도 권리를 가질 수 있음을 인정하는 개념적 틀을 포함하고 있어야 한다. 또한 이러한 권리를 기술하기 위한 언어와 이러한 권리를 전면적으로 인정하기 위한 법 메커니즘을 고안하지 않으면 안 된다. 여기서 주의해야 할 점은 우리 인간이 다른 종이나 환경에 일방적인 방식으로 일정한 권리를 부여하는 것으로 접근해서는 안 된다는 것이다. 다른 종이나 환경은 이미 그러한 권리를 갖고 있지만, 우리의 법체계가 이를 제대로 인지할 수 없으므로 그러한 권리가 일상의 우리 눈에 보이지 않을 뿐이다. 따라서 우리가 종을 조직하고 규율하는 철학 기반을 다시 개념화해 발전시키고, 나아가 그것이 상호 연결된 주체들의 우주라는 현실에 더욱더 밀접하게 일치시킬 수 있는지를 끊임없이 되물어야만 한다. 이는 자연도 권리의 주체가 될 수 있는가 하는 물음과 관련된다.

자연의 권리를 인정할 수 있는가?

자연의 권리를 주장하는 것은 기존의 법 시스템에서는 조소의 대상이 되곤 했다. 그것은 우리가 알고 있는 익숙한 법의 개념적 틀 밖에 놓여 있는 것으로 이미 무의식적으로 부당하다고 가정하기 때문이다. 자연의 권리 문제와 관련하여 선구적인 작업을 진행한 이는 크리스토퍼 스톤(Christopher Stone) 교수다. 그는 1971년 「나무도 원고적격을 가지는가: 자연물을 위한 법적 권리를 향하여」[7]에서 미국의 법 시스템은 나무와 같이 자연의 한 측면을 마치 사람인 것처럼 그것의 이익을 위해 소송을 허용해야 한다고 제안하고 있다. 이에 대해 법비평가들은 스톤 교수의 제안을 진지하게 고려하지 않고 유머로 받아들였으며, 법원도 마찬가지의 반응을 보였다. 나무의 소유자가 나무를 손상시켰다는 이유로 부주의한 운전자를 상대로 제소한 사건에서 오클랜드 미시건카운티 항소심 법원은 소유자의 주장을 기각한 1심 법원의 판단을 유지하며 다음과 같이 판시하고 있다.

> "나무에 배상하라는 소송을 우리는 결코 볼 수 없으리라 생각했다. 심하게 훼손된 나무의 간청에 근거해 청구가 준비된 소송, 본체가 찌그러진 자동차를 상대로 몸통이 심하게 손상된 나무는 다툴 준비가 되었다네. 다정한 보살핌을 지속적으로 영원히 요구할 수 있는 나무. 우리 세 사람은 꽃을 사랑하지만 1심 법원의 명령을 유지해야 한다네."[8]

자연의 권리 문제는 오늘날에도 여전히 논란의 대상이 되고 있다. 지구법을 주장하는 베리는 이 문제를 어떻게 접근하고 있는가? 그는 앞에서 살펴본 바 있는 「권리의 기원과 분화 그리고 역할」에서 지구중심의 관점에서 나오는 권리 문제, 즉 지구공동체의 다른 성원들도 권리를 가진다는 명제를 명확하고 간결하게 기술하고 있다. 본질적으로 모든 존재들의 권리는 가장 근본 원천인 우주로부터 도출된다고 그는 주장한다. 그에 따르면, 우주는 "객체들의 집합이 아닌 주체들의 친교"이므로, 우주의 모든 성원은 권리를 가질 수 있는 주체고, 따라서 인간들이 권리를 갖는 만큼 권리를 가질 수 있는 권리를 가진다. 이러한 접근법이 가지는 장점 가운데 하나는 오로지 어떤 상위의 생명 형태만 권리를 가질 수 있다는 주장에 따르는 어려움을 피할 수 있다는 것이다. 생명의 상위 형태와 하위 형태를 과연 어떤 기준에 따라 구분할 수 있을지는 과학적으로 또 윤리적으로 매우 논란의 대상이 되는 물음이기 때문이다.

법률가들은 통상 '권리'라는 용어를 법정에서 집행될 수 있다는 의미에서 법적으로 보호되는 일정한 이익을 의미하는 것으로 받아들인다. 그러나 권리라는 용어는 법철학적으로 봤을 때 의외로 그 실체를 포착하기가 쉽지 않다. 더군다나 포스트휴먼 사회에서 비인간 존재들에 대한 권리주체성을 둘러싼 논의와 관련해서 권리 개념을 둘러싼 법철학적 문제는 매우 복잡하게 전개될 수 있다. 그에 비해 실정법학에서 사용하는 권리 개념은 대체로 일정한 공통의 토대 위에서 논의되고 있다. 법학에서 권리 개념에 대한 가장 대표적인 정의를 내린 것으로 잘 알려진 웨슬리 뉴콤브 호펠드(Wesley Newcomb Hohfeld)는 '권리'란 일상적으로 법률가들에게 최소한 네 가지의 다른 법개념, 즉 권리 소지자를 제외한 나머지 누군가에게 의무를 발생시키는 권리, 특권, 권한 그리고 면제를 언급하는 데 사용된다고 지적한 바 있다. 이를 엄격한 법적 의미에서 해석한다면, '벌레의 권리'와 같은 용어는 무의미하게 된다. 왜냐하면 법원은 벌레의 이익을 위해 주장된 어떠한 권리도 인정하지 않거나 집행하려 하지 않을 것이기 때문이다.

그러나 베리는 법률가들이 통상 사용하는 것보다 더 넓은 의미로 권리를 사용한다. 그는 이렇게 말한다. "우리는 권리라는 개념을 인간의 의무, 책임 그리고 핵심 본성을 이행하고 실현할 인간의 자유를 의미하는 것으로 사용한다. 이를 유추한다면, 다른 자연적 실체도 지구공동체 내에서 자신들의 역할을 실현할 권리자격이 있다는 원칙을 의미한다." 지구는 주체들의 친교고, 권리는 인간의 법학에서 기원하는 것이 아니라 우주의 근원에서 기원한다는 베리의 명제를 우리가 받아들인다면, 지구공동체의 다른 성원들 또한 권리를 가진다고 인정하지 않으면서 우리 인간이 인권을 가진다고 주장할 수 없는 상황에 빠진다. 다시 말해 전체를 위한 권리가 존재한다는 것을 받아들이지 않으면서 일부를 위한 권리가 존재할 수 있다고 주장하는 것은 수행적 자기모순에 빠진다.

공동체 내 인간 이외의 성원들의 법적 권리에 관한 논의는 법 시스템이 이 내재적 권리를 인정할 것인지 말 것인지 하는 선택에 관한 것이 된다. 우리가 법 시스템 내에서 사용해온 권리 개념이 공동체의 다른 성원들에게 적용할 수 없는 것이라면, 이는 단지 법 시스템이 다른 성원들의 존재 현실을 반영하기에 충분히 발전되지 않았다는 사실을 인정하는 것이나 마찬가지다. 지구 중심의 관점에서 보면, 흐를 수 있는 강의 권리, 유전적 훼손으로부터 자유롭게 존속할 종의 권리, 심지어 자신의 기후를 유지할 지구권 등은 기존의 근시안적 법적 관점에서는 수용하기 힘들 것이다. 이 문제는 인간중심적 세계관 자체에서 기인하는 것이어서 기존의 법학의 틀 안에서는 근본적인 해결이 불가능하다. 베리는 모든 근원의 근원에까지 거슬러 올라감으로써 이러한 어려움을 피하고 있다.

일부 사람들은 법원이 이해할 수 있는 방식으로 권리 개념을 사용하지 않는 것이 과연 적절한 것이냐고 묻는다. 물론 이는 지극히 타당한 물음이다. 그러나 이 물음과 관련해서 동시에 우리가 알고 있는 세계를 법의 언어가 어떻게 옭아매려 하는지 우리는 함께 알아야 한다. 어느 날 인간권 내에서는 존재하지 않는 어떤 색깔을 인간권 너머에서 일별할 때 우리는 그 색깔을 어떻게 묘사할 수 있을까? 우리들이 사용하는 팔레트에서 발견할 수 없다는 이유로 색깔이 될 수 없다고 지적할 수 있는가? 유사한 어려움이 권리 개념을 사용해서 지구공동체에 속하는 인간 이외의 성원들을 포함하는 관계를 기술할 때 나타난다.

우리는 자연인과 법인이 가령 강이나 토지와의 관계에서 권리를 갖는다고 주장한다면, 주체로서 강이나 토지도 인간과의 관계에서 권리를 가져야 함을 또한 인정해야 한다. 우리가 이를 인정하지 않는다면, 법적 용어로 실제의 상황을 정확히 기술하려는 시도를 방해하는 근본적 불평등을 계속 유지하게 될 것이다. 설령 법이 가령 강이 권리를 보유할 능력을 가진다고 인정하더라도, 권리와 의무라는 어휘를 인간 이외의 주체와의 관계에까지 확장하는 것은 잠재적으로 혼란을 가져올 수 있을 것이다. 권리나 의무와 같은 개념은 현행법 시스템에 대한 우리의 경험 속에 주입되어 있어서 기존의 관념과 새로운 관념 사이의 충돌가능성이라는 부담을 안고 있다. 우주에서 도출되는 지구공동체의 성원들의 근본적 권리와 우리 법 시스템에서 창출된 그 밖의 권리 간의 구분을 강조하고자 지구권이라는 용어를 사용할 때 그것이 때때로 거슬리거나 부적절하게 들린다면, 그것은 바로 우리의 법적 사고나 용어 사용법에 한계가 있음을 가리키는 것이기도 하다.

지구법의 내재적 논리와 과제

권리는 관계라는 맥락 내에서 존재한다. 앞에서 살펴본 바와 같이 호펠드의 논의에 따르면 법적 관계 속에서 한 사람이 갖는 어떤 권리는 다른 사람이 부담하는 의무와 상응하고 모든 권한은 책임과 상응할 수 있다. 이러한 논의에 모든 사람들이 다 동의하는 것은 아니지만, 사람들이 더 이상 지구를 훼손하지 않게 하려면 자신을 어떻게 규율해야 하는지를 논하고 있는 여기서는, 일정한 관계 내에서 주장되는 권리를 논할 때 관계라는 맥락을 고려하지 않는다면 그러한 권리 논의는 무의미할 것이다. 권리를 위한 맥락으로 관계성에서 출발하면 사태는 어떻게 전개되는가? 주체 사이의 관계는 많은 다른 측면을 가질 수 있으므로 그 맥락이나 목적에 따라 많은 방식으로 기술될 수 있다.

인간이 권리를 갖는 지구공동체의 유일한 성원이 아니고 그러한 권리의 원천이 인간의 법이 아니라고 한다면, 우리는 스스로에게 다음과 같이 물어야 한다. 전체로서 지구는 어떤 권리를 갖는가? 그리고 지구공동체의 다른 성원들은 어떤 권리를 갖는가? 이러한 물음들은 필연적으로 인간의 권리와 의무를 규정하는 의미를 갖는다. 지구 시스템 내에서 전체로서 지구의 안녕이 다른 무엇보다 더 중요하다. 지구 생물권의 구성요소들은 단 하나의 예외 없이 지구 생태계 내에서만 생존 가능하다. 이는 지구공동체의 성원들 저마다의 안녕이 전체로서 지구의 안녕에 의존하며, 또 이것에 우선할 수 없음을 뜻한다. 따라서 지구법학의 제1원칙은 개인이나 인간 사회의 이익보다 전체 공동체의 생존과 건강, 그리고 번영에 우선권을 주는 것이어야 한다. 이 원칙의 실현이 사실상 인간의 장기적 이익을 보장하는 가장 나은 방법이다. 우리는 지금까지 지구공동체의 일원임을 제대로 인식하지 못했고, 이 때문에 우리는 마치 그 반대가 진실인 것처럼 믿고 또 그렇게 행동해왔다.

이를 전통적인 법적 용어로 표현하는 한 가지 방법으로, 오늘날 대부분의 법 시스템에서 국가와 시민 간의 관계를 유추해 표현하는 것이다. 우리는 국가 그리고 그것을 창설하는 헌법을 시민이 갖는 모든 권리의 원천으로 본다. 국가는 시민에게 충성을 요구하고 국가를 파괴하려는 시민을 반역자로 규정한다. 물론 지구법학이 이러한 모델을 따라야 한다고 제안하는 것은 아니다. 그러나 우리가 인간과 지구 사이의 관계를 법적 언어로 표현하려고 하면, 이러한 관계의 주요 성격과 근본적인 중요성이 강조되어야 한다는 점이 어느 정도 전달된다. 그것은 평등한 자 사이의 관계가 아니라 전체와 부분 사이의 관계다. 따라서 부분의 욕구와 필요가 존중돼야 하지만, 이것을 전체의 권리와 저울질하려는 시도는 부적절하다. 전체의 권리는 타협될 수 없는 것이다. 우리 인간이 지구에 보여야 하는 '충실함'은 그러므로 세포가 몸에 보여야 하는 그것에 비유할 수 있다. 세포의 의무는 세포의 진화 목적인 기능을 실행하는 것이고 몸 전체의 건강에 이바지하는 방식으로 계속 활동하는 것이다. 이것이 멈춘다면 세포는 죽거나 암으로 변한다. 이와 유사하게 지구 시스템의 기능에서 우리의 적절한 역할을 수행하고 지구의 통합성 내지 전체성을 유지하는 방식으로 행위하는 것이 지구에 지고 있는 우리의 의무다. 우리가 이렇게 하지 않는다면 우리를 그리고 궁극적으로 우리 종을 지탱시키는 지구공동체를 배반하는 것이다.

우리는 이러한 관계를 어떻게 거버넌스라는 개념과 법의 언어로 번역할 것인가? 앞에서 살펴본 바와 같이 베리는 지구공동체의 모든 성원들은 세 가지 권리, 즉 존재할 권리, 서식할 권리, 지구공동체의 공진화 과정 속에서 자신의 역할과 기능을 수행할 권리를 갖는다고 보았다. 이러한 기본적인 권리들은 다른 성원들과 전체로서 공동체와의 관계에서 공동체의 각 성원들의 역할과 기능의 본질을 기술하고 있다. 이러한 권리를 인정하는 것은 공동체의 성원은 저마다 공동체의 부분으로 존재할 수 있고, 또 공동체의 다른 성원과의 관계에서 계속해 자신을 표현할 수 있는 양도 불가능한 권리를 갖는 한 주체임을 인정하는 것과 같다. 누군가 이를 법적 용어로 인정하든 아니든 간에 전체로서의 시스템이 공동체 성원 저마다에게 자신의 정체성을 유지하고, 공동체의 다른 성원들과 관계를 가질 것을 요구함은 분명하다. 이러한 관계는 전체의 건강을 위해서도 또한 성원들 저마다가 자신을 분명하게 규정하는 데도 결정적이다.

"사람은 사람들로 말미암아 사람이 된다"는 남아프리카공화국 호사족의 말은 우리는 다른 사람들과의 관계를 통해서 완전한 인간성을 경험한다는 것을 뜻한다. 권리 용어를 빌려 말한다면, 공동체의 성원들은 저마다 공동체의 한 부분이 될 권리와 공동체 내에서 구분되는 개별 실체로 인정받을 권리를 갖는다고 말할 수 있다. 또한 성원들 저마다는 공동체의 다른 성원들과 관계를 맺을 수 있어야 하고, 이러한 방식으로 자신의 역할을 규정하고 공동체에 이바지할 수 있어야 한다. 이러한

'구분되는 고유한 존재로 인정받을 권리'는 따라서 '자결권'이라 불리는 것과 밀접하게 관련된다. 예컨대, 탈식민화의 과정 동안 식민지 제국의 일부였던 신생국들은 세계 공동체 내에서 고유한 실체로 대우받을 권리를 위해 투쟁했다. 이러한 권리가 일단 인정되면 신생국은 대내적으로 자신을 규율할 권리를 갖고 다른 나라들과 관계를 맺기 위해 교섭할 권리를 갖는다. 지구공동체의 성원들도, 그것이 종이든 공동체든지 간에 유사한 권리를 갖는다고 인정돼야 한다.

최근 수십 년간 많은 원주민 공동체는 서로 간에, 또한 지구공동체의 다른 성원들과 어떻게 관계를 형성해야 하는지를 규정하는 외부의 법과 문화의 강제를 받지 않고 스스로를 규율하며 자신들의 거주지 내에서 살 수 있는 권리를 인정받기 위해 투쟁해왔다. 대체로 이러한 공동체들은 지배적인 문화에 어떤 '인권'을 자신들에게 확장해줄 것을 요구하지 않았다는 지적은 중요하다. 그들은 지배적인 문화가 서로 간의 관계, 그리고 전체로서의 지구공동체와의 관계에서 인간의 적정 역할에 관한 자신의 관념을 일방적으로 부과하려는 시도를 중단할 것을 요구했다. 국가 정부가 원주민 공동체에 그러한 자결권이 있음을 받아들인다면, 이는 필연적으로 자신의 영향력과 권력의 범위를 제한, 축소하고 원주민 공동체에 더 큰 범위의 자율성을 허용함을 내포하게 된다. 같은 식으로 인간의 법학이 우리 시대의 지배적인 문화가 지구공동체의 다른 구성요소들이 저마다 자신의 진화적 역할과 기능을 수행하는 것을 방해할 어떠한 권리도 없음을 인정하는 것이 첫 단계다. 이것이 강과 동식물이 갖는 지구권의 정확한 내용을 확정하려는 시도보다 더 중요하다.

지배적인 문화의 가장 위험한 오해 가운데 하나는 공동체의 다른 성원들이 갖는 지구권의 침해에 대해 인간 거버넌스 시스템은 이를 처벌하지 않으므로 지구권의 침해에 대해 아무런 제재가 없다고 여기는 것이다. 그러나 자연은 지구권을 준수하지 않은 것에 대응해 나름의 수단과 방법을 가지고 있다. 각각의 침해는 지구공동체를 침해하고 나아가 인간과 공동체의 나머지 간의 관계를 훼손한다. 우리 인간이 진화하고, 유전적으로 부호화돼 공동체의 일부가 됨으로써 공동체와 의식을 공유한다. 그 결과 지배적인 인간 사회의 지구공동체로부터 관계 단절의 증대는 상실감과 공허감의 증대로 이어진다. 공동체의 다른 성원들과의 관계가 존중과 경외의 관계에서 착취의 관계로 대체되면서 전체 지구공동체의 아름다움과 복잡성이 감소됐을 뿐 아니라 우리 자신조차 왜소화됐다.

이제 강의 권리와 관련해서 이 문제를 한번 살펴보기로 하자. 기본적 강의 권리는 흐를 권리일 것이다. 강물이 흐를 수 없다면 그것은 강이라 할 수 없을 것이다. 강에 충분한 물이 주어지고 또 자유롭게 흐를 수 있는 능력은 강이 강으로 존재하는 데 필수불가결한 것이다, 그러므로 강의 관점에서 보면 강을 가로지르는 댐을 지나치게 많이 건설하고, 강에서 지나치게 많은 물을 끌어다 써 바다로 흘러 들어가지 못하게 한다면 이는 강의 지구권에 대한 침해가 될 수 있다. 지구법의 출발점은 지구공동체의 각 성원이 지구공동체 내에서 저마다의 역할과 기능을 수행할 자유의 한가운데 있어야 한다는 원칙이다. 이러한 자유가 존재하려면 지구공동체의 다른 성원들이 자신의 역할과 기능을 수행하는 것을 막을 권리를 인간이 가져서는 안 된다. 이는 생태계 내에서 자신의 역할과 기능을 더 이상 수행할 수 없을 정도로 댐으로 강을 가두는 것을 저지하거나 종의 서식지 파괴를 방지하는 거버넌스 시스템을 수립해야 함을 의미한다. 이와 같이 지구법학이 제기하는 도전 과제 가운데 일부는 인간에 의한 지구공동체의 다른 성원들의 기본적 지구권의 침해를 방지하는 거버넌스의 수단과 방법을 발전시키는 것이다.

자연의 권리를 인정한 사례들

'자연의 권리'가 법적으로 인정된다면 그것은 구체적으로 어떤 모습을 띠게 될까. 또 그 자연의 권리 규범이 실제의 현실에서 어떤 방식으로 실현되고 적용될까. 먼저 헌법과 법률의 형태로 그 모습을 드러낸 에콰도르와 볼리비아의 사례를 살펴보기로 하자. 그 중심에는 '참된 삶'이나 '좋은 삶'을 뜻하는 '부엔 비비르'가 자리잡고 있다. 에콰도르와 볼리비아 사람들은 웅대한 안데스산맥을 끼고 살아가고 있다. 이들은 파차마마(Pachamama), 어머니 지구 또는 대지의 신이 모든 삶의 중심에 있다고 믿는다. 이에 따르면 인간은 다른 모든 생명체와 마찬가지로 지구에서 살아가는 수많은 구성원 가운데 하나에 지나지 않는다. 이들이 추구하는 삶이 바로 부엔 비비르(Buen Vivir)다. 이는 통상 자연과의 조화, 공동체적 관계, 내적인 평화 등을 중시하는 삶을 일컫는다. 안데스 지역의 토착 전통과 가치에 근거한 부엔 비비르는 물질적 풍요를 겨냥하는 서구 패러다임에서 벗어나는 새로운 개념으로 받아들여진다. 부엔 비비르는 축적과 성장이 아니라 인간과 자연의 조화를 목표로 하는 일종의 균형 상태다.

이처럼 부엔 비비르의 전통적 가치에 따라 에콰도르는 2008년 9월 국가와 시민들에게 "자연과 조화하면서 자연의 권리를 인정하는 방식으로 안녕을 추구"할 것을 명하는 헌법을 채택했다. 헌법에 자연의 권리를 명시적으로 천명한 것으로는 역사상 최초다. 헌법 전문에는 자연의 다양성과 자연과의 조화 속에 시민들을 위한 공존의 새로운 질서를 구축함으로써 '안녕'을 성취하려는 에콰도르 국민의 의도를 명시적으로 언급하고 있다. 부엔 비비르, 좋은 삶의 방식은 개인들과 공동체들, 민족과 국가들은 효과적으로 자신들의 권리를 향유해야 하고, 문화적 상호성과 다양성의 존중 그리고 자연과 조화로운 공존의 틀 속에서 책임을 수행해야 함을 요청한다.

이 새로운 헌법 조항은 실제 효력은 별로 없는 상징적 선언에 그치는 게 아니다. 국가에 생태계 파괴나 생물 멸종을 일으킬 수 있는 행위들을 예방하고 제한해야 한다는 의무를 공식적으로 부여했을 뿐 아니라, 국가가 이런 일을 제대로 하지 않으면 일반 시민이 자연을 대신해 법적인 소송을 제기할 수 있도록 했다. 에콰도르 헌법 제72조는 '자연은 존재할 권리, 지속할 권리 그리고 생명 유지에 필수적인 자연의 순환과정과 구조, 기능 및 진화과정을 유지하고 재생할 권리'를 가진다고 규정하고 있다. 동시에 '자연은 재건될 권리 또는 손상된 자연시스템에 의존하는 사람 또는 단체가 주장할 수 있는 보상에 관한 권리와는 별개로, 자신이 온전한 상태로 복원될 권리'를 가진다고 규정하고 있으며, 또한 '국민이나 회사 같은 법적 주체 그리고 국가에게 자연의 권리를 존중하고 지지해야 할 특정 의무를 부과하고, 이러한 자연의 권리는 법적으로 집행 가능하다'고 규정하고 있다. 더욱이 모든 사람, 국민, 공동체 또는 민족은 자연을 위한 권리를 인정하라고 공공기구에 요청할 수 있다.

같은 맥락에서 볼리비아에서는 '어머니 대지의 권리에 관한 보편적 선언'을 언급한 법률을 2010년 12월 채택했다. 인간과 자연 사이의 관계를 생태주의 관점에서 급진적으로 재구성한 내용으로 유명한 이 법은 자연의 권리를 11개 항목으로 규정하고 있다. 존재하고 생존할 권리, 인간의 변형으로부터 자유로운 상태에서 진화하고 생명 순환을 지속할 권리, 평형을 유지할 권리, 오염되지 않을 권리, 유전자나 세포가 조작되지 않을 권리, 지역 공동체와 생태계 균형을 해치는 개발 계획이나 거대 사회기반시설 건설에 영향받지 않을 권리 등이 대표적이다.

이와 같이 에콰도르와 볼리비아가 헌법, '어머니 대지법'이라는 형태로 자연의 권리를 인정하고 있다면, 뉴질랜드와 인도에서는 강이라는 구체적인 자연물에 법인격을 인정하는 형태로 자연의 권리를 인정하고 있다. 아직 우리나라에서는 생소한 느낌이 들기도 하지만, 이는 지구법의 차원에서 바라보면 자연스럽고 필연적인 법진화의 과정이라고 할 수 있다.

2014년 뉴질랜드는 전통과 환경을 지키기 위해 세계 최초로 강에 '인간의 지위'를 부여했다. 뉴질랜드 의회는 원주민 마오리족이 신성시하는 북섬의 왕거누이강에 살아 있는 인간과 동등한 법적 권리와 책임을 주는 법안을 통과시켰다. 앞으로 누군가가 이 강을 해치거나 더럽히면 사람에게 한 것과 똑같이 처벌을 받는다는 뜻이다. 왕거누이강은 공익신탁이나 사단법인과 비슷하게 취급되고, 마오리족이 임명한 대표자 1명과 정부가 임명한 대리인 1명이 신탁 관리자가 돼 강의 권익을 대변하게 된다. 정부는 법안에 따라 마오리족에 8000만 뉴질랜드 달러(약 636억 원)를 보상하고, 강을 보존하기 위해 3000만 뉴질랜드 달러를 투입할 예정이다. 또 강을 위한 법적 토대를 만드는 데 100

만 뉴질랜드 달러 상당의 기금이 조성된다. 뉴질랜드에서 세 번째로 긴 왕거누이강은 활화산 통가리로에서 발원해 290킬로미터를 지나 바다로 흘러든다. 마오리족은 이 강을 지키기 위해 오랜 세월 싸워왔다. 마오리족이 이 강에 대한 인식을 높이고 법적 보호를 확보하기 위해 싸운 것은 160년에 이른다. 마오리족과 정부의 협상은 2009년 시작돼 2014년에 타결됐다.

인도인들이 신성시하는 갠지스강도 뉴질랜드의 왕거누이강에 이어 세계에서 두 번째로 인간과 같은 대우를 받는 강이 됐다. 인도 북부 우타라칸드주 고등법원은 갠지스강과 가장 큰 지류인 야무나강에 인간과 동등한 법적 지위를 부여했다. 앞으로 강을 오염시키거나 훼손하면 타인을 해쳤을 때와 똑같이 처벌받는다. 법원은 "갠지스와 야무나는 태곳적부터 물리적으로, 영적으로 우리에게 자양분이 돼주었다"면서 강 보존의 필요성에 공감했다. 북부 히말라야산맥 강고트리 빙하에서 발원한 갠지스는 바라나시, 하리드와르 등 힌두교 성지를 거쳐 동쪽으로 흐른다. 길이만 2500킬로미터에 이른다. 힌두교도들은 갠지스를 '강가'라고 부르며 여신으로 모신다. 이곳에서 업보를 씻을 수 있다고 생각해 목욕도 하고 시신을 화장해서 뿌리기도 한다. 법원은 갠지스강과 지류의 보존 업무를 담당할 감독관 세 명을 임명하고 석 달 안에 강 관리위원회를 만들라고 명령했다.

세계적 관심을 끄는 지구법 논의

현재 지구법 논의는 세계적인 관심의 대상이 되고 있다. 2015년 12월 22일 유엔 총회는 결의문 70/208(Resolution on "Harmony with Nature")을 통해 2016년에 자연과의 조화에 관하여 세계 전역의 지구법 전문가들을 포함해 인터넷상의 대화를 진행할 것을 결정했다. 이는 시민과 사회에 영감을 불러일으킴으로써 자연과 조화를 이루는 가운데 지속 가능 발전 목표를 이행하려면 자연 세계와 어떻게 상호작용해야 하는지를 재검토하려는 의도에서였다. 총회는 일부 나라가 지속가능발전을 증진하려는 맥락에서 자연의 권리를 인정하고 있음을 지적하며, 전문가들에게 차후 회기에 총회에 요약보고서를 제출해달라고 요청했다. 이에 따라 자연과의 조화에 관한 대화가 2016년 4월 22일에 시작되었고, 33개국에서 120명이 넘는 전문가들이 이 대화에 참여하였다. 지구법 전문가들은 자연의 내재적 가치와 우리의 인식과 태도, 행동을 인간종 중심주의에서 비인간종중심주의 곧 지구 중심으로 전환해야 필요성을 역설했다.

　　지구 중심 세계관에서 행성 지구는 죽어 있는, 개발의 단순한 대상(객체)이 아니라, 살아 있는, 자신의 건강을 위협하는 다양한 위험에 노출된 우리 공동의 집으로 여겨진다. 이러한 전환과정은 지구와 그 자연순환과정의 근본적 존중과 경외를 포함해 자연과의 상호작용에 대한 진지한 재검토와 법과 윤리, 제도, 정책 그리고 관행에서 지구법의 지지를 요구한다. 이 대화에서는 어떻게 하면 인간종중심적 관점이 아니라 지구중심적 관점에서, 그리하여 인간이 지구공동체의 책임 있는 성원으로 살아가도록 지도하는 방식으로 운용되는 거버넌스 시스템을 재구축할 수 있을 것인지가 중점이 되었다.

이 대화에 참여한 전문가들의 요약보고서[9]에 따르면, 지구법은 전일적인 거버넌스 시스템으로 파악된다. 이 요약보고서에는 다음과 같이 지구법의 철학적, 윤리적 원칙들이 담겨 있다. 지구법은 지구를 생명을 규율하는 자연법의 원천으로 인정한다(17절). 지구법의 기본철학은 다음과 같은 4개의 주요 원칙으로 정식화될 수 있다. (1) 주체성(subjectivity): 우주는 가치와 권리를 지닌 전일적 통일체다. (2) 공동체성(community): 모든 것은 그 밖의 다른 모든 것과 관계하며 공존한다. (3) 법칙성과 질서(lawfulness and order): 우주와 지구공동체에는 우리가 발견하고 이해할 수 있는, 자기조직의 패턴이 있다. (4) 야생성(wildness): 우주 안에서 그러한 질서와 법칙성은 역동적이고 신비스럽고 또 예측 불가능한 면이 있다(20절). 지구법의 주된 목표는 우리의 사고와 실행을 자연의 과정에 다시 연결하는 것이다. 지구법은 지속가능성이라는 생태적 원칙 위에서의 문명 재구축과 자연 세계와의 협력적 관계 구축이 시급함을 강조한다(22절). 인간과 자연 사이의 간극을 메우는 데 도움이 되는 또 다른 수단·방법은 모든 차원의 정치적 의사결정에 있어 생태민주주의를 육성하는 일이 될 것이다. 여기서 생태민주주의란 "생태공동체를 구성하는 그 밖의 다른 종과 살아 있는 시스템의 필요와 인간의 필요를 동등하게 평가함을 궁극의 목표로 삼는, 인간의 민주주주의 원칙을 존중하면서도 가치평가를 확장해 비인간 자연의 내재가치도 반영하는 그러한 의사결정시스템을 사용하는 단체와 공동체"로 정의될 수 있다 (24절).

지구법 논의에서 첫 출발점을 이루는 것은 법적으로 생태계와 종에 존재하고 번영하며 재생할 기본적 권리를 인정해 우리 거버넌스 시스템에 자연의 권리를 포함하는 것이다. 자연은 기본적 지구권의 원천으로 간주되고, 이러한 권리는 인간의 법에 의해 유효하게 제한되거나 파기될 수 없다. 이러한 권리와 인간의 권리가 서로 맞서는 것은 아니다. 자연의 한 부분으로 우리 인간의 권리는 이러한 같은 권리에서 나온다. 인간의 생명권은 우리를 지탱하는 생태계가 존재할 권리가 없다면 무의미하다. 지구법학은 모든 생명이 주체로 참여하는 지구공동체의 거버넌스로 제시된 이론이다. 같은 맥락에서 클라우스 보셀만(Klaus Bosselmann)은 자연은 원래 평화롭게 유지될 권리가 있기 때문에 '그대로' 보호하기 위해서는 '종이기주의'를 탈피해야 한다고 주장한다.[10] 이렇게 보면 결국 지구법학의 배경을 이루는 것은 모든 존재의 공간적 근거인 지구를 파괴하는 인간중심주의에 대한 불복종과 저항 그리고 '탈출'로 보아도 될 것이다.

마지막으로 컬리넌의 『야생의 법』에서도 부록으로 제시한 '어머니 지구권에 관한 세계 선언'을 마찬가지로 이 글의 말미에 일독을 위해 붙인다. 이 선언을 주의 깊게 읽는다면, 법의 영역에서 비록 일정한 한계를 가질지라도 인류세 시대에 우리가 행할 수 있는 바가 무엇인지 알 수 있을 것이다.

어머니 지구권에 관한 세계 선언

전문

지구의 모든 사람과 나라인 우리는 공동의 운명을 지닌 채 서로 관련되고 의존적인 존재들의 불가분적이고 살아 있는 공동체인 어머니 지구의 한 부분임을 숙고하고, 어머니 지구가 생명과 영양 그리고 배움의 원천으로 잘 사는 데 필요한 모든 것을 제공하고 있음을 감사하게 인정하고, 자본주의 체제와 모든 형태의 약탈과 착취, 남용 그리고 오염이 어머니 지구를 심대하게 파괴, 훼손하고 교란하며, 오늘날 우리가 알고 있는 그러한 생명들을 기후변화와 같은 현상을 통해 위험에 빠트리고 있음을 인정하고, 상호의존적인 살아 있는 공동체 내에서 어머니 지구와 불균형을 낳지 않고도 인간 존재만의 권리를 인정하는 것이 가능하지 않음을 확신하고, 인권을 보장하려면 어머니 지구와 그 안에 깃든 모든 존재의 권리를 인정·옹호하는 것이 필요하고, 그러한 문화와 관행 그리고 법이 현존하고 있음을 확인하고, 기후변화와 어머니 지구에 가하는 그 밖의 다른 위협을 낳는 구조와 체제를 변환하려는 대담한 집단적 조치를 긴급하게 취할 필요성을 인식하고, 어머니 지구권에 관한 세계 선언을 선포하고, 세계 모든 사람과 나라에 공통된 성취 기준으로 이 선언을 채택할 것을 유엔 총회에 촉구하고, 이를 위해 모든 개인과 제도는 가르침과 교육 그리고 인식 증진을 통해 이 선언에서 인정된 권리의 존중을 촉진할 책임을 진다. 그리고 신속하고 점진적인 국내외적 조치와 메커니즘을 통해 세계 모든 사람과 나라들 사이에서 어머니 지구권의 보편적 인정과 효과적 준수를 보장한다.

제1조 어머니 지구

1. 어머니 지구는 살아 있는 존재다.

2. 어머니 지구는 고유하고 불가분적이며, 서로 의존하는 존재들의 자기 규율적 공동체로 모든 존재를 지탱하고, 담고 있으면서 재생산한다.

3. 각 존재는 어머니 지구의 구성 부분으로 어머니 지구와의 관계에 의해 규정된다.

4. 어머니 지구의 내재적 권리는 그것들이 동일한 원천에서 발생한다는 점에서 양도 불가능하다.

5. 어머니 지구와 모든 존재는 가령 유기적 존재와 비유기적 존재에 따른 구분, 종에 따른 구분, 기원에 따른 구분, 인간 존재에의 유용성에 따른 구분, 그 밖의 지위에 따른 구분 등과 같은 구분에 상관없이 이 선언에서 인정된 모든 내재적 권리를 가질 수 있는 자격이 있다.

6. 인간 존재가 인권을 가지는 것처럼 다른 모든 존재 또한 자신이 존재하는 공동체 내에서 그 종 내지 유에 특정된 역할과 기능에 적합한 권리를 갖는다.

7. 각 존재의 권리는 다른 존재의 권리에 의해 제한되고, 그 권리 간의 갈등은 어머니 지구의 통합성과 균형 그리고 건강을 유지하는 방식으로 해소돼야 한다.

제2조 어머니 지구의 내재적 권리

1. 어머니 지구와 어머니 지구를 구성하는 모든 존재들은 다음 각 호에 규정된 내재적 권리를 가진다.

    (1) 생명권과 존재할 권리

    (2) 존중받을 권리

    (3) 자신의 필수적 순환과 과정이 인간에 의해 교란되지 않고 지속될 수 있는 권리

    (4) 스스로를 규율하는, 특유하면서도 서로 관련된 존재로서 자신의 정체성과 통합성을 유지할 수 있는 권리

    (5) 생명의 원천으로서 물에 대한 권리

    (6) 깨끗한 공기에 대한 권리

    (7) 필수 건강에 대한 권리

    (8) 오염물질과 유독 또는 방사성 폐기물에 의해 오염되지 아니할 권리

    (9) 자신의 통합성 또는 필수 핵심적 기능을 위협할 수 있는 방식으로 유전적 구조가 변경되거나 교란되지 아니할 권리

    (10) 인간 활동에 의해 이 선언에서 인정된 권리가 침해된 경우 충분하고 신속하게 회복될 권리

2. 각 존재는 어머니 지구의 조화로운 기능을 위해 저마다의 장소에서 저마다의 역할을 수행할 권리를 갖는다.

3. 모든 존재는 안녕에 대한 권리와 인간에 의한 혹사 내지 잔인한 처우로부터 자유롭게 살 수 있는 권리를 갖는다.

제3조 어머니 지구에 대한 인간 존재의 의무

1. 모든 인간 존재는 어머니 지구를 존중하고 어머니 지구와 조화롭게 살아야 할 책임을 가진다.

2. 인간 존재, 모든 나라 그리고 모든 공적, 사적 기관은 다음과 같은 의무를 진다.

   (1) 이 선언에서 인정된 권리와 의무에 부합하게 행위할 의무

   (2) 이 선언에서 인정된 권리와 의무의 성실한 이행과 집행을 인정하고 증진해야 할 의무

   (3) 이 선언에 따라 어머니 지구와 조화롭게 살아가는 방법에 관한 학습과 분석, 해석 그리고 의사소통을 증진하고 참여할 의무

   (4) 현재는 물론 장래에도 인간의 안녕 추구가 어머니 지구의 안녕에 기여하도록 보장할 의무

   (5) 어머니 지구권을 효과적으로 방어, 보호하고 보전하기 위한 규범과 법을 구축하고 적용할 의무

   (6) 어머니 지구의 필수 핵심의 생태적 순환과 과정 그리고 균형의 통합성을 존중하고 보호·보전하며 필요한 경우 이를 회복할 의무

   (7) 이 선언에서 인정된 내재적 권리의 침해로 발생된 손상을 회복하며, 그 침해에 책임 있는 자에게 어머니 지구의 통합성과 건강을 회복하기 위한 책임을 부과할 것을 보장할 의무

   (8) 어머니 지구와 모든 존재들의 권리를 방어하기 위해 인간과 기관에 적절한 권한을 부여할 의무

(9) 인간의 활동이 종의 절멸과 생태계의 파괴 또는 생태적 순환의 교란을 일으키지 않도록 예방하는 사전주의적 조치와 제한 조치를 수립할 의무

(10) 평화를 보장하고 핵무기와 생화학적 무기를 제거할 의무

(11) 저마다 고유한 문화와 전통 그리고 관습에 따라 어머니 지구와 모든 존재를 존중하는 관행을 증진하고 지지할 의무

(12) 어머니 지구와 조화하고 또 이 선언에서 인정된 권리에 부합하는 경제 시스템을 증진할 의무

용어의 정의

1. 존재는 생태계, 자연 공동체, 종 그리고 어머니 지구의 일부분으로 존재하는 다른 모든 자연적 실체를 포함한다.

2. 이 선언 안의 그 어떤 것도 모든 존재 내지 특정 존재의 그 밖의 다른 내재적 권리를 인정하는 데 방해하지 아니한다.

주석

1 코막 컬리넌, 『야생의 법: 지구법 선언』, 박태현 옮김, 로도스, 2016.

2 토마스 베리, 『위대한 과업』, 이영숙 옮김, 대화문화아카데미, 2009, 20쪽.

3 베리, 앞의 책, 17쪽.

4 베리의 이러한 비전에 영향을 미친 것으로는 알도 레오폴드의 대지윤리, 아르네 네스의 심층생태주의, 크리스토퍼 스톤의 논문 「나무도 원고적격을 가지는가: 자연물을 위한 법적 권리를 향하여」를 들 수 있다. 베리는 '인류세'보다는 '생태대'의 관점에서 '지구법'의 구상을 전개하고 있다. 베리가 파악하는 생태대란 인간이 지구와 상호 유익한 존재가 되는 기간을 말하며, 생태대라는 미래는 우리가 지구를 착취의 대상이 아닌, 사귀어야 할 주체로 이해할 때에만 실현 가능하다고 한다(자세한 것은 베리, 위의 책, 10쪽 참조). 따라서 지구법 논의가 전개되는 역사적 맥락을 면밀히 검토한다면, 포스트휴먼적 인류세 시대의 관점에서 지구법 논의의 재구성 가능성이 제기될 수 있을 것이다. 지구법 논의의 한계가 무엇인지는 이 글에서는 다루지 않겠다. 여기에서는 주로 기존의 법 패러다임의 전환이라는 측면에서 지구법의 의미에 무게를 두고자 한다.

5 컬리넌, 위의 책, 75쪽 이하 참조.

6 컬리넌, 위의 책, 54쪽.

7 Christopher D. Stone, Should Trees Have Standing?—Towards Legal Rights for Natural Objects, *Southern California Law Review* 45 (1972), 450–501.

8 항소심 법원의 판시 내용은 컬리넌의 위의 책 163쪽에서 재인용했다. 원출처는 다음과 같다. 「Fisher v Lowe」, No. 60732 (Mich. CA), 9 A.B.A.J., 436 (1983).

9 U.N. General Assembly, Harmony with Nature, Note by the Secretary-General A/71/266.

10   클라우스 보셀만, 『법에 갇힌 자연 vs 정치에 갇힌 인간』, 진재운·박선영
       옮김, 도요새, 2011, 18쪽.

'You have stolen my dreams and my childhood with your empty words,' climate activist Greta Thunberg has told world leaders at the 2019 UN climate action summit in New York. In an emotionally charged speech, she accused them of ignoring the science behind the climate crisis, saying: 'We are in the beginning of a mass extinction and all you can talk about is money and fairy tales of eternal economic growth - how dare you!'

UN secretary general hails 'turning point' in climate crisis fight
This video was relaunched on 24 September 2019 to reinstate a short segment of speech that was edited out in the original version

'You have stolen my dreams and my childhood with your empty words,' climate activist Greta Thunberg has told world leaders at the 2019 UN climate action summit in New York. In an emotionally charged speech, she accused them of ignoring the science behind the climate crisis, saying: 'We are in the beginning of a mass extinction and all you can talk about is money and fairy tales of eternal economic growth - how dare you!'

UN secretary general hails 'turning point' in climate crisis
This video was relaunched on 24 September 2019 to reinstate a short segment of speech that was edited out in the original version

06

임지연

인류세와 가이아

소금을 만들어내는 맷돌 때문에 바닷물이 짜다는 내용의 전래동화가 있다. 이에 대한 가장 적합한 것이 제임스 러브록(James Lovelock)의 '가이아 이론'이다. 인류세가 환경의 지질학적 전회라면, 우리는 지구가 무엇인지, 무엇을 할 수 있는지를 알 필요가 있다. 제임스 러브록의 가이아 이론은 지구를 활성화된 시스템이라고 파악한다. 지구는 생명권과 비생명권의 상호작용을 통해 비평형적 항상성을 유지하고, 생명이 살아가도록 하는 자기조절 시스템이라는 것이다. 인류세는 지구가 본질적으로 변화한다는 관점 위에 있다. 우리는 이 변화를 인간에 의한 지구 훼손이라는 부분적 관점을 유지해서는 곤란하다. 인간은 지질학적 요소의 하나이기 때문이다. 가이아 이론은 지구를 변화시키는 지질학적 요인이 얼마나 다양하고, 시스템적이며, 상호작용적인지를 과학적으로 설명한다. 그렇기 때문에 가이아 이론은 자연스럽게 탈인간중심주의로 귀결되며, 자연과 인간의 구분법이 아무 소용없음을 보여준다.

　가이아 이론은 1970년대에 고안되었지만, 여전히 논쟁적 현재성을 갖는다. 가이아는 생명을 사랑하는 어머니와 같은 사랑의 존재인가? 가이아는 반여성적인가? 가이아는 환경위기에 대해 낙관적인가 비관적인가? 가이아는 인간중심인가 가이아중심인가? 가이아는 살아 있는 생명체인가? 가이아는 기술 친화적인가? 이와 같은 질문들은 논쟁적이며, 가이아 이론을 심화하는 지점이다. 최근 브뤼노 라투르(Bruno Latour)는 '가이아 2.0'을 통해 가이아의 세속화와 가이아 정치를 주장했다. 가이아에 묶여 있는 모든 것들은 어떻게 존재해야 하는가? 이 글은 가이아 이론의 특징을 탐색하고, 인류세와 연결할 수 있는 지점을 사유함으로써 '어스바운드(earthbound, 지구에 묶여 있는 것들)'의 새로운 삶의 가이드라인을 제시하고자 한다.

소금을 만드는 맷돌

바닷물은 왜 짤까? '소금을 만드는 맷돌'이라는 옛 이야기는 그 대답을 재치 있게 들려준다. 옛날에 한 임금이 소원을 들어주는 맷돌을 가지고 있었다. 맷돌을 돌리며 금 나와라, 은 나와라 하면 금이 나오고 은이 쏟아졌다. 임금은 이 맷돌을 가지고 백성들을 행복하게 해주었다. 그러나 언제나 욕심 많은 사람은 있는 법이다. 어떤 도둑이 맷돌을 훔치려고 계획을 세웠다. 대궐 깊숙한 곳에 숨겨져 있는 맷돌을 그는 어깨에 메고 아무도 없는 바닷가로 도망쳤다. 도둑은 가능한 한 멀리 도망가고 싶었다. 그래서 배를 타고 바다 한가운데로 노 저어 갔다. 도둑은 가지고 싶은 것이 너무 많아 이 생각 저 생각 하다가 문득 소금이 생각났다. 옛날에는 소금이 화폐와 같은 역할을 할 만큼 귀했기 때문이다. 그가 맷돌을 돌리며 "맷돌아, 맷돌아, 하얗고 짭조름한 소금을 다오"라고 말하자, 소금이 펑펑 쏟아지기 시작했다. 도둑은 신이 나서 계속 맷돌을 돌렸다. 그런데 "멈추어라"라는 주문을 외기도 전에 도둑은 바다에 빠져버렸다. 맷돌은 어찌 되었을까? 바다 밑바닥으로 떨어진 맷돌은 지금도 사그락사그락 소금을 만들어내고 있다. 그래서 바닷물이 짜다는 것이다.

옛날 사람들은 바닷물이 짜다면, 계속해서 소금이 바다 어디선가 만들어져야 한다고 생각했다. 그렇지 않다면 그렇게 많은 양의 바닷물이 어떻게 변함없이 짤 수 있단 말인가? 허무맹랑한 동화적 상상력이라고 하기에는 바닷물의 짠 맛을 설득력 있게 설명하고 있는 것 같다.

원래부터 바닷물은 짜게 만들어진 것이 아니라, 외부에서 짠 물질이 유입되었다는 사고는 과학적이다. 어릴 적 이 이야기를 읽었던 사람들은 도둑질하면 바닷물에 빠져죽을 수 있다는 두려움과 함께 사그락사그락 소금을 만드는 맷돌을 상상하면서 웃었던 기억이 있을 것이다. 이 이야기는 옛날 사람들이 바다와 연결된 자신들의 지혜를 엮어낸 스토리라고 할 수 있다.

소금은 사람이 살아가는 데 꼭 필요한 미네랄이었지만, 구하기 어려운 물건이었다. 고대 로마에서 병사들의 월급을 샐러리(salary)라고 했는데, 병사에게 주는 소금 돈이라는 뜻의 '살라리움(salarium)'에서 유래했다고 한다. 한국에서도 고려시대에는 도염원(都鹽院)을 두어 소금을 국가에서 제조·판매했고, 조선시대에는 염장(鹽場)을 설치하여 관가에서 소금을 환물했다고 한다. 소금은 화폐가치로 거래되었고, 나라의 주요 세원이었다. 소금은 '하얀 황금'으로 불릴 만큼 중요했다. 그러니 이 이야기를 만든 언중들은 자신의 욕망을 맷돌 도둑의 심리에 반영했을지 모른다.

그런데 옛 이야기를 만든 사람들은 한 가지를 빠트렸다. 소금을 만드는 맷돌이 바다 밑에서 계속 돌아간다면, 바닷물은 시간이 지날수록 더 짜져야 한다. 그렇다면 지금처럼 물고기나 조류들은 바다에서 살지 못했을 것이다. 그런데 바다의 염도는 일정하다. 이상하지 않은가? 소금을 만드는 맷돌이 바닷물의 염도를 일정하게 맞추느라 어떤 때는 많이 만들고, 어떤 때는 적게 만드는 것일까?

가이아 이론에 따르면, 대체로 맞는 말이다. 바다 생물들이 살기

적당한 염도를 유지하기 위해 맷돌은 적절하게 소금량을 조절한다. 소금을 만드는 맷돌 이야기는 단순히 재미있고 교훈적인 이야기 이상인 것 같다. 중요한 것을 빠트리기는 했지만, 원리상 과학적으로도 전혀 근거 없는 이야기는 아니다. 바닷물을 '원래부터 소금이 녹아 있는 물'이라고 보는 대신, 외부에서 짠 물질이 유입되었을 것이라고 예측하기 때문이다.

현대과학이 밝혀낸 바에 따르면, 바다의 염분은 원시지구가 형성되는 과정에서 유입된 것이다. 대기에 있던 염소기체가 비에 녹아 다량의 염소이온이 바다에 들어갔고, 땅에 있던 염산 등이 바다로 스며들어 소금 즉 염화나트륨($NaCl$)이 유입되었다고 추정된다. 그렇다면 왜 소금 농도는 일정하게 유지될까? 지구상의 생명체들은 소금을 필요로 하기 때문에 소금을 섭취한다. 그리고 생명체가 죽어 땅에 묻힐 때 소금은 다시 땅으로 돌아가고, 이후 빗물에 쓸려 바다로 돌아간다. 이러한 거대한 순환과정을 통해 대체로 염도가 유지된다. 바다와 대기, 땅, 그리고 생명체, 기후작용에 의해 바다의 염도가 일정하게 유지되는 것이다. 그렇다면 소금을 만드는 맷돌이란 지구의 순환과정 자체라고 말 할 수 있겠다. 바닷물은 원래부터 짠 것이 아니었다.

소금을 만드는 맷돌 이야기는 인류세에 왜 중요한가? 인류세는 인간의 흔적이 강하게 지질에 새겨져 있다는 과학적 주장에서 출발한 개념이다. 영화 〈쥐라기 공원〉에서 기술적으로 잘 재현되었던 공룡은 약 2억만 년 전부터 6500만 년 전 중생대에 살았던 파충류다. 그런데 특정 시기에 공룡이 지구상에서 홀연히 자취를 감추었다. 백악기 대멸종 사건이 일어났던 것이다. 대멸종의 이유에 대한 과학자들의 가설은 이렇다. 6600만 년 전 직경 6마일 크기의 소행성이 지구에 충돌하여 거대한 산불과 함께 쓰나미를 일으켰고, 엄청난 양의 황과 가스가 대기로 분출돼 태양을 차단했다. 동시에 화산이 폭발하고, 화산재가 하늘을 뒤덮어 지구는 냉각된다. 소행성 충돌론은 그로 인한 대규모 기후변화와 환경 변화에 의해 대멸종으로 이어졌다는 가설이다. 대멸종의 이유가 연쇄적이고 복합적이라는 것이다. 그러한 대변화가 지구에 흔적으로 남겨져 있다.

최근 텍사스대학교 지구물리연구소팀은 멕시코 유카탄반도 연안에서 암석을 채굴했다. 이들은 소행성 충돌의 흔적(숯, 모래층, 토양 곰팡이 등)을 발견하고, 그 기록을 복기했다. 소행성 충돌은 제2차 세계대전 당시 사용했던 원자폭탄 100억 개와 맞먹는 위력을 가졌을 것으로 추정한다. 연구에 참여한 한 학자는 그 과정을 두고 "지구를 불로 튀긴 다음에 얼렸다"고 표현했다.[1]

그렇다면 인류세라는 지질학적 시기는 무엇이 기록되었다는 것일까? 인간의 흔적이다. 플라스틱, 닭 뼈, 우라늄, 시멘트 등이 홀로세와 구분되는 지질학적 증거다. 즉 인간이 소행성이나 화산 폭발, 쓰나미와 같은 강력한 지구 변화의 요인이라는 것이다. 지질시대 구분은 수백만 년을 단위로 하는데, 인류세 단위의 기점은 고작 농경시대로부터 제2차 세계대전 이후로 보기 때문에 그 기간이 상당히 짧다. 그럼에도 인간의 흔적이 지질에 남겨진 것이다. 이것이 우리 시대를 인류세라는 새로운 지질 시기로 구분하자는 과학계의 문제의식이었다. 그러나 인문학은 그러한 문제의식을 확장하면서 인간과 지구, 환경, 생명에 대해 근본적인 질문을 한다.

인류세는 환경에 대한 지질학적 전회를 의미한다. 여기서 환경은 지구적 관점에서 접근되어야 한다. 인류세는 인간이 지층에 특정한 흔적을 남길 만큼 강력하고 유해한 존재라는 성찰적 앎을 제공하면서 동시에 지구가 무엇인지 다시 묻게 한다. 기존 생태학은 인간을 환경과 자연을 오염시키는 주범으로 비판했으며, 인간을 자연의 부분으로 인식했다. 인류세적 관점은 그러한 문제의식을 공유하면서도 뛰어넘는다. 즉 인간은 자연의 일부라기보다 연결되었다는 관점을 강화한다. 기존의 생태학에서 인간은 자연의 일부라는 생각은 자연과 인간이 분리되었다는 관점을 전제로 한다. 그러나 인류세는 인간과 자연을 지구적 관점과 관계의 측면에서 바라보게 한다. 공간뿐 아니라 시간적으로도 말이다. 이에 대해 디페시 차크라바르티(Dipesh Chakrabarty)는 인류세를 인간의 시간과 지구의 시간이 교차하는 새롭지만 난감한 곤경의 시대라고 말한 바 있다. 45억 년 지구 역사와 1만 년 인간(문명)의 역사, 그리고 몇 백 년 자본의 역사를 교차시킬 때, 자연과 인간, 지구와 인간은 이전과는 다르게 배치될 뿐 아니라, 존재방식이 다르게 보이기 때문이다.

지구란 무엇일까? 우리는 지구를 자명한 것으로 받아들이고 있지만, 지구에 대해서 무지하다. 지구과학은 행성 지구를 기상학(대기), 지질학(지구 표면), 해양학(바다), 지구물리학(지구 속) 등으로 구획해서 접근하는 학문이다. 세분화된 지구과학은 바닷물의 염도가 왜 일정한

가에 대한 해답을 내놓을 수 있을까? 해양학은 바다에서만 염도를 탐구하고, 대기화학은 대기에서만 나트륨을 측정할 뿐이며, 기후학은 빗물에서만 계측한다. 따라서 과학자들은 자신들의 질문에 대한 합리적인 근거를 마련할 수 없었다. 하지만 가이아 이론은 바닷물의 염도가 하나의 요소로만 형성되지 않으며, 대기, 기후, 땅의 순환 시스템 속에서 가능하다는 가설을 내놓았다. 최근 가이아 이론은 지구시스템과학(Earth System Science), 지구생리학(Geophysiology)이라는 더욱더 과학적인 이름으로 학계에 진입했다.

가이아 이론은 지구를 불활성의 소극적 자연이 아니라, 상호의존적으로 순환하는 적극적인 활성체로 파악한다. 지구는 하나의 구체이며, 서로 연결되어 있다. 분과학문으로 전문화된 지구과학은 지구가 무엇인지, 무엇을 할 수 있는지 파악하기 어렵다. 지구를 상호 연결된 자기조절 시스템으로 가장 먼저 접근한 학자가 제임스 러브록이다. 러브록이 주창한 가이아 이론은 지구의 능력을 활성화된 시스템으로 설명한다는 점에서 지구의 능력이 무엇인지를 부분이 아니라 전체의 관점에서 알게 해준다.

우리는 지구를 분과 학문적 앎이 아니라, 지구에 거주하는 수많은 생명체와 비생명체 간의 연결 구조에 대해 알아야 한다. 우리는 지구에 거주하는 무수한 존재들 중 하나이며, 다른 요소들 없이 존재할 수 없기 때문이다. 가이아 이론은 지구를 하나의 살아 있는 거대한 연결 시스템으로 파악한다. 따라서 우리는 가이아 지구에 대한 이해 없이는 인류세가 무엇인지, 인류세적 재난을 어떻게 해결할 것인지, 그리고 인간과 생명이 무엇인지에 대해 알기 어렵다. 인류세는 가이아 지구에 대해 이해할 것을 논리적이고, 실천적 차원에서 요청한다. 제임스 러브록의 '가이아 이론'의 구조와 특징을 이해함으로써 지구를 새롭게 이해하고,[2] 홀로세적 삶에서 인류세적 삶으로 전환하기 위한 실천적 방향을 모색해보고자 한다.

우주에서 지구를 내려다보다

제임스 러브록의 가이아 이론은 생물권에 의해서만이 아니라, 대기, 해양, 암석 등 지구의 무생물권이 함께 지구 조절 작용에 관여함으로써 항상성을 유지하는 자기조절 시스템으로 정의할 수 있다. 지구는 생물권과 비생물권이 상호작용하면서 스스로 조절하고 변화하며 진화하는 시스템이라는 것이다. 러브록은 가이아 가설을 어떻게 고안하게 된 것일까? 흥미롭게도 이 가설은 냉전시대에 미항공우주국에서 진행한 '화성 생명체 탐사 프로젝트'에 참여하면서 시작되었다. 가이아(Gaia)라는 그리스 여신의 이름으로 명명한 러브록의 이론은 비과학적인 신화에 기초한 자연 예찬론으로 보일지도 모른다. 당시 가이아에 대한 반발은 과학계에 상당했다. 리처드 도킨스(Richard Dawkins)는 박테리아와 나무와 동물들이 환경을 결정하기 위해 회의를 개최했단 말이냐고 반문하면서, 가이아 이론을 '나쁜 시적 과학'이라고 비판하기도 했다.[3] 러브록은 과학계가 가이아에 대해 덜 반발했다면 아마도 미래에 대한 인간적이고 정치적인 결정을 내릴 시간을 20년은 더 벌었을지 모르겠다고 한탄했다.[4]

　가이아 이론은 지극히 과학적 환경에서 얻어졌다. 그 생각은 "내가 캘리포니아 제트 추진연구소에서 일하던 1965년 어느 날 오후 갑자기" 떠오른 것이라고 한다. 그때 러브록이 했던 연구는 외계에서 지구 대기권을 내려다보는 것(탑-다운 방식)이었다. 냉전 과학시대는 지구를 내부에서가 아니라, 외부에서 바라볼 수 있는 기술을 제공하였다.

인공위성에서 찍은 파랗고 하얀 유리알처럼 생긴 지구는 우리가 지구를 위에서 아래로 내려다 볼 수 있는 시선을 제공한다. 러브록은 1970년대에 다음과 같은 글로『가이아』의 서문을 연다.

내가 이 글을 쓰고 있는 지금 두 대의 바이킹 호 우주선이 지구로부터의 착륙 명령을 기다리면서 우리의 자매 혹성 화성의 주위를 맴돌고 있다. 우주선들의 임무는 화성에 현존하거나 과거 한때 존재했던 생물들 또는 그 흔적으로 찾는 것이다. (35쪽)

러브록이 참여한 미국의 화성탐사 프로젝트는 냉전시대의 대표적 산물이었다. 냉전시대는 제2차 세계대전 이후 세계 전체가 사회주의 대 자유주의 진영으로 나뉘어 적대적인 이념전쟁과 핵전쟁이 이루어지던 때다. 냉전시대는 과학의 시대였다. 1960년대 미국 군산복합체는 군사 연구, 개발 생산이 폭발적으로 증가하고, 그 연구가 외부 산업체나 대학의 용역으로 진행되었다. 냉전 과학의 특징은 거대과학(Big Science)이었는데, 대규모 값비싼 장치들, 연구소의 기업화, 엄청난 과학자 수, 어마어마한 비용을 일컫는 말이다.[5] 아이러니하게도 이 시기 러브록과 같은 대학의 연구자들은 냉전 과학의 주역이었다. 그래서 러브록의 가이아 이론이 과학기술 권력으로부터 배태된 것으로 보는 비판적 시선도 존재한다. 그러나 가이아 이론은 역설의 역설로서, 폭력의 시대 한복판에서 근본적 평화를 제공할 수 있는 가설로 탄생했다.

제임스 러브록은 1919년 영국 런던의 가난한 노동자 부모에게서 태어났다. 그는 맨체스터 대학에서 화학을 공부했으며, 제2차 세계대전이 발발하자 양심적 병역자로 등록했다가 열대의학대학에서 박사학위를 받았다. 미국 예일대 등에서 연구원 생활을 했지만, 주류 과학계로부터 떨어져 독립연구자로 활동했다. 그는 1960년대에 '전자포획감지기'를 발명한 발명가이기도 했다. 이것은 미량의 화학 물질을 감별해내는 데 놀라운 성능을 가진 장치였다. 이 장치를 부착하면 남극 펭귄에서부터 여성의 모유에 이르기까지 농약 잔류물을 검출할 수 있다. 이 발명품 덕분에 레이첼 카슨(Rachel Carson)의 『침묵의 봄』이 나올 수 있었다고 한다. 이 장치로 큰돈을 벌 수 있었을 텐데, 그는 세속적 풍요를 포기하고 탐구와 환경 활동에 전념하였다. 그는 그 공을 인정받아 1990년 영국 여왕으로부터 작위를 받았으며, 100세가 가까운 나이에도 왕성한 환경운동과 글쓰기를 하고 있다. 러브록이 쓴 『가이아』의 부제는 '지구의 생명을 보는 새로운 관점(A New Look at Life on Earth)'이다. 가이아에 대한 아이디어는 '생명이란 무엇인가'라는 질문에서부터 시작된 것이다.

러브록에 따르면 당시 화성에 존재하는 생물체의 근거는 지구에 존재하는 생물체와 같을 것이라는 가정에 근거하여 실험이 진행되었다. 하지만 그는 다른 문제로 관심을 돌렸다. '만약 화성에 생물이 살고 있다고 해도 우리는 어떻게 그들을 확인할 수 있을까?'라는 질문이었다. 그것은 곧 '생명이란 무엇일까?'라는 질문이다. 슈뢰딩거와 같은 학자들 역시 생명을 정의하려고 노력했는데, 생물이란 개방적이거나 연속적인 시스템으로 보았다. 생명체란 외부 환경으로부터 취한 에너지와 물질을 사용하고, 분해산물을 체외로 배출시킴으로써 자신의 내부 엔트로피를 감소시킬 수 있는 기능을 갖는 구성원으로 정의 내린다. 흥미롭게도 러브록은 그러한 관점을 생명체를 인식하는 옳은 방향이라고 판단했다. 어떤 행성에 생물이 존재한다면, 그들은 먹이와 배설물을 통과시키기에 필요한 유체 매질(바다, 공기 등)을 통로로 사용할 것으로 생각했다. 하지만 화성에는 바다가 없다. 그렇다면 대기 조성이 문제였다. 생명체가 있다면 행성의 대기 조성은 달라질 것이 분명했다.

러브록은 이 아이디어를 확장했다. 생물체가 존재하려면 대기의 화학적 조성이 어떻게 이루어졌는지에 관해 연구를 시작했다. 이때까지만 해도 대부분의 지구화학자들은 대기를 지구 형성의 최종 산물로 간주했으며, 무생물적 작용에 의해 현재의 대기가 만들어졌다고 주장했다. 가령, 산소는 원시 지구 상태에서 수증기 입자가 파괴되면서 만들어졌는데, 이때 가벼운 수소는 우주로 날아가고 여분의 산소만 남겨진 것이라고 과학자들은 생각했다. 즉 그들은 산소를 대기에서 자연적으로 만들어진 것으로 보았던 것이다. 전통적인 과학자들은 생물체가 대기에서 기체를 잠시 빌렸다가 다시 되돌려준다고 믿고 있었다. 그러나 러브록은 완전히 다른 관점에서 대기권을 포착했다. 그는 대기권(atmosphere)을 생물권(biosphere)의 연장체로 생각했던 것이다.

화성의 대기는 대부분 이산화탄소로 구성되었고, 지구의 대기와는 달랐다. 미국은 화성 생물체 탐사프로젝트를 포기했다. 러브록은 우주탐사의 진정한 성과를 외계로부터 지구를 바라볼 수 있는 기회라고 평가한다. 청록색의 아름다운 구체를 주시하면서 이전과 다른 질문과 해답을 갖게 되었기 때문이다. 그는 이 탐다운 방식의 시선을 통해 지구 생물에 대한 새로운 관점을 갖게 되었던 것이다.

러브록은 1967년 이 가설을 확립하기 시작한다.

지구 대기권의 화학적 조성은 정상 상태의 화학평형에서 기대되는 값들과는 아무런 관련이 없다. 현재의 산화성 대기 중에 존재하는 메탄 가스와 아산화질소, 심지어 질소까지도 10의 10승 이상 화학평형의 법칙을 거역하고 있다. 이런 엄청난 규모의 비평형 상태는 무엇을 의미하는 것일까? 그것은 대기권이 단순히 생물체들이 만들어낸 산물일 뿐만 아니라, 생물학적 구조물에 더욱 밀접하다는 점을 시사하고 있다. 마치 고양이의 털가죽, 새의 깃털, 벌집의 얇은 벽들과 같이 대기권도 생물계의 연장으로 주어진 환경을 유지시키도록 고안된 것이라고 생각할 수 있지 않을까? (50쪽)

고양이와 털가죽은 서로 분리될 수 없기 때문에 고양이털까지 고양이로 봐야 한다. 그런 것처럼 대지와 대기는 하나로 연결된 가이아다. 달팽이 껍데기가 달팽이의 일부인 것처럼 대기나 암석도 가이아의 일부다. 이러한 사실은 시골 농부에게는 너무나 당연한 이야기인데, 도시사람이나 학자들에게는 가설로 정식화해야 한다는 것이 놀라운 일이었다고 그는 쓰고 있다. 러브록은 1968년 한 학회에서 가이아 가설을 처음 발표했는데, 당시에는 린 마굴리스(Lynn Margulis) 박사만이 호의를 보였다고 한다. 그는 공생발생론을 주장한 린 마굴리스와 가이아

가설에 대해 공동 논문을 쓰면서 연구를 진행했다. 린 마굴리스의 독특한 생명이론도 주목할 만한 것이다. 이후 그들은 가이아를 지구의 생물권, 대기권, 대양, 토양까지 포함하는 하나의 복합적 실체(complex entity)로 정의하기 시작한다.

러브록은 묻는다. 가이아가 존재한다면, 가이아와 인간의 관계는 어떻게 될까? 그는 가이아를 통해 인간의 지위와 관계를 재설정한다. 가이아 입장에서 인간의 중요성은 미생물군을 따라가지 못한다. 수에 있어서나 역할에 있어서나 그렇다. 러브록은 가이아 이론이 자연을 정복해야 하는 대상으로 간주하는 인간의 독선적 견해에 대한 대안이 될 것이라고 예고한다. 또한 지구를 아무런 목적 없이 태양계 주위를 방황하는 '애달픈 우주선'으로 표현하는 비관주의에 대한 대안도 될 수 있다고 주장한다. 우리는 가이아 이론에서 지구의 탁월한 생명적 능력을 발견하고 동시에 탈인간적 겸손함을 배울 수 있을 것이다.

활성화된 가이아

생명체가 살고 있는 지구의 대기구조는 기묘하다. 자연적 평형 상태에서는 결코 이루어질 수 없는 구성비로 이루어져 있다. 무생물적 평형 상태의 지구 모습은 어떨까? 비평형 상태는 원리적으로 에너지를 추출할 수 있는 상태를 말한다. 모래알이 높은 곳에서 낮은 곳으로 흘러내리듯이 말이다. 평형 상태에 이르면 에너지 준위가 모두 같아져 추출 가능한 에너지는 없다. 그러나 실제 세상은 100개 이상의 화학원소가 존재하며 복잡하게 서로 결합되어 있다. 반면 평형세계는 화학적 조성이 어떤지 중요하지 않다. 중요한 것은 그런 세계에서는 어떤 에너지원도 존재하지 않는다는 점이다. 비도 내리지 않고, 파도도 조류도 없다. 그런 세계는 설사 따뜻하고 습기가 있어도 생물이 탄생할 수 없다.

현실 세계와 가상의 화학평형 세계에서의 대기와 해양의 조성을 비교할 수 있다.

	물질	주요 구성원의 비율	
		현실세계	화학평형세계
대기	이산화탄소	0.03	98
	질소	78	0
	산소	21	0
	아르곤	1	1
해양	물	96	85
	소금	3.5	13

화학평형세계(무생물 지구)와 현실 세계(생물 지구)의 물질 구성요소는 거의 같다. 단지 구성 비율에서 큰 차이가 난다. 생물이 사는 지구의 대기조성 비율을 기묘하다. 현재 바닷물의 염도는 3.5퍼센트다. 만약 현실 지구세계의 바닷물 염도가 화학평형 세계에서나 있을 법한 13퍼센트를 유지한다면 어떻겠는가? 바다는 생명체에게 끔찍한 환경이었을 것이다.

금성과 화성에는 생물이 살지 않는다. 생물이 사는 지구와 같은 기체로 이루어져 있지만 상당히 다른 구성 비율로 이루어졌음을 알 수 있다. 왜 그런 것일까? 생명체와 비생물체는 상호적으로 연결되어 생명체를 유지할 수 있는 조건으로 만들기 때문이다. 러브록은 그것을 사이버네틱스로 설명한다.

가이아는 사이버네틱 시스템이다

사이버네틱스(cybernetics)는 키잡이(kubernetes), 조타수를 의미하는 그리스어에서 유래된 말이다. 살아 있는 생물체나 복잡한 기계에서 나타나는 자기조절 시스템(self-regulating system), 즉 제어와 통신에 관한 이론이다. 이것이 가이아와 어떤 관계에 있다는 것일까? 모든 생물의 특성 중 하나는 목표를 설정하고, 목표에 도달하기 위해 시행착오라는 사이버네틱 과정을 통하여 적절한 시스템을 개발하고, 가동시키고, 유지하는 능력이다. 이것은 무슨 말인가? 가이아는 생명체나 인공지능기계처럼 목표를 설정하고 시스템을 만들어 지속적으로 가동시킨다는 뜻인가? 말이 되는가? 러브록은 말이 된다고 확신한다.

사이버네틱 시스템은 순환 회로를 가지고 피드백을 실행한다. 간단한 사이버네틱 시스템은 온도조절계가 달린 기계들이다. 냉장고, 전기오븐, 전기다리미, 난방장치들이 그 예다. 러브록은 가정용 전기오븐을 예로 들어 설명한다. 전기오븐은 구조상 온도조절 장치와 발열장치가 내장되어 있다. 가령 온도를 150도로 맞추었을 때 오븐에서 순식간에 열이 방출되어 오븐 내부의 온도를 150까지 상승시킬 것이다. 온도조절기가 150도를 감지하는 순간 전기는 차단된다. 그러나 조금 지나 150도 밑으로 온도가 떨어질 것이고, 그러면 다시 전기를 공급하여 150도를 유지하도록 열을 방출한다. 이처럼 오븐의 온도 조절 사이클은 반복된다. 여기서 중요한 것 중 하나는 오차범위다. 오븐에서 150도란 사실 정확하게 150도일 수 없다. 150도를 약간 상회하거나 하회하는 사이클을 통해 150도를 오르락내리락하며 유지하는 것이다. 즉 사이버네틱스란 '감지-조절-반응'의 순환 시스템이다.

사이버네틱 시스템은 왜 작동되는 것일까? 여기서 항상성을 주목할 필요가 있다. 러브록은 가이아 지구를 전기오븐이나 난방기 같은 거대한 사이버네틱 시스템이라고 주장한다. 가이아는 자율적이고 능동적으로 주위 환경을 감지하고 조절하며 반응함으로써, 지구의 생명체가 살아갈 수 있는 조건을 형성한다는 것이다. 러브록은 가이아 지구를 마치 생물체처럼 행동한다고 가정한다. 사람들은 추울 때 몸을 떠는 행위를 함으로써 발열반응을 촉진하고, 더울 때는 땀을 흘림으로써 체온을 유지한다. 외부 온도는 수시로 변하지만, 우리 몸이 36.5도를 유지하는 것은 사이버네틱 시스템처럼 몸이 움직이기 때문이다. 이것이 인간

몸의 항상성(homeostasis)이다.

가이아도 마찬가지다. 가이아 지구는 하나가 아니라 무수히 많은 온도조절 메커니즘이 작동하여 항상성이 유지된다. 앞서 살펴본 지구의 대기구조가 화성의 대기 구조와 다른 이유도 여기에 있다. 지구의 대기는 해양 물질과 생명체의 활동과 연결되고, 동시에 땅의 다양한 활동과 순환 고리를 가지고 형성된다. 지구의 온도조절장치는 오븐의 조절장치보다 훨씬 복잡하고 규모면에서도 크다. 가이아는 최상의 온도조절 메커니즘을 추구해왔으며, 그 결과 오늘의 정교한 시스템을 갖추었다. 과거 전통적인 과학자들의 생각처럼 현재의 대기 상태는 자연적으로 형성된 최종 결과물이 아니라는 것이다.

러브록은 폐쇄 루프(close the loop) 방식[6]의 온도감지기를 예로 들면서 정보의 조절시스템을 설명한다. 폐쇄형 루프는 피드백과정에 의해 제어되기 때문에, 외부의 변화에 대응하고, 목표값에 도달 가능한 장점을 갖는다. 양의 피드백이나 음의 피드백은 외부의 신호나 정보값으로서 되먹임 되는 방식이다. 가령 운전자가 너무 차를 빨리 몰 때 당신이 "속도를 늦추세요"라고 말한다면, 이것은 음의 피드백이다. 그러나 운전자가 경고를 무시하고 더 빨리 달린다면, 그것은 양의 피드백이 된다. 이처럼 조절시스템에서 정보란 중요한 것이다. 러브록은 전기오븐, 잠자는 고양이, 가이아 모두 독자적으로 정보를 수집하고 저장할 수 있는 자가적응력이 있다는 점에 주목한다.

하지만 가이아의 사이버네틱 시스템이 의도나 목적에 맞추어져 있다는 속단을 하지 말라고 러브록은 강조한다. 그럼에도 동시에 적응과 진화(조절과정)가 가이아의 목적에 기여할 수도 있을 것이라고 말한다. 목적적일 수도 있고 그렇지 않을 수도 있다는 교묘한 결론을 도출하고 있는 것이다.

가이아 이론의 핵심은 사이버네틱스에 있는 것 같다. 지구의 복잡한 운동이 조절과정과 피드백과정에 의해 항상성으로 이어지기 때문이다. 사이버네틱스가 묻는 것은 '이것은 무엇인가?'가 아니라, '이것은 무엇을 할 수 있는가'이다. 사이버네틱스는 본질적으로 기능적이며 행동성에 초점을 맞춘다. 이 행성에 범지구적 규모의 조절시스템이 존재하며, 그것이 동식물을 부분품으로 이용하면서도 능동적 기능을 발휘함으로써 지구의 기후, 화학적 조성, 지표면의 지형 등을 변화시키고 있다는 이론을 뒷받침할 근거는 많다.

기묘한 산소(O_2) 이야기

'창백한 푸른 점(pale blue dot)'은 지구에서 61억 킬로미터 떨어진 거리에서 본 지구에 붙여진 이름이다. 칼 세이건(Carl Sagan)은 지구를 광활한 우주에 떠 있는 아주 보잘것없는 창백한 푸른 점이라고 명명하면서 피비린내 나는 인간의 오만한 역사를 비판했다.[7] 물론 그는 지구를 생명의 고향이라고 이름 붙였지만, 그러한 성찰은 외계에서 지구를 바라볼 수 있는 기술 때문이었다. 외계의 시선은 지구를 다르게 볼 수 있는 시선을 제공한다. 러브록 역시 외계의 시선을 통해 지구와 생명이 무엇인지 탐사할 수 있었던 것이다. 특히 그러한 시선은 대기권의 성질을 밝히는 데 도움이 되었다.[8] 러브록은 대기 환경이 기체들의 단순 집합체가 아니라, 생물학적으로 중요한 역할을 하고 있다는 것을 밝혔다.

산소는 대기에서 가장 중요한 기체다. 산소는 땅에서 살아가는 녹색식물과 바다에서 주로 살아가는 조류(algae)의 광합성으로 만들어진다. 윌리엄 루비에 따르면 녹색식물과 조류의 생체조직에 유기물 형태로 고정된 탄소가 퇴적암 층에 묻히고, 그 결과 대기 중 산소가 증가한다. 식물과 조류의 사체가 퇴적암에 쌓일 때, 탄소 원자 하나가 땅 속에 묻히면서 산소 분자 하나를 지상에 남겨놓는 비율로 대기 중의 산소 농도는 증가한다. 만약 그런 과정이 없다면 풍화작용, 지각운동, 화산 분출 등에 의한 환원성 물질이 산소와 반응하기 때문에 산소 농도는 낮아지게 되었을 것이다. 하지만 산소 농도는 21퍼센트를 유지하고 있다.

현재 유지되고 있는 산소 농도 21퍼센트는 위험과 혜택이 절묘하게 배합되어 있다. 만약 산소 농도가 약간만 높아져도 자연발화의 위험성은 커진다. 현재 농도에서 1퍼센트 증가될 때마다 번갯불에 의해 화재가 발생할 가능성은 70퍼센트나 높아진다. 산소 농도가 25퍼센트를 넘으면, 땅은 대화재에서 살아남기 어려울 지경이 된다. 반면에 산소 농도가 낮아진다면 생명체의 활동은 저조하게 될 것이다.

산소 농도는 왜 일정하게 유지되는 것일까? 처음부터 대기권의 조성비율이 그렇게 된 것이기 때문일까? 러브록은 그것을 가이아 이론에서 찾는다. 먼저 메탄 가스(CH_4)의 작용을 살펴보자. 메탄 가스는 소의 방귀 때문이라고 알려진 만큼, 생물학적 작용의 산물이다. 그런데 대부분의 메탄 가스는 해저, 습지, 하구 등 탄소 화합물이 풍부하게 묻혀 있는 장소에서 혐기성 미생물에 의해 만들어진다. 혐기성 미생물

(anaerobea)이란 산소가 필요 없이 성장하는 미생물을 말한다. 이 미생물에 의해 생산되는 메탄 가스의 양은 매년 5억 톤이나 될만큼 어마어마하다. 이토록 많은 양의 메탄 가스는 왜 만들어지는 것일까? 산소와 어떤 작용을 하는 것일까? 진흙탕 속에서 방울방울 솟아나는 메탄 가스는 혐기성 미생물의 관점에서 본다면, 자신에게 해로운 산소를 내보내는 것이 된다. 진흙탕 속에 있는 휘발성 유독 물질들이 효과적으로 제거되는 셈이다.

메탄 가스는 두 가지 측면에서 산소의 농도를 규제한다. 첫째, 성층권에서 일어나는 규제다. 성층권으로 날아간 메탄 가스는 분해되어 물분자를 공급하게 되는데, 물 분자는 산소와 수소로 갈라진다. 산소는 아래로 내려와 대기권 산소 농도를 높이는 데 기여한다. 둘째, 대기권에서 일어나는 규제다. 지표에서 가까운 대기권에서 메탄 가스의 산화로 매년 약 10억 톤의 산소가 소모된다. 만약 메탄 가스가 없었다면, 공기중 산소 농도는 2만 4000년마다 1퍼센트씩 증가할 것이다. 이 시간은 지질학적으로 아주 짧다. 산소 농도 증가가 너무 급속해서 생물학적으로 상당히 위험하게 될 것이다. 그렇게 본다면 메탄 가스는 산소를 증가시키거나 규제하면서 산소 농도 21퍼센트를 유지하게 한다.

고약한 냄새가 코를 찌르는 해저, 호수, 연못의 진흙탕 속에 살아가는 혐기성 박테리아는 지구 생명체의 삶에 큰 기여를 한다. 그들이 없다면 책을 읽을 수도, 쓸 수도, 맛있는 음식을 먹을 수도 없다는 사실은 흥미롭다. 가이아에서 가장 큰 역할을 담당한 생명체는 바로 미생물이다. 박테리아가 생산하는 메탄 가스가 없었다면, 공기 중 산소 농도는 계속 증가하여 지구 전체가 불에 타버릴 수 있을 것이다. 하지만 박테리아에게는 큰 재난은 아니다. 인간은 거의 멸종에 이를 만한 대재난이겠지만 말이다.

생명체의 호흡과 미생물 발효에 관여하는 기체가 이산화탄소(CO_2)다. 공기 중에 있는 이산화탄소보다 약 50배나 더 많은 양의 이산화탄소가 바닷물 속에 녹아 있다. 만약 대기 중의 인산화탄소 농도가 감소하면, 바닷물 속에 있는 막대한 이산화탄소가 공기 중으로 방출되어 정상 농도로 회복할 것이다. 현재 인류가 화석연료를 과다하게 사용하여 이산화탄소 농도가 급격하게 증가했다. 이산화탄소는 지구 온난화의 주범이 되어버렸다. 러브록은 이산화탄소의 농도를 통제하여, 평형상태에 도달하도록 도와주는 간접적인 방식에 주목한다. 1970년대에 쓰인 책이기 때문에 다소 낙관적인 태도를 보이는데, 이후 『가이아의 복수』에서 지구재난을 심각하게 다루고 있다.

하지만 그는 다른 생태주의자들처럼 기술을 혐오하지 않는다. 4차 산업혁명 이후 발전된 과학기술이 기후변화나 환경재난을 극복할 수 있는 방법이 될 것인가에 대한 논란이 많이 있다. 러브록은 과학기술이 대규모 재난을 막아줄 것이라는 긍정적 관점에 있는 것은 분명하다. 그가 최근 지구의 미래를 '노바세(Novacene)'로 명명한 데서 알 수 있다. 인공지능 로봇과 인간이 가이아 지구에 거주하는 미래 세계를 기술 우위의 입장에서 예측한 것이다. 러브록에게 기술발전은 다윈의 진화이론처럼 자연스러운 것이다. 인류세에서 기술의 결합이 가이아에 어떤 도움이 될지, 과학기술만능주의와 어떻게 다른지에 대해서는 더 많은 논쟁이 있어야 할 것이다.

가이아 이론은 대기권이 해양권이나 지권의 연장체이며, 이들의 상호작용에 의해 지구의 항상성이 유지된다고 파악한다. 가이아는 현재에도 자신의 시스템을 작동시키고 있다.

가이아는 이산화탄소를 어떻게 다루고 있을까? 최근 남극해에서 조류 생장이 활발해져 엄청난 양의 대기 중 이산화탄소를 흡수하고 있는 것으로 드러났다. 남극해의 면적은 전체 대양의 25퍼센트에 불과하지만, 남극해에 서식하는 조류가 흡수하는 이산화탄소의 양은 전체량의 40퍼센트에 이른다. 해양학자들은 조류가 이처럼 많은 양의 이산화탄소를 흡수하기 위해서는 철이 필요한데, 그것이 어디로부터 공급되는지를 몰라 궁금해하고 있었다. 스페인과 칠레 과학자들로 구성된 공동 연구진에 따르면, 기후변화로 인해 남극 대륙의 암석이 대기 중에 노출되면서 철 성분이 암석에서 빠져나와(여기에도 미생물이 개입한다) 바닷물로 유입되었기 때문이다. 흥미로운 것은 암석의 노출이 최근 거대한 기후변화에 의해 일어났다는 것이다. 그렇다면 가이아 스스로 이산화탄소를 줄이고 있는 것이다.

또한 해파리가 이산화탄소를 바다 밑바닥에 저장한다는 연구가 있다. 독일 게오마어(GEOMAR) 헬름홀츠해양연구소 연구진은 죽은 해파리가 플랑크톤보다 빠르게 바다 밑으로 가라앉으면서 이산화탄소를 흡수해 깊은 해수층에 탄소를 저장한다는 사실을 밝혀냈다.[9] 해파리는 지구 생물체 가운데 중요하게 여겨진 적이 없었다. 그러나 해파리는 이산화탄소를 적절하게 규제하는 주요한 온도조절장치 중 하나였던 것이다.

가이아는 인간과 상관없이 자신의 시스템을 작동시키고 있다. 가이아는 자신을 회복하기 위한 다양한 방법을 시도하고 있을 것이다. 생물과 무생물, 바다와 대기, 땅과 바다는 서로 상호의존하면서 작동하면서 생명체를 위한 환경을 만들고 있다. 우리는 가이아를 알아야 하고, 신뢰해야 한다.

가이아의 딜레마들

가이아 이론은 의미의 스펙트럼이 넓고 독특하기 때문에 논쟁적 지점이 많다. 가이아라는 명칭에서부터 그렇다. 작가 윌리엄 골딩이 러브록의 구상에 그리스 신화에 등장하는 대지의 여신 '가이아'라는 이름을 붙여주면서 신비하지만 모호한 특성을 부여받았다. 가이아는 그리스 신화에 나오는 대지의 여신, 만물의 여신, 창조의 어머니 신이다. 대지의 여신이라는 이름은 마치 생명을 낳고 길러주는 모성성으로 인식하게 한다. 하지만 가이아는 생명을 사랑으로 키우고 보호하는가? 가이아는 그런 메커니즘이 아니다. 시스템의 한 요소일 수는 있어도 말이다. 러브록은 '복수하는 가이아'라는 표현을 통해 기후변화 및 지구위기에 경종을 울리고자 했다. 이때 가이아는 복수의 칼날을 휘두르는 피도 눈물도 없는 냉담한 성격으로 드러난다. 이처럼 가이아는 자애롭고 사랑스러운 어머니가 아니다. 사이버네틱 시스템은 특정한 목적에 정향되어 있지 않으며, 피드백과정으로 작동한다. 음의 피드백인가 양의 피드백인가에 따라 작동할 뿐이다. 여신 가이아는 따뜻하고 풍성한 젖가슴을 가진 대지의 여신이라고 보기에는 다소 냉담하고 가차 없다. 지구 생명의 역사에서 다섯 번의 대멸종과 크고 작은 규모로 진행된 국지적 멸종은 수도 없이 많을 것이다.

가이아는 여성을 자연과 동일시하면서 차별하는가? 가이아라는 여신의 이름은 여성에 대한 오해와 차별을 낳을 수 있다. 자연과 여성을 동일시하는 관점은 반여성적이다. 여성을 여신으로 승격시키는 것은 여성혐오 기제가 작동하는 방식이다. 여성은 지구나 자연처럼 대상화되는 존재라는 점에서, 이성적 남성으로 대표되는 인간의 반대편에 놓이기 때문이다. 가이아라는 이름은 논쟁을 야기하는 장소가 된다. 따라서 가이아에 대한 탈신비화, 탈젠더화 작업이 필요하다.

가이아는 환경위기에 대해 낙관적인가 비관적인가? 러브록은 1970년대 가이아 이론을 전개하면서 환경오염을 크게 문제시하지 않았다. 인간이 쓰레기를 던지는 것은 다른 동물들이 숨을 쉬는 것과 같은 자연적 현상으로 보았다. 20억 년 전 자유산소가 대기권에 처음 나타났을 때 일어난 대기오염 상황은 대다수의 생물을 위협하는 수준이었다. 그것에 비한다면 1970년대의 환경오염은 작은 규모의 재난이라는 것이다. 가이아는 자가 조절되기 때문에 그 정도 오염은 스스로 해결할 수 있다. 영국 공업단지 주변에 발견된 얼룩나방의 날개색이 엷은 회색에서 검은 색으로 바뀌었지만, 숲이 깨끗해지자 원래의 회색빛으로 바꾸었다. 도시의 장미는 시골의 장미보다 더 잘 자란다. 도시의 아황산가스가 장미를 괴롭히는 곰팡이를 억제하기 때문이다. 가이아 시스템은 작은 규모의 재난을 회복 가능하게 한다. 그러한 예는 충분히 많다.

오염물질은 아황산가스, 할로겐 화합물, 발암성 물질, 방사능 물질과 같은 것인데, 이들은 어느 정도까지는 자연에서 만들어진다. 게다가 생물종으로서의 인류는 오염물질에 이미 잘 적응하고 있다. 그는 역설적으로 "지상에는 오직 한 종류의 오염이 있는데 그것은 인간 그 자체"(238)라고까지 했다. 이러한 관점은 러브록이 가이아 시스템을 신뢰할 뿐 아니라 나아가 낙관하고 있음을 알 수 있다. 러브록의 주장은 자연을 약탈하는 근대적 인식을 합리화한다는 비판을 받기도 하였다. 이후 그러한 입장은 『가이아의 복수』에서 달라지는데, 환경오염을 야기하는 인간활동에 대해 거세게 비판했다. 인간에 의한 폭력적 개입이 더 이상 가이아가 자율적으로 회복하기 어려운 시대로 평가했다. 우리는 이 시대를 인류세로 부르기 시작했다.

가이아는 인간중심적인가 아니면 지구중심적인가? 가이아에 대한 신뢰와 낙관은 러브록의 반인간중심적 사유에서 비롯된다. 그는 인간이 생물권을 책임지고 보살펴야 한다는 논리는 시혜적 식민주의와 마찬가지로 설득력이 없다고 주장한다. 인간의 책임론은 인간이 지구의 지배자는 아니더라도 집주인 정도는 된다고 생각하기 때문이라는 것이다. 그는 기존의 생태주의를 일관되게 비판한다. 이들은 기원이 어떠하든 인류 생태학의 성격을 갖는다고 본다. 인간의 문제를 비중 있게 다루는 인류 생태학과 달리, 가이아 이론은 대기권과 무생물적 속성을 관찰하는 데서 비롯되었다. 따라서 생태학이 인간의 문제의식으로 생물군을 다룬다면, 가이아는 지질학의 범주에서 생물을 다룬다. 그런 점에서 가이아 이론은 탈인간화된 관점을 유지한다. 가이아 이론에서 '지능'은 인간의 지적 능력과는 다른 개념이다. 지능은 모든 생물계의 속성인데, 환경변화에 반응하는 능력이다. 가이아 시스템이 자동적으로 진행된다고 하더라도, 필연적으로 지능적 사고가 필요하다. '주위 온도가 너무 높지 않은가?' '산소량은 호흡하기에 충분한가?'라는 질문에 대해 대답을 찾아가는 지능이 있어야 자동조절 시스템이 작동하기 때문이다. 또한 가이아 시스템을 설명할 때 인간의 역할과 기능은 전혀 두드러지지 않는다. 산소와 질소, 미생물과 조류에 비하면 인간종은 전혀 눈에 띄지 않는 요소다.

이러한 관점은 단지 인간 생명을 위한 가이아가 아니라, 가이아 중심적 가이아를 바탕에 둔 것이다. 그의 SF적 상상력은 인간 멸종 이후의 가이아를 묘사하기도 한다. 이와 같은 탈인간주의적 사유는 인류세의 문제의식과 연결된다. 인간이 지질학적 힘을 가진 존재라는 관점은 인간 책임론이 아니라, 인간주의에 대한 근본적 비판을 지지하기 때문이다. 인간이 가이아의 주인이라는 근대적 사고가 인류세적 재난을 야기했다. 가이아는 탈인간중심주의적 사유를 통해 인간이 누구인지를 분명하게 제시한다.

가이아는 살아 있는 생명체인가 아니면 은유적 표현인가? 러브록은 가이아를 사이버네틱 시스템이라는 기계적인 원리로 설명하면서도 동시에 살아 있는 생명체로 표현하였다. 가이아는 마치 생물조직과 마찬가지로 인간의 오장육부에 해당하는 핵심기관을 가지며, 인간의 사지와 같이 반드시 필요하지는 않지만 유용하게 이용할 수 있는 부수기관을 갖는다는 것이다.[10] 생명이란 무엇일까? 생명은 개념적으로 복잡해서 명쾌하게 정의내리기 어렵다. 생리작용, 신진대사, 생식작용 등을 생명의 특징으로 제시할 수 있지만, 어떤 것도 완벽하게 생명을 설명하기 어렵다. 그러한 생명 개념을 벗어나는 생명체는 많다. 박테리아는 대사작용 없이 존재할 수 있으며, 노새는 생식능력이 없는 생명체다.

최근 과학은 생명체와 비생명체의 경계가 모호하다는 증거를 인공 프로토셀(protocell)에서 찾기도 한다. 프로토셀은 구형(球形)의 무생물 분자 지질 복합체인데, 마치 살아 있는 세포처럼 자기조직화되고, 내생적으로 정렬되어 활동한다.[11] 이것은 생명체와 비생명체의 경계를 모호하게 만든다. 그렇게 생명을 정의한다면 가이아를 생명체로 봐도 문제될 것은 없는 것 같다. 생명에 대한 정의를 둘러싸고 수많은 논란이 존재한다. 가이아를 생명체라고 볼 수 있다면, 강한 인공지능이나 로봇에게도 생명이 있다고 말할 여지가 생긴다. 아직은 더 많은 논쟁이 필요하다.

가이아는 기술친화적인가? '지속가능한 퇴보'를 주장하는 러브록이 원전 지지자라는 사실은 놀랍다. 그는 기술을 적극 긍정한다. 그는 대기권만큼이나 기술권(technosphere)이 가이아의 일부임을 인정한다.[12] 그는 인간이 과학기술을 포기하는 것은 대서양 한가운데서 배를 버리고 수영으로 여정을 마치려는 것만큼이나 불가능하다고 보았다. 가령 소행성이 지구와 충돌한다면 수소폭탄의 일부를 로켓에 실어 보내 소행성 진로를 바꿀 수 있다. 지구 온난화를 완화하기 위해 지구와 태양 사이에 거대한 햇빛 가리개를 설치할 수 있다.[13] 그의 SF적 상상력은 낙관적 상상이 아니라 기술적 현실에 기초해 있다. 그는 원자력이 우주의 근본적 에너지로서 자연적인 에너지원으로 인식하고 있다. 방사능물질은 정상적인 자연의 일부이기 때문에 해롭지 않다고 판단하고 있다. 오히려 원전 주변에 있는 방사능물질에도 불구하고 생명체가 많이 살고 있다는 반론을 제기한다. 원전에 대한 찬반 논쟁은 진행 중이지만, 기후변화나 지구위기에 과학기술이 어떻게 활용될지에 대해서는 숙고해야 한다. 기술발전은 지속가능한 성장이라는 판타지를 충족시키는 허구 패러다임일 수도 있기 때문이다. 그렇다고 해서 심층생태론자들처럼 '자연으로 돌아가라'고 할 수 없는 일이다. 가이아와 기술친화 문제는 인류세의 핵심 쟁점이 아닐 수 없다.

러브록은 최근 인류세 대신 지적인 존재들이 지배하는 새로운 시대를 의미하는 노바세(Novacene)로 명명하면서, 강인공지능의 후예인 사이보그가 인류의 후임자가 될 것이라고 예측했다. 인간과 공존하는 사이보그는 과열된 가이아 지구의 온도를 낮추려고 노력할 것이다. 사이보그도 지구에 살고 있는 하나의 구성원이기 때문이다. 노바세에는 지구공학 프로젝트가 활발해질 것인데, 지구 생명체 전체가 협력해 지구적 재난을 해결해야 하기 때문이라고 보았다.[14] 그만큼 러브록은 기술발전을 자연스러운 진화과정으로 파악한다. 가이아가 인간 지능의 역할과 기술권(technosphere)을 가이아의 진화로 인식한다면, 러브록의 기술친화적 입장은 자연스러운 것이다. 하지만 기술의 방향이 어디를 향해 있는지, 기술만능주의적 입장은 아닌지, 자본의 이익과 어떻게 결합되어 있는지를 숙고하면서 진행해야 한다.

가이아는 생명을 사랑하는 어머니와 같은 사랑의 존재인가? 가이아는 반여성적인가? 가이아는 환경위기에 대해 낙관적인가 비관적인가? 가이아는 인간중심인가 아니면 가이아중심인가? 가이아는 살아 있는 생명체인가 아니면 은유적 표현인가? 가이아는 기술 친화적인가 아닌가? 이와 같은 질문들은 논쟁적이며, 가이아 이론이 현재성을 가지고 있다는 것을 깨닫게 해준다. 논쟁은 의미를 확장하고 심화한다. 인류세와 함께 가이아 이론은 실천적으로 조절되고 진화할 것이다.

가이아 2.0과 어스바운드

가이아는 이전에 우리가 알고 있었던 지구나 자연이 아니다. 자연은 지구상에 존재하는 인간이 아닌 비인간 영역 전체를 부르던 용어였다. 자연은 인간 문명에 필요한 자원재이거나, 인간의 이성적 능력을 대비하기 위해 상징물이거나, 혹은 인간보다 월등하게 크지만 인간 이성에 의해 포착 가능한 숭고한 대상으로 이해되었다. 그러나 가이아 지구는 이제까지 알고 있었던 자연 개념을 삽시간에 해체한다. 인간과 대비되거나 구별되는 자연은 존재 가능한가? 그러한 자연은 존재할 수도 없고, 존재한 적도 없었다. 그렇다면 문화(문명, 인간)에 대비되는 자연은 인간이 만들어낸 허구적 구성물이다. 인간은 가이아 시스템의 극히 일부 피드백에 관여하는 조절시스템인데, 가이아 시스템을 오작동하게 만들었다. 그리고 이 모든 책임을 자신이 지겠다고 하거나, 아니면 인간의 책임이 아니라 가이아 자체의 문제라고 우기기도 한다. 가이아는 인간이라는 자기조절장치를 어떻게 인지하고 피드백할 것인가?

앞서 살펴보았듯이 제임스 러브록의 가이아 이론은 탈인간적이다. 지구 시스템의 관점에서 본다면 인간종은 특별하지 않다. 오히려 가이아가 주목하는 것은 미생물이나 조류 같은 생명체나, 산소와 질소 같은 기체다. 수적으로나 기능적으로나 이들은 가이아를 활성화하는 토대를 제공하기 때문이다. 미생물은 인간의 내장기에 가장 많이 산다고 한다. 가이아는 인간을 통해 미생물을 키우고 있는 것은 아닐까 하는 의문이 들 정도다.

가이아 이론은 근대성을 뒤집는 비근대적 사유에 기초해 있다. 근대란 자연과 인간을 이분화한다. 인간은 자연 즉 동물, 사물 등 비인간의 영역이 구성될 때 비로소 인간이 된다. 인간의 이성적 탁월함은 어떻게 증명되는가? 그것은 돼지의 본능, 식물의 수동성 등과 같은 자연 비하적 은유와 비교할 때 분명해진다. 이러한 이분법은 끊임없는 위계질서를 재생산한다. 인간의 자리에 문명, 남성, 백인, 언어가 놓인다면, 비인간의 자리에 야생, 여성, 동물, 감정이 놓인다. 근대의 자연/인간 분리는 근대의 헌법이었다. 그러나 가이아 지구 시스템을 알면, 그러한 이분법은 자연스럽게 사라진다. 인간의 문명은 거대한 순환 경제 시스템 속에서 눈에 띄는 것이 아니다. 막대한 양의 식물과 조류가 수억 년 동안 탄소를 저장하고, 산소 농도가 일정하게 유지되며, 소금 역시 같은 농도를 유지함으로써 생명체가 살 수 있다고 할 때, 자연과 인간의 구분이란 아무 소용이 없다. 그리고 그러한 구분이 지구와 생명체에게 어떤 도움도 되지 않는다. 따라서 가이아 이론은 근대 개념 자체를 허문다.

가이아는 우리의 통념처럼 생명체를 사랑하는 따뜻한 어머니가 아니다. 지구가 유례없이 따뜻해지기 시작한 홀로세의 가이아는 어쩌면 자애로운 생명의 어머니였을지도 모르겠다. 하지만 러브록에 따르면 가이아는 사이버네틱 시스템이다. 전기오븐처럼 자동온도조절장치가 작동되는 루프 시스템이다. 단지 단순한 기계장치보다 피드백에 관여하는 요소가 복잡하고, 규모면에서 전 지구적이라는 차이가 있을 뿐이다. 가이아는 반드시 생명을 목적으로 삼지 않는다. 하지만 자율적인 조절작용은 생명에 최적화된 환경을 만들기 때문에 생명 진화를 돕는다. 다윈의 진화론과 배치되지 않는다는 점에서 꼭 목적성이 없다고도 말할 수 없다. 하지만 러브록의 데이지 행성 모의실험에서 알 수 있듯이, 가이아는 외부 조건의 변화를 재조절함으로써 스스로 항상성을 유지한다.

인류세가 문제로 삼는 것은 인간이 지질학적 힘으로 작용한다는 것이다. 러브록은 가이아의 복수로 은유하고 있는데, 가이아는 이제 인간종의 지속가능성에 무관심할 뿐 아니라, 복수의 칼날을 휘두르고 있다. 하지만 가이아가 복수를 할 만큼 강인한지는 분명치 않다. 가이아는 본래 화산이 폭발하거나 행성이 충돌했을 경우, 생명체의 대부분을 멸종시켰을 만큼 취약하기 때문이다. 강인하고 자애로운 생명의 여신이라기보다, 피드백에 예민하고 취약한 시스템에 가깝다. 하지만 상황에 적응하고 재조정하는 끈질긴 특징이 있다. 인류세는 생명의 어머니 가이아로부터 무심하고 취약한 가이아, 다소 과장된 표현으로 말한다면 복수의 칼을 휘두르는 가이아를 새롭게 발견하게 한다.

가이아 이론은 진화하고 있다. 브뤼노 라투르는 제임스 러브록의 가이아 이론을 '오리지널 가이아'라고 부르고, 인간을 인지한 가이아 시스템을 '가이아 2.0'으로 명명했다. 오리지널 가이아가 예측, 계획, 목표를 설정하지 않고 작동했다면, 가이아 2.0은 생물체의 행위성과 목표를 설정하는 능력을 강화한 개념이다. 가이아 2.0은 지구가 인간을 자기조절 시스템의 주요 센서로 인식할 뿐 아니라, 인간 역시 가이아에서 분명하게 자기를 인식했다는 점을 포착한다. 즉 지구가 인간을 지질학적 요소로 인식하고, 인간 역시 가이아 시스템에서 자신의 역할과 기능을 인지한 상태를 말한다.[15] 가이아가 탄소와 메탄 가스의 역할이 어떤 것인지 아는 것처럼 말이다. 그것을 아는 것은 일종의 자기조절 과정에서 하나의 센서를 수정하고 개선하고 재적응하는 것이다. 전기오븐의 자동온도조절장치가 고장났을 때, 문제가 어디에 있는지를 찾아내고 개선하는 것처럼, 인간은 그러한 예민한 센서 역할을 해야 한다.

가이아 이론은 인류세적 위기를 긍정적으로 대처할 수 있는 방향을 제시한다. 특히 인간은 가이아로부터 초월할 수 없다. 가이아는 지구 순환경제의 네트워크다. 네트워크는 개별자로 존재하는 것이 아니라, 서로 상호의존적으로 연결된 연결망 그 자체다. 라투르는 가이아에 존재하는 모든 것을 '어스바운드'라고 부른다. 땅(지구)에 묶여서 벗어날 수 없는 것들이라는 의미일 것이다.

SF 애니메이션 〈바람계곡의 나우시카〉는 인류세의 디스토피아를 표현하는 것 같다. 그 영화는 손상된 지구에서 살아가는 인간들과 오무라는 대형 벌레, 생명체가 살 수 없는 부해, 기계들이 나온다. 산소 농도가 현재와 달리 낮아져서 마스크 없이는 인간은 숨도 쉴 수 없다. 그러나 손상된 가이아에서 살아가는 인간들은 다른 별로 테라포밍할 수 없다. 가난하고 연약한 사람들일수록 더욱 그렇다. 발달된 과학기술을 향유할 수 있는 특정 인간들은 우주선을 타고 다른 별로 이주할 수도 있을 것이다. 그러나 나우시카처럼 가진 것이 없는 사람들, 흉측하고 적대적인 오무와 같은 벌레들은 손상된 지구에서 떠나지 않는다. 바로 그곳에서 생명적 기능을 유지하고, 가이아에 피드백을 하는 센서로 작동하며 살아간다. 극심한 기후변화로 숨쉬기 어렵고 곡식이 자라지 않는 폐허라고 해도 어스바운드들의 고향은 지구다.

인류세는 지구의 미래를 디스토피아적으로 상상하는 것과 거리가 있다. 그렇다고 해서 가이아의 회복이라는 유토피아적 상상을 추구하는 것은 더더욱 아니다. 인류세를 살아간다는 것은 가이아에서 어스바운드로 살아가는 것이다. 절망이나 희망이라는 극단적인 해법을 놓아버리고 말이다. 가이아 이론은 인간이 지구적 삶을 어떻게 살아가야 하는지에 대한 실천적이면서 윤리적인 방향을 제시한다. 인간이 누구인지, 가이아와 어떤 관계적 존재인지 보여주기 때문이다. 나는 가이아를 알고 나서 다음과 같은 인류세적 삶의 가이드라인을 생각해보았다.

가이아 시스템을 잘 알고 신뢰하기, 가이아에 긍정적인 센서로 기능하기, 그리고 어스바운드라는 지구 정치적 존재로서 살아가기, 지구의 시간과 인간의 시간을 교차하기, 메탄 가스와 개와 나무와 나를 평등하게 연결하기, 다른 생명을 감사하게 먹고 기꺼이 나를 먹이로 내어주기.

주석

1 「공룡 멸종 첫 날의 기록」『사이언스타임스』, 2019. 9. 28.

2 제임스 러브록, 『가이아─살아 있는 생명체로서의 지구』, 홍욱희 옮김, 갈라파고스, 2004. '가이아 이론'은 이 책의 내용을 쟁점화하여 정리했음을 밝힌다.

3 리처드 도킨스, 『무지개를 풀며』, 최재천·김산하 옮김, 바다출판사, 2008.

4 제임스 러브록, 『가이아의 복수』, 이한음 옮김, 세종서적, 2008, 55쪽.

5 오드라 J. 울프, 『냉전의 과학』, 김명진 외 옮김, 궁리, 2017, 17쪽, 84~85쪽.

6 자동 제어 시스템은 폐쇄형 루프와 개방형 루프로 구분된다. 개방형 루프가 시스템 출력을 입력에 피드백(되먹임)하지 않고 출력만 하는 방식이라면, 폐쇄형 루프는 피드백에 의해 출력신호가 제어동작에 영향을 받는 방식이다. 즉 피드백이 있는가, 없는가의 차이가 있다.

7 칼 세이건, 『창백한 푸른 점』, 현정준 옮김, 사이언스북스, 2001, 26~27쪽.

8 하지만 지구에 대한 외계의 시선이 인간 내부의 불평등과 차별의 모순을 후경화한다는 점에서 문제적이라 할 수 있다. 인류세가 지구 전체를 전경화하고 해결하지 못한 인간 내부의 모순을 후경화한다는 비판은 인류세가 성찰해야 할 지점이다.

9 「가이아 이론의 징후일까?」『사이언스타임스』, 2013. 6. 7.

10 제임스 러브록, 『가이아─살아 있는 생명체로서의 지구』, 249쪽.

11 Garwood, Russell J. (2012). "Patterns In Palaeontology: The first 3 billion years of evolution". Palaeontology Online. 2 (11): 1–14. Retrieved June 25, 2015.

12 제임스 러브록, 『가이아─살아 있는 생명체로서의 지구』, 268쪽.

13   제임스 러브록, 『가이아의 복수』, 193쪽. 이 방법은 지름이 약 11 킬로미터인 햇빛 반사 원반을 지구와 태양 사이의 라그랑주 점(태양과 지구의 인력이 균형을 이루는 지점)에 놓는 것으로서, 햇빛을 몇 퍼센트만 반사하거나 분산시키면 지구를 식힐 수 있다고 한다. 러브록은 이 방법이 비용이 많이 들지도, 비현실적인 것도 아니라고 주장했다.

14   「사이보그는 인간을 식물로 인식」, 『이웃집과학자』, 2019. 12. 4.

15   Timothy M. Lenton, Bruno Latour, *Gaia 2.0*, Science 361(6407), 1066–1068.

'You have stolen my dreams and my childhood with your empty words,' climate activist Greta Thunberg has told world leaders at the 2019 UN climate action summit in New York. In an emotionally charged speech, she accused them of ignoring the science behind the climate crisis, saying: 'We are in the beginning of a mass extinction and all you can talk about is money and fairy tales of eternal economic growth - how dare you!'

UN secretary general hails 'turning point' in climate crisis fight
This video was relaunched on 24 September 2019 to reinstate a short segment of speech that was edited out in the original version

'You have stolen my dreams and my childhood with your empty words,' climate activist Greta Thunberg has told world leaders at the 2019 UN climate action summit in New York. In an emotionally charged speech, she accused them of ignoring the science behind the climate crisis, saying: 'We are in the beginning of a mass extinction and all you can talk about is money and fairy tales of eternal economic growth - how dare you!'

secretary general hails 'turning point' climate crisis
video was relaunched on 24 September 2019 to reinstate a short segment of speech that was edited out in the original version

07

이형식

인류세와 영화

인간이 자신의 복지와 편리함을 위해 발명하고 개발한 물건들과 물질들은 지구를 서서히 파괴해왔고 그것은 부메랑이 되어 다시 인간을 위협하고 있다. 화석연료 사용을 통한 공기 오염과 지구온난화, 기후변화로 인한 태풍과 지진과 쓰나미, 수질 오염, 플라스틱과 화학 물질의 범람 등으로 지구가 언젠가는 멸망할지도 모른다는 공포를, 영화는 어떠한 매체보다도 잘 재현해왔다. 이 글에서는 인간이 지구에 미친 해악 중에서 수질오염과 관련된 주제를 다루는 영화들에 집중해서 이 영화들이 다니얼 화이트(Daniel White)가 말한 "교정적 깨달음"을 어떻게 전달하고 있는지 살펴보려고 한다.

인간의 탐욕으로 땅와 물을 오염시키는 영화의 사례로는 〈천 에이커〉 〈에린 브로코비치〉 〈시빌 액션〉을 선택하여 대규모의 농장, 대기업이 땅에 쏟아버린 오염물질로 인해 각종 질병이 부메랑으로 인간에게 돌아오는 참극을 다루며 그것을 무마하고 은폐하려는 그들의 가증한 시도들을 보여준다. 이와 동시에 대기업이 고용한 최고 로펌의 변호사들에게 맞서서 고통당하는 피해자들과 공감하며 그들의 입장을 대변하는 개인의 영웅적인 노력이 묘사된다. 이 글에서는 이러한 영화들이 관객들에게 어떠한 "교정적 깨달음"을 제공할 수 있는지 살펴보겠다.

인류세의 시대에 영화의 역할

인간이 지구 환경에 미치는 힘이 너무나 커져서 지구가 새로운 지질학적 시대에 접어들었다는 인식, 인간 자체가 "자연의 위대한 힘"에 맞먹는 글로벌한 지구물리학적 포스가 되어버렸다는 인식이 인류세라는 개념을 탄생시켰다. 파울 크뤼첸은 "인류세는 북극 빙하에 갇힌 공기를 분석한 결과 이산화탄소와 메탄의 농도가 점점 증가하고 있다는 것을 알게 된 18세기 후반에 시작되었다고 말할 수 있다. 이 시기는 1784년 제임스 와트의 증기기관 발명과 일치한다"[1]면서 인류세의 징조가 18세기 후반에 시작되었다고 말한다. 다니엘 화이트는 이보다 앞서서 인류세를 예견한 그레고리 베이트슨(Gregory Bateson)의 글을 인용한다. "환경을 변화시킬 수 있는 인간은 이제 최고의 의식적인 의도를 가지고 자신과 그 환경을 완전히 망가뜨릴 수 있다."[2]

인간이 자신의 복지와 편리함을 위해 발명하고 개발한 물건들과 물질들은 지구를 서서히 파괴해왔고 그것은 부메랑이 되어 다시 인간을 위협하고 있다. 화석연료 사용을 통한 공기 오염과 지구온난화, 기후변화로 인한 태풍과 지진과 쓰나미, 수질 오염, 플라스틱과 화학 물질의 범람 등으로 지구가 언젠가는 멸망할지도 모른다는 공포는 환경에 대해 경각심을 알리는 매체들이 늘어나면서 증대해왔다. 그리고 이것을 가장 생생하고 사실적으로 상상하여 재현하는 매체는 영화라고 할 수 있다. 영화 그 자체가 축적된 테크놀로지의 산물이며 날이 갈수록 변모해가고 있지만 바로 그 테크놀로지의 도움으로 우리는 현실에서 재현 가능하지 않은 장면들과 이미지를 볼 수 있게 된 것이다. 〈투모로우(The Day after Tomorrow)〉와 같은 영화는 갑작스러운 기후변화로 지구에 새로운 빙하시대가 닥치게 되는 공포스러운 장면을 재현했고, 〈넥스트 트모로우(Next Tomorrow)〉〈2012〉 등도 기후변화로 인한 인류 멸망의 가능성을 CG를 통해 생생하게 재현했다.

　　인간이 만든 가장 가공할 무기라고 할 수 있는 핵폭탄이 히로시마와 나가사키에 투하된 이후 낙진 피해, 방사능 노출로 인한 질병 등은 인류에게 큰 숙제로 남았다. 특히 미소냉전이 시작되면서 양국은 군비 확장에 힘썼고 서로를 제압하기 위한 무기개발에 많은 노력을 투자했다. 경직된 반공 이데올로기가 미국 사회를 지배하고 있을 때 핵에 대한 공포와 외계인의 침공을 다룬 SF영화가 등장하면서 1950년대를 지배하는 장르가 되었다. 1954년도에 나온 〈그들!(Them!)〉이라는 흑백 영화는 뉴멕시코주에서의 핵실험으로 인해 변종 개미가 탄생하고 이들이 인간을 공격한다는 시나리오를 바탕으로 제작되었다. 〈믿을 수 없이 줄어든 남자(The Incredible Shrinking Man, 1957)〉는 스캇 캐리라는 남자가 배에서 일광욕을 하다가 방사능 낙진을 맞고 운전하다가 살충제를 뒤집어쓰는 사고를 겪은 후 몸이 점점 줄어드는 남자의 이야기를 다루고 있다.

　　1950년대 이후에도 영화는 인간이 의식적으로 지구에 가한 행위를 통해 지구가 얼마나 망가지고 있으며 점점 더 살 수 없는 곳이 되었는지를 묘사해왔다. 영화는 비록 가장 나중에 등장한 예술이지만 오늘날 무엇보다도 강력한 영향력을 인류의 의식과 무의식에 미치고 있다. 스마트폰의 화면으로부터 시작해서 텔레비전, 컴퓨터 화면, 극장의 스크린, 길가의 광고판 등 우리가 눈을 돌리는 모든 곳에서 우리는 영화를 접한다. 그것이 픽션영화이건 앨 고어의 〈불편한 진실(*An Inconvenient Truth*)〉와 같은 다큐멘터리이건 영화는 우리에게 시각적, 청각적 자극을 주며 본능적인(visceral) 반응을 이끌어낸다. 1989년의 엑손정유회사의 원유유출 사고, 동남아의 쓰나미 참사, 후쿠시마의 지진으로 인한 원전사고, 지금 글쓰는 이 시점에도 진행되고 있는 호주의 산불 등은 뉴스 화면의 생생한 영상으로 우리에게 종말론적인 공포를 전달한다. 대니얼 화이트는 "셀루로이드와 디지털 미디어를 포함하여 넓은 의미에서의 영화는 '우리'가 전무후무하게 바꾸어놓은 세계에서의 삶의 조건에 인간이 적응할 수 있도록 교정적인 깨달음(corrective illumination)을 제공할 수 있다"[3]고 주장한다. 이 글에서는 인간이 지구에 미친 해악 중에서 수질오염과 관련된 주제를 다루는 영화들에 집중해서 이 영화들이 어떠한 경종을 울리고 있는지 살펴보려고 한다.

물을 독성물질로 더럽히다

얼마 전 종영한 〈모두의 거짓말〉이라는 드라마의 중심에는 유독성 물질의 무단폐기가 있다. 환경에 대한 규제와 의식이 없던 시절, 오로지 회사를 발전시키고 키우기 위해 밤마다 드럼통에 담긴 다량의 유독물질을 호수에 버리도록 지시한 회사의 회장은 그로 인해 공장이 있던 부지 근처 마을에서 다량의 암환자와 중환자들이 발생하자 질병과 폐기물질의 연관성을 덮어버리기 위해 그 부지에 신사업을 건설하려고 음모를 꾸민다. 그것을 알아차린 국회의원과 사건을 취재하던 기자, 그리고 관련자들이 잇달아 죽어가면서 그 배후를 파헤치려는 형사와, 죽은 국회의원의 딸이자 회장 며느리의 노력이 드라마를 흥미진진하게 이끌어간다.

사실 환경파괴나 환경오염이라는 말 자체가 세간의 관심을 끌고 사회적 문제가 되기 전에는 우리 주변에서 자연을 오염시키거나 훼손시키는 일들이 얼마나 많았는지 모른다. 아무것도 몰랐던 우리는 그것에 순진하게 노출되었고 그것이 가져올 장기적인 폐해를 알지 못했다. 내가 중고등학교 6년을 걸어 다녔던 등굣길에는 이름도 잘 모르는 어떤 공장이 있었다. 밤낮으로 연기를 뿜어냈고, 공장 앞의 커다란 연못 같은 웅덩이에는 항상 이름 모를 액체들이 악취를 풍기며 거품을 뿜어내고 있었다. 우리는 그 앞을 지나갈 때는 항상 코를 막고 빨리 뛰어서 달음질치곤 했다. 그 당시에는 누구도 그 공장이 무슨 공장인지, 왜 그렇게 악취를 뿜어내는지, 그렇게 큰 길가에 공장이 있어도 되는 것인지에 대해 아무도 의문을 제기하지 않았다. 아마 어른들은 거기에 대해 문제제기를 했을까. 거의 50년이 다 된 지금 환경오염이라는 말을 들으면 내게 항상 떠오르는 기억은 바로 그 공장이다. 아마 그 웅덩이에 고인 폐수는 그냥 사라지지 않고 땅으로 스며들어 주변 하천을 오염시키고, 농지에도 큰 피해를 입혔을 것이다. 당시에는 폐수정화시설의 설치 같은 것이 강제되지도 않았을지 모르겠다.

우리를 둘러싼 환경 가운데 우리가 마시는 물과 공기는 우리의 생명과 치명적인 연관성을 맺고 있다. 많은 학자들이 인류세의 시작이라고 보고 있는 산업혁명이 일어나고 우리가 자연에서 얻을 수 있는 재료들을 유기적으로 가공하여 이용하는 것이 아니라 화석연료를 기반으로 하는 화학적 작용을 통해 해로운 화학적 부산물들이 생산되는 공정을 시작하면서 지구상의 공기와 물이 오염되기 시작했다. 산업의 규모가 커지고 생산물의 극대화를 통한 이윤추구가 자본주의 사회의 절대원리로 자리 잡으면서 목표를 추구하는 데서 걸림돌이 되는 것을 희생하는 데는 아무런 거리낌을 갖지 않는 기업가들과 자본가들이 등장하기 시작했다. 앞서 이야기한 지방 소도시의 작은 공장에서 흘러나온 폐기물이 대기업의 플랜트와 공정에서 나오는 대규모의 폐기물로 확대되기 시작할 때 그 폐해는 원상복구가 거의 불가능할 정도로 커진다.

"서양에서는 물도 사 먹는다는군"이라는 말을 하던 시절이 그렇게 오래전이 아닌데 우리는 거의 모두 생수를 사 먹거나 정수기를 통한 물을 마시고 있다. 수돗물이 안전하다는 것을 과시하기라도 하듯이 시청 관계자들이 수돗물을 보란 듯이 마시는 전시용 행사를 벌이고 있지만 아마 그들도 가정이나 직장에서는 생수를 사 먹거나 정수기를 사용할 것이다. 생수 시장은 엄청난 규모로 커졌고 거기에 뛰어드는 회사들은 대기업에서부터 중소기업까지 다양하다. 암반수, 심층 해양수 등 거창한 이름을 붙이면서 선전을 하지만 같은 수원지에서 길어 올린 물이 상표만 달리해서 천차만별인 가격으로 판매된다는 기사도 얼마 전에 등장하였다. 생수를 사 먹는 것은 또한 플라스틱 용기의 천문학적 생산을 유발시켜 그 자체가 지구를 더럽히는 암적 존재가 되었다. 미국에서는 수도가 안전하기 때문에 수돗물을 그냥 마셔도 되며 오히려 불소를 포함시켜 충치 예방에 좋다는 이야기를 들어서 유학시절에는 수돗물을 그냥 마셨다. 그러나 요즘은 미국에서도 수돗물의 안전성에 대한 논란이 있는 모양이다. 공장의 오염으로 인해 물이 오염되고 그 물을 마신 사람들이 병에 걸리거나 사망하는 이야기로 대중들의 관심을 제일 먼저 끈 영화는 아마 〈에린 브로코비치(Erin Brockovich)〉일 것이다. 줄리아 로버츠의 유명세에 실화를 바탕으로 한 영화라는 점에서 대중들의 이목이 쏠렸지만 이전부터 환경오염을 소재로 제작된 영화들은 존재했었다.

환경오염을 다룬 영화들이 본격적으로 등장하기 시작한 것은 1970년대부터라고 생각된다. 〈소일렌트 그린(Soylent Green)〉은 리처드 플라이셔 감독이 1973년에 감독한 영화로서 시대적 배경이 2022년이어서 더욱 더 흥미롭다. 1970년대에 상상한 미래 세계인 2022년이 바로 2년 앞으로 다가왔기 때문이다. 이 영화에서 지구는 인구과잉과 오염으로 천연자원이 모두 고갈되고 사람들은 소일렌트 산업이 바다의 플랑크톤을 재료로 만든 소일렌트라는 음식으로 연명을 해야 한다. 이 때 윌리엄 사이먼슨이라는 이사가 살해당하고 찰튼 헤스턴이 역할을 맡은 수사관은 그것이 강도의 짓이 아니라 음모에 의한 살인이라는 것을 알게 된다. 그리고 소일렌트라는 음식이 어떤 재료로 만들어졌는지를 밝혀지는 과정이 흥미를 끌며 진행된다. 비슷한 시기인 1974년에 로만 폴란스키가 감독하고 존 휴스턴 감독이 배우로 출연하는 〈차이나타운(Chinatown)〉이 제작되었다. 이 영화는 1937년의 로스앤젤레스가 시대적 공간적 배경이고 홀리스 멀웨이라는 LA 수도전기국 수석 엔지니어의 불륜 현장을 쫓던 잭 니콜슨 분의 사립탐정이 더 큰 음모를 알게 되는 느와르풍의 영화다. 더 많은 물을 공급하려고 댐을 건설하려는 계획이 진행되고 있으며 그것과 관련된 음모와 한 가정의 복잡한 가정사가 펼쳐진다.

1995년에 개봉된 더스틴 호프만 주연의 〈아웃브레이크(Outbreak)〉는 아프리카 원숭이를 통해 들어온 바이러스가 캘리포니아 한 마을 전체에 퍼지는 것을 막기 위한 군의관의 필사적인 노력을 다룬다. 그 원숭이를 실어온 선박이 한국 국적이라는 것 때문에 우리나라에서도 회자되었던 영화다. 1998년에 나온 존 트라볼타 주연의 〈시빌 액션(Civil Action)〉은 〈모두의 거짓말〉과 가장 비슷한 영화다. 작은 마을에 수질 오염으로 백혈병으로 인한 사망자가 급증하면서 백혈병으로 아들을 잃은 앤 앤더슨이라는 여성은 그것이 그 마을에 위치한 대기업의 폐기물로 인한 것임을 알아내고 변호사를 고용해 그 회사와의 싸움을 시도한다. 그러나 그 마을에 사는 많은 주민이 그 회사의 직원이기 때문에 변호사는 증거를 수집하는 데 어려움을 겪게 되고 소송을 포기하라는 압력을 받는다. 바이러스나 연가시에 의한 전염병의 재난 이야기는 우리나라에서도 〈감기〉(2013)와 〈연가시〉(2012)를 통해서 재현되었다.

"처녀지(Virgin Land)"라는 표현에서 볼 수 있듯이 미국은 전통적으로 땅을 여성과 동일시해왔다. 땅과 물의 오염과 관련 있는 두 편의 영화 〈천 에이커〉와 〈차이나타운〉의 중심에는 아버지가 딸에게 행하는 근친상간이 있다. 이 두 작품의 아버지들은 금전적인 욕심을 추구하기 위해 처녀지라고 불리는 토지에다 몹쓸 짓을 서슴지 않고 가할 뿐 아니라 가부장적인 욕망으로 딸의 몸에다 자신의 정욕을 쏟아놓는다. 이러한 토양과 수질 오염은 대개 인간중심주의로부터 기인한다. 소리도 지르지 못하고 반항도 못 하는 땅에다 비료와 화학약품을 뿌리고 인위적으로 변형시키는 행위를 통해 그것이 부메랑으로 돌아와 사람까지도 죽이는 결과를 낳은 것이다. 인류세의 시작에 인간중심주의가 있다는 주장이 있지만 역설적으로 바라보면 이러한 행위들은 오히려 인간을 소중히 여기는 것에 반하는 행동들이다.

〈천 에이커〉[4]

제인 스마일리(Jane Smiley)의 퓰리처상 수상작 『천 에이커(*A Thousand Acres*)』라는 소설을 영화화한 〈천 에이커〉는 1979년 카터 행정부 말기의 아이오와주 제불론카운티의 쿡 농장을 배경으로 전개된다. 페미니즘 시각에서 리어왕 이야기를 현대적으로 다시 쓰고 있는 스마일리는 셰익스피어의 작품을 읽으면서 우리가 좀처럼 묻지 않았던 질문에서 소설의 아이디어를 얻는다. 즉, 악녀로 묘사되고 있는 두 딸들의 아버지에 대한 미움과 원한은 어디에서 기인하는 것일까? 무엇이 그들로 하여금 자신을 낳아주고 왕국까지 물려준 아버지에 대해 그토록 가혹한 행동을 하도록 하는 것일까? 스마일리가 큰 딸인 지니 쿡의 시점에서 아이오와 농장을 배경으로 펼쳐 보이는 현대판 리어왕 이야기는 이 질문에 대한 대답이다. 원작과의 연관성을 위해 스마일리는 아버지인 래리(리어왕), 큰딸인 지니(거너릴), 둘째딸 로즈(리건), 셋째딸 캐롤라인(코딜리어)이라는 캐릭터의 이니셜까지도 원작의 인물과 같이 시작하도록 등장인물을 설정했으며, 해롤드 클라크와 그의 두 아들 로렌과 제스는 글로스터와 두 아들이 등장하는 서브플롯을 구현한다. 큰딸의 시점에서 서술되는 아이오와 농장의 이야기를 통해 스마일리는 현대 미국의 핵가족제도, 가부장제, 농장 시스템, 소도시의 폐쇄성, 기계화를 통해 대형화된 농촌의 생태학적 문제까지 다루고 있다.

리어왕에서처럼 이 작품에서도 사건의 발단은 아버지 래리가 식구들이 모두 모인 자리에서 땅을 딸들에게 분배해주겠다고 발표를 하면서 시작된다. 두 딸들은 당황해서 아무 말도 못지지만 변호사로 일하고 있는 막내딸인 캐롤라인만은 아버지에게 그 결정을 다시 생각해보도록 권유한다. 평생 남에게 반대를 당한 적이 없는 래리는 그 자리에서 막내딸을 내치고 다음 날 그녀가 언니들의 권유로 아버지를 만나러 왔을 때에도 집안에 들어오지 못하게 한다. 그러나 변덕스러운 그는 곧 자신의 결정에 대해 후회를 하고 음주 운전을 하는 등 난동을 피우다가 큰 딸에게 폭언을 퍼부은 후 리어 왕처럼 폭풍우가 치는 밤에 옥수수 밭으로 사라진다. 그날 밤 둘째 딸인 로즈는 언니 지니가 그동안 무의식 속에 꼭꼭 눌러두었던 무서운 기억을 발굴한다. 지니가 15세가 될 때부터 래리는 딸의 방에 들어와 수년 동안 딸을 성폭행했다. 그후 로즈가 성장하자 이번에는 로즈의 방에 들어가서 다시 수년간 같은 짓을 했다. 막내 캐롤라인의 경우에는 기숙학교에 감으로써 그런 치욕을 겪지 않게 되었다. 지니에게 이 기억은 너무나 트라우마여서 그녀는 그것을 무의식 속에 꾹꾹 눌러 억압해온 것이다.

〈천 에이커〉와 『리어왕』의 가장 큰 차이점은 초점의 이동이다. 『리어왕』에서는 모든 것이 리어를 중심으로 일어난다. 그의 "끔찍한 성급함(hideous rashness)"에 의한 왕국의 분할, 두 딸의 학대, 쫓겨남과 황야에서의 방황, 그 과정에서의 인식과 개안 등 모든 것이 비극의 주인공인 리어를 중심으로 일어나는 것이다. 그러나 원작 소설은 첫째 딸인 지니의 시점에서 서술된다. 그녀는 아이오와주 제불론카운티로 이주하여 농장을 일궈온 증조부와 할아버지, 아버지가 얼마나 많은 노력과 근면함을 통해 현재의 땅을 갖게 되었는지 서술한다. 이곳에서 농장의 넓이는 곧 그 지역사회에서의 세력과 영향력을 상징한다. 천 에이커를 소유하게 된 래리 쿡은 이 지역사회에서 존경받는 농부이며 아무도 그의 말을 무시하지 못한다. 더 많은 땅은 더 큰 경제력을 의미하며 지니는 다른 가정들이 모두 트럭을 타고 다닐 때 자신의 가족이 승용차를 소유하게 되었을 때의 뿌듯함을 회상한다. 이곳에서는 겉으로 보이는 외양이 전부다.

　　이 소설은 지니라는 여성의 시점에서 서술되지만 처음에 그 시점은 가부장제에 함몰된 시점이며 주체를 상실한 시점이다. 수잔 스트레헬(Susan Strehele)은 "지니의 담론은 여성을 비하하고 침묵하게 만드는 문화에 의해 형성되었다"[5]고 말한다. 지니는 자신의 독자적인 의견이 없이 아버지의 의견을 그대로 자신의 것으로 받아들인다. 래리가 딸들을 대하는 태도는 "내 딸(my girl)"이라는 표현, "옳지(That's a good girl)"라는 표현, "나한테 그런 식으로 말하면 안 돼(You shouldn't talk to me like you do)" 등 장성한 딸들을 마치 어린아이를 다루듯이 취급하는 그의 말투에 요약되어 있다. 지니는 "'나의 관점'에 대해 이야기하는 것은 물론 어리석은 일이었다. 아버지가 자신의 관점을 주장하면 내 관점은 사라졌다. 나 자신도 기억하지 못할 정도였다"고 말한다. 그녀는 아버지의 관점으로만 자신을 바라보며 "아버지에 대한 두려움 때문에 자신을 딸의 역할로만 한정시킨다."[6] 그녀의 일상의 삶은 로즈와 교대로 아버지의 식사를 준비하는 것에 의해 쳇바퀴 돌듯이 진행된다. 자신이 원하는 메뉴를 정확한 시간에 식탁에 대령하기를 원하는 래리는 딸들을 자신의 소유로 생각하면서 그들의 노력과 봉사에 대한 고마움을 전혀 느끼지 않는다. 마치 여성을 가축이나 다름없이 생각하는 것이다.

그녀가 자신의 목소리를 서서히 내기 시작하는 것은 아버지가 음주를 하고 자동차 사고를 낸 사건부터다. 래리는 농장을 분할하기로 선언한 다음 다시 변덕을 부려서 자신은 모든 것을 딸들에게 주었는데 딸들이 자신을 배제하고 냉대한다고 생각하여 예상치 못한 행동을 하기 시작한다. 말도 없이 차를 몰아 셋째딸이 있는 디모인까지 갔다 오는가 하면 술을 마시고 운전을 하다가 사고를 낸 것이다. 크게 다치지 않은 것을 다행으로 여기며 병원에 가서 아버지를 찾아오는 길에 지니는 아버지에게 경고를 하면서 아버지를 자식처럼 타이르는 데서 오는 기쁨을 느낀다. 그녀의 개안은 『리어왕』에서처럼 이 소설에서도 가장 클라이맥스라고 할 수 있는 폭풍우 장면 이후 이루어진다. 래리는 딸들이 자신을 학대하고 있다고 주장하면서 딸들에게 욕설을 퍼붓는데, 특히 지니에게 "아이도 낳지 못하는 창녀(You barren whore)"라는 표현을 한다. 아버지가 사라진 이후 동생 로즈와의 대화를 통해 그녀는 자신이 그동안 억압했던 근친강간의 기억을 수면 위로 떠올리며 개안을 하게 된다. 로즈를 통해 자신이 15세 때 밤마다 자신의 침실을 방문하여 성적인 학대를 했던 아버지의 행위를 기억하면서 그녀는 농사일과 땅과 자신의 몸을 연결시키는 깨달음을 갖게 된다. 비밀을 알고 나서부터 "지니는 아버지를 '해체'하고 잔인한 제국주의자로서의 그의 진정한 모습을 볼 수 있게 된다."[7] 그녀의 깨달음은 자신의 육체에 대한 학대가 1000에이커를 획득하기까지 진행되었던 탐욕과 기만의 역사, 농약과 화학약품, 인위적 건설을 통한 땅에 대한 학대와 연결되어 있음을 깨닫는 데까지 발전하게 한다. 그리하여 아버지의 시각으로 보는 "위대한 역사(grand history)"의 외양을 거부하고 그 밑에 숨겨진 실체를 발견하게 된다.

지니는 근면과 절약, 땅의 축적과 같은 래리의 성공담 속에 매몰되어버린 개인과 사회의 범죄를 적극적인 기억의 행위를 통해 폭로한다. 땅의 크기가 소유주의 능력과 성공의 잣대로 간주되는 사회에서 그러한 땅을 차지하기 위해 얼마나 많은 사기와 속임수, 계략이 작용했는지 서술한다. 자랑스러워해야 할 쿡 집안의 역사는 이웃에 대한 불의한 행위의 토대 위에 구축된 것이다. 지니는 농장의 건설이 이웃에 대한 범죄뿐 아니라 할머니와 어머니를 비롯한 그 마을의 여성들에게 가한 정신적 육체적 학대, 그리고 독성 물질과 타일 배수로 건설을 통한 땅에 대한 학대에 기반을 두고 있음을 알게 된다. 특히 땅에 대한 학대는 여성의 몸에 대한 학대와 연결된다. 제스를 통해 자신이 다섯 번이나 유산을 하게 된 원인이 독성 물질로 오염된 식수에 있음을 깨달은 지니는 어머니를 비롯한 제불론카운티의 여성들의 단명함을 땅에 대한 학대와 연관시킨다.

처음에 아버지의 위대한 역사를 수용하도록 조건화되어 아버지의 시각으로 제불론카운티를 서술하던 지니는 이제 함몰되어버린 여성의 역사와 땅의 역사를 발굴해낸다. 그녀는 자신이 겪은 성적학대를 기억할 뿐 아니라 자신이 14세 때 돌아가신 어머니를 기억함으로써 땅과 여성들에게 가해진 가부장제의 폭력을 부각한다. 그녀의 탐색은 학대의 잃어버린 기억뿐 아니라 잃어버린 어머니에 대한 탐색이기도 하다.

이 지역 농부들의 부인은 모두 단명하여서 할머니 이디스는 43세에, 지니의 엄마는 40대 초반에, 제스의 엄마는 40대에 사망했으며, 34세의 나이인 로즈는 암에 걸렸다. 수잔 스트레헬은 "모든 농장이 아내가 스트레스로 쓰러져 버린 홀아비들에 의해 운영된다"[8]고 말한다. 이 여성들의 삶은 더 큰 농장을 향한 남성들의 욕망 속에 희생된 것이다.

『리어왕』뿐 아니라 셰익스피어의 작품을 관통하는 주제 중 하나는 외양과 실제의 주제다. 사랑을 고백하라는 리어의 명령에 온갖 수식어를 동원하여 과장된 고백을 한 두 딸의 사랑은 실제로는 자신들의 이익을 위한 자기 사랑에 지나지 않았으며 "할 말이 없습니다"라고 고백한 코딜리어는 실제로 진심에서 우러나오는 사랑을 품고 있다. 마찬가지로 〈천 에이커〉에서도 겉으로 풍족하고 유복해 보이는 제불론카운티의 농장들과 그곳에 속한 가정들은 속에서 병들고 오염되어 있다. 몇 세대를 통해 사용된 화학 물질과 독성 물질은 땅을 병들게 하고 식수의 오염을 통해 그곳의 여성들을 서서히 죽여 왔다. 시니아드 맥더멋(Sinead McDermott)은 "스마일리는 래리-지니 플롯을 사용하여 개인적인 범죄와 자신의 역사를 '은폐하고 잊어버리는' 특징을 가진 사회를 비판하고 있다"[9]라고 지적한다. 이 작품과 『리어왕』의 차이는 리어가 마지막에 외양과 실제의 괴리를 깨닫는 개안에 도달하는 데 반해, 래리는 그렇지 못하다는 데 있다. 그는 딸들의 학대에 의해 자신이 쫓겨났다는 연기를 하며 마을 사람들은 그러한 그의 이야기를 액면 그대로 받아들인다. 치매 상태에서도 그는 자신이 자식들에게 학대를 당한 아버지라고 생각하며 딸들은 아버지를 학대한 배은망덕한 자식이 된다.

땅에 대한 남성들의 태도가 여성을 보는 그들의 시각과도 연결되고 있다는 사실은 에코 페미니즘의 시각으로 이 작품을 보는 것을 가능케 한다. 스트레헬은 "그의 농사짓는 방식은 근친상간에 대한 적절한 메타포가 된다. 그는 땅의 지퍼를 열어 자신의 씨앗을 심고 환경오염이라는 대가를 치르고서라도 자연을 마음대로 다룬다"[10]고 지적한다. 땅에 대한 이러한 학대는 딸의 몸에도 그대로 연결되어 그는 "땅에 그러했듯이 자신의 소유로서의 '몸' 위에 자신을 강제로 뿌린다."[11] 래리 쿡은 땅을 마음대로 하듯이 여성의 몸도 자신의 욕망대로 착취하며 그의 근친상간 행위는 땅에 대한 태도의 연장선상에서 비롯된다.

그러나 영화에서는 지니의 독살 시도, 해롤드의 실명 등의 플롯이 삭제되면서 이것과 관계된 사회비판의 요소 또한 사라지게 되었다. 더 큰 농장을 향한 욕망이 땅을 오염시키고 땅의 오염은 여자 주인공들의 유산이나 암 발병과 연관되어 있다는 비판적 시각이 사라진 것이다. 이렇게 됨으로써 영화는 과거의 상처를 직면하여 그것을 극복하는 과정에서 서로 간의 자매애와 결속에 의지하는 자매들의 이야기로 축소되게 되었다. 이본 그릭스(Yvonne Griggs)의 주장대로 "여성들의 정서적인 삶이 전경화되고 목소리를 얻게 되었다."[12]

지니의 개안에 영향을 미치는 인물은 제스다. 다섯 번의 유산을 겪고 남편과 심드렁한 관계에 있던 지니에게 제스의 귀환은 가슴 뛰게 하는 사건이 된다. 아들의 귀환을 환영하기 위해 해롤드가 마련한 파티에서 그들의 눈이 처음 마주칠 때 그녀가 제스에게 호감을 가지고 있음이 얼굴 표정에서 표현된다. 몇 년 만에 나타난 제스는 평생을 이곳

에만 살아온 사람들에게 신선한 자극을 가지고 등장한다. 그는 우선 채
식주의자이며 건강을 위해 조깅을 한다. 아버지의 농장을 물려받아 농
사를 지을 가능성에 대해 이야기하면서 그는 유기농 농법에 대해 이야
기한다. 그는 지니가 다섯 번의 유산했다는 이야기를 듣고 그것이 오염
된 식수에 의한 것이라는 깨우침을 제공한다. 아이도 없이 남편과 무미
건조한 삶을 살던 지니가 제스의 접근에 반응을 보이는 것은 당연한 귀
결이다. 소설에서는 제스가 환경에 대한 지니의 의식을 일깨워주고 남
편과의 삶을 되돌아보게 하는 역할을 한다. 그러나 선악의 구분이 어느
정도 극단적으로 전개되는 멜로드라마 장르의 특성상 영화에서는 제
스가 지니의 호감을 이용해서 그녀를 성적으로 이용한 후 다시 로즈와
도 관계를 맺는 파렴치한 인간으로 그려져 있다. 소설에서는 제스가 떠
난 시점이 로즈의 암 재발이 있기 전이지만 영화에서는 암 재발 소식을
듣고 떠난 것으로 묘사되어 있어 기회주의적이고 비열한 제스의 성격
이 한층 더 극단적으로 그려진다. 제스에 대한 환멸은 가부장제에 대한
지니의 깨달음의 과정에서 중요한 단계가 된다.

　원작자인 제인 스마일리의 의도는 『리어왕』을 현대적으로 재해석
하고 여성에게 가해진 가부장제의 폭력성과 자매간의 유대를 통한 극
복을 조명하는 것이었지만 그 속에서 더 큰 농장, 더 큰 사업을 위해서
라면 땅을 훼손하고 물을 오염시키는 것을 개의치 않는 인간중심적 사
고방식의 위험성을 환기시키고 있다는 점도 바로 이 작품의 또 다른 의
의라고 할 수 있겠다.

<에린 브로코비치>

이 영화는 실화에 바탕을 두고 미국 역사상 최고의 배상을 받아낸 환경 오염 관련 소송을 다루고 있다. 주인공의 이름을 제목으로 한 이 영화에서 에린 브로코비치는 이혼을 두 번 했을 뿐 아니라 아이가 셋 딸린 무직의 여성이다. 영화는 학력도 기술도 없는 이 여성이 변호사 사무실에 취직해서 단순 파일 작업을 하다가 환경 관련 범죄와 그 피해자들을 알게 되고 희생적인 노력으로 거대 기업으로부터 보상을 받아내는 이야기를 다루고 있다. 주인공의 이름을 제목으로 한 만큼 그녀가 세 아이를 키우면서 겪는 어려움, 그녀와 이웃에 사는 조지와의 사랑 이야기, 대학도 나오지 않은 그녀가 사방에 부딪히는 편견과 차별 이야기도 양념으로 들어가 있지만 우리가 이 영화에서 주목하는 것은 PG&E라는 대기업이 자행한 수질 오염과 그것의 폐해, 그리고 그 사실을 은폐하고 무마하려는 대기업의 비도덕적이고 불법적인 시도다.

변호사 사무실에서 파일 정리를 하던 에린은 우연히 PG&E라는 회사가 도나 젠슨의 집을 사겠다는 제안을 하는 파일에 의료 관련 기록이 함께 첨부되어 있는 것을 발견하고 의심이 들어 직접 현장에 나가서 도나 젠슨 가족을 만난다. 거의 평생을 캘리포니아주의 힝클리라는 마을에서 살아온 도나 젠슨 가족은 집을 팔 생각이 없었는데 회사에서 먼저 좋은 조건을 제시하며 집을 사겠다는 제안했다며 이해하지 못하겠다는 입장이다. 또 이상한 점은 그녀의 가족이 각종 질병에 걸려 병원에서 치료를 받고 있는데 회사에서 모든 의료비를 책임 져준다는 점이었다. 그 병이 크롬과 관련이 있을 수 있다는 말을 듣고 에린은 UCLA 독성학 교수를 찾아가서 크롬에는 몸에 이로운 크롬도 있지만 6가 크롬(Hexavalent Chrome)의 경우에는 코피, 만성두통, 불임, 폐질환, 암 등을 일으킬 수 있으며 그것이 유전될 수 있다는 정보를 알게 된다. 크롬은 PG&E 회사에서 녹을 방지하기 위해서 사용한 것이고 그것이 수돗물에 녹아들어 간 것임을 알게 된 그녀는 수도국을 찾아가서 모든 자료를 조사한다. 그녀는 그곳에서 PG&E 회사가 벌써 정부로부터 "정화 및 폐기" 명령을 받은 적이 있다는 기록을 발견하고 그것을 복사한다.

그녀는 다시 도나 젠슨을 찾아가 교수에게서 얻은 정보와 수도국에서 캐낸 정보를 이야기해준다. 도나는 회사의 직원이 와서 안전하다고 했으며 자신을 담당한 의사 또한 자신의 병과 수돗물은 아무 상관이 없다고 했다는 사실을 에린에게 알려준다. 그러나 실제로 그 의사는 PG&E가 고용한 의사로서 회사에 유리하도록 정보를 왜곡시켜 그녀를 안심시킨 것이다. 에린과 그녀가 일하는 로펌에서는 PG&E에 이 사실을 알리고, 불똥이 떨어진 회사에서는 애송이 변호사 한명을 보내어 도나 젠슨의 집을 25만 불에 사겠다고 하면서 이것은 당시 시가로 볼 때 아주 후하게 보상하는 것이라고 생색을 낸다. 화가 난 에린이 그 금액은 병에 걸린 주민들의 의료비에 대한 보상도 되지 않는다고 하면서 소송을 내겠다고 하자 그 변호사는 상대가 누군지 잘 알아보고 덤비라고 말하면서 280억 달러 자산을 가진 대기업의 힘을 과시한다.

영화의 감동은 자신의 세 자녀까지 남자친구에게 돌보게 하면서 주민 한 사람, 한 사람을 찾아다니며 그들의 아픔과 질병과 고통을 공감하는 에린 브로코비치의 헌신적인 노력에서 비롯된다. 영화는 고물 자동차를 몰고 황량한 사막 지대를 달려 밤 늦게까지 주민들을 찾아다니며 그들의 서명을 받아내는 에린의 헌신적인 노력을 묘사한다. 또한 그녀는 개울과 우물에서 증거가 될 만한 물도 채취하고, 오염된 물에 떠 있는 개구리의 사체까지 수집한다. 인상적인 장면은 밤 운전을 하면서 졸음을 쫓기 위해 남자친구와 통화를 하던 에린이 자신의 딸이 처음으로 말을 하기 시작했다는 이야기를 듣는 장면이다. 주민들을 찾아다니느라 자신의 어린 딸이 처음으로 입을 열어 말을 하는 순간을 놓친 안타까움을 보여줌으로써 변호사도 아니고 학식도 없는 그녀가 거대한 기업을 상대로 싸울 수 있는 힘이 바로 그녀의 공감능력과 진정성에서 나온다는 것을 보여준 것이다.

자신들이 폐수를 방류함으로써 주변의 땅과 물을 오염시켜 결국 주민들을 병들게 한 잘못을 은폐하기 위해서 PG&E에서 취한 첫 번째 조치는 병에 걸린 주민들의 의료비를 담당하고 그들의 집을 매수해줌으로써 그들을 무마하는 것이었다. 회사는 심지어 주민들을 모아놓고 설명회까지 개최하면서 크롬6가 아니라 크롬3이니 안심해도 된다는 시도까지 하였다. 이것은 이러한 사실을 알고도 1년 내에 소송을 하지 않으면 소송이 유효하지 않다는 법을 교묘히 악용하여 주민들을 속인 것이다.

PG&E는 공장을 돌리면서 나오는 폐수를 공장 앞에 있던 연못에 버렸다. 그 사실은 그 공장에서 근무를 했던 넬슨이라는 사람의 입을 통해 밝혀진다. 그는 원래 연못 바닥에 방수처리를 했어야 하지만 방수

처리를 안 했기 때문에 그 오염된 물이 모두 땅 속으로 스며들었다고 말한다. 이런 일은 14년간이나 지속되었지만 지금은 그 사실을 은폐하기 위해 연못이 있던 자리에 다른 건물이 세워졌다.

궁지에 몰린 PG&E에서는 변호사들을 보내서 2000만 달러라는 액수로 보상을 매듭지으려고 하지만 이것은 600명이 넘는 피해자들에게 돌아가기에는 너무나 적은 액수다. 이 회사는 자신의 잘못을 무마시키기 위해 돈으로 해결을 하려고 하고 에린의 접근방법은 주민들 한 사람 한 사람의 인간적인 고통과 삶과 아픔에 다가가는 방식이다.

이 분들은 부자가 되기를 꿈꾸지 않아요. 이분들은 자녀들이 풀에서 마음대로 수영하는 것을 보게 될 날을 꿈꿔요. 우리 의뢰인 로자 디아즈처럼 20세의 나이에 자궁적출 수술을 당할 걱정을 하지 않고. 혹은 또 다른 의뢰인 스탠 블룸처럼 척추가 녹아내릴 걱정을 하지 않고. 그러니 바보 같은 제안을 가지고 다시 여기 오기 전에 당신의 척추의 가치가 얼마인지 잘 생각해봐요, 워커 씨. 혹은 당신의 자궁의 가치가 얼마인지, 미스 산체스. 그리고 나서 계산기를 꺼내서 그 숫자에 100을 곱해요. 그 이하를 가지고 논쟁하는 건 시간 낭비니까.

에린이 속한 로펌을 도와주기 위해 나온 거물급 변호사들이 재판 없이 중재에 응하자는 입장을 취하자 에린은 주민들은 재판을 원한다고 말한다. 재판을 하기에는 서류에 너무 구멍이 많다고 하자 에린은 자신의 피땀과 시간을 들여 작성한 서류에 허점을 없다고 말한다. 상대방 변호사가 전화번호도 없지 않냐고 말하자 에린은 전화번호뿐 아니라 그 가족이 걸린 병, 나이, 가족관계, 친척 관계까지 다 열거한다.

밤늦게까지 주민들의 서명을 받으러 다니던 그녀가 커피를 마시러 바에 들어갔을 때 과거에 회사에서 근무했던 남자가 그녀에게 접근한다. 그는 자신의 41세 된 사촌이 오늘 죽었다고 하면서 과거에 냉수탑 청소 담당이었던 그가 항상 마스크를 쓰고 있었으며 그 속에는 피가 흥건했다고 진술한다. 결국 내장이 다 녹아서 젊은 나이에 죽은 사촌을 보고 이 사실을 고발하려고 마음을 먹은 찰스 엠브리라는 이 남자는 자신이 과거에 공장에서 나오는 모든 문서를 파쇄하는 역할을 했다고 말한다. 그 서류 속에는 실험용 우물, 정부의 명령 등 중요한 서류들이 있었으며 그것을 자신이 빼돌려놓았다고 말한다.

결국 이 소송에서 PG&E는 3억3300만 달러라는 액수를 배상하게 되고 도나 젠슨 가족은 500만 달러를 받게 되는 해피엔딩으로 영화는 끝난다. 그러나 마일즈 오브라이언(Miles O'Brien)은 「현실에서의 해피하지 않은 엔딩(The Real-Life Unhappy Ending)」이라는 글[13]에서 수돗물에서 크롬이 검출되는 문제는 아직까지 해결되지 않았다고 이야기한다. 그는 영화의 실제 모델이었던 로버타 워커라는 여성이 "우리는 거인의 무릎을 꿇린 것이 아니었어요. 단지 잠을 깨운 것뿐이죠. 용의 잠을 깨운 거죠"라고 한 말을 인용한다. 그녀는 보상으로 받은 돈으로 힝클리가 내려다보이는 언덕에 조용하고, 평화롭고, 크롬이 검출되지 않는 새로운 집을 지었지만 다시 우물에서 크롬이 검출되기 시작하여 이제 아예 힝클리를 떠날 계획을 세우고 있다. 미국의 환경 단체는 미 전역에 있는 35개 도시의 수돗물에 대한 조사를 시작하였고, 그중 31개 도시에서 6가 크롬을 발견했다. 그중 가장 심한 곳은 오클라호마주의 노먼이었는데 캘리포니아 환경보호국이 힝클리 사건 이후 설정한 공중보건 목표보다 600배 많은 것이었다. 〈에린 브로코비치〉는 해피엔딩으로 끝났지만 현실에서의 수질 오염 문제는 여전히 계속되고 있다.

〈시빌 액션〉

이 영화도 실제 사건을 다루었으며 내셔널 북 어워드를 수상한 조나단 하르(Jonathan Harr)의 넌픽션 베스트셀러를 원작으로 한다. 존 트라볼타가 연기한 잰 슐리츠만이라는 변호사는 교통사고만을 쫓아다니며 보상을 받아주겠다고 의뢰인을 모집하는 소위 "앰뷸런스 체이서"이다. 재판에 승소해서 가장 큰 수임료를 받을 수 있는 환자는 백인이며 남자인 40대 전문직이다. 이처럼 돈벌이에만 혈안이 되어 돈이 되는 사건만 맡으면서 가장 잘 나가는 싱글 변호사로 방송에도 출연한 그에게 매사추세츠주의 우번이라는 작은 마을에서 어떤 여인이 전화를 하면서 영화는 시작된다. 그 작은 마을에서는 15년 동안 12명이 백혈병으로 사망했으며 그중에서도 8명이 어린이였다. 전화를 건 사람은 아이를 잃은 앤 앤더슨이라는 여성으로서 자신의 이야기를 들어달라고 한다. 이것은 교통사고 전문변호사에게는 전혀 수지타산이 안 맞는 사건이지만 그는 직접 차를 몰고 가서 그녀의 하소연을 듣는다. 그녀는 돈에는 관심이 없다고 하면서, 자신들이 원하는 것은 제대로 된 사과와 진상 조사라고 말한다. 잰 슐리츠만은 처음에 별로 관심을 보이지 않다가 그 마을에 있는 공장이 베이트리스 식품회사와 W. R. 그레이스라는 대기업인 것을 알게 되고 승소할 경우 막대한 돈을 뜯어낼 수 있겠다는 계산에 그 사건을 맡는다. 그러나 그 대기업의 뒤에는 보스턴에 있는 대규모의 로펌이 자리잡고 있다. 판사와의 첫 만남에서 잰 슐리츠만은 혼자 등장한 반면, 대기업을 대표하는 노련한 변호사 제롬 패처와 윌리엄 치즈맨은 많은 변호사팀을 대동하고 등장한다.

　　잰 슐리츠만은 진상 조사를 위해 지질학 팀을 가동하고 피해자들을 면담하는 지루하고 돈이 많이 들어가는 작업을 시작한다. 피해자들과의 면담은 〈에린 브로코비치〉에서처럼 힘들고 지치는 과정이다. 피해자들 일부는 공장이 폐기물을 버리는 것을 알고 있지만 그것을 증언하기를 회피하고, 상대방 팀의 변호사들은 그들이 증언하지 않도록 방해한다. 자녀가 8명인 엘 러브라는 남자는 10년 전부터 클로린 냄새가 났으며 그 물을 마신 아들은 발작을 일으키고 두 딸은 아이를 유산했다고 말한다. 이 소송의 원인을 제공한 당사자인 앤 앤더슨이 등장하자 상대편 변호사들은 아들의 죽음이 공장과 관계없으며 혹시 땅콩 버터를 많이 먹은 것이 원인인 것은 아닌가 몰아간다. 다른 피해자들이 조사를 받을 때에도 상대편 변호사들은 그들의 질병이 베이컨 섭취, 테플론 프라이팬, 담배, 다이어트, 탐폰 사용, 드라이클리닝, 치아에 은 도금 등과 관계가 있는 것은 아닌지 몰아간다. 그러나 결정적인 증인은 바로 아들이 병원으로 가던 도중 차 안에서 죽은 남자다. 그는 아무 질병 없이 건강하던 아들이 백혈병에 걸렸고 불과 3개월 만에 병원에 가던 차 안에서 죽었던 이야기를 한다.

　　피해자들끼리 모인 모임에서 앤 앤더슨은 다음과 같이 잰 슐리츠만에게 말한다.

내가 현관에 서면 아이를 잃은 집들을 모두 볼 수 있어요. 우리들 중 돈에 관심이 있는 사람은 아무도 없어요. 돈 때문에 이러는 거 아니에요. 우리가 원하는 건 무슨 일이 일어났는지 아는 것이에요. 그리고 이런 짓을 한 사람이 누군지 모르지만 사과를 받고 싶어요. 누군가 내 집으로 와서 "우리 책임입니다. 고의는 아니지만 이런 일을 했어요. 미안합니다"라는 말을 하기를 원해요.

처음에 주저했던 피해자들은 앨 러브를 비롯한 다른 피해자들에 동조하여 변호사들의 조사에 출두하여 자신들이 폐기물을 어떻게 어떤 장소에 누구와 버렸는지도 이야기한다. 노련한 제롬 패처 변호사는 이들을 증언대에 세웠다가는 배심원들을 움직여 자신들에게 불리한 판결이 날 것이 두려워, 재판까지 가지 않고 중재하는 전략을 취한다. 그러나 잰 슐리츠맨이 도합 3억5000만 달러라는 엄청난 금액을 요구하자 중재는 결렬되고 재판이 시작된다.

돈에 의해서 정의가 움직이는 법정의 논리는 재판을 담당한 판사가 대기업 변호사들의 편을 들면서 일방적으로 흘러간다. 윌리엄 패처는 배심원 앞에서 잰 슐리츠만을 돈만 밝히는 변호사로 매도하고 판사는 양측 변호사들을 불러 증인들을 증인석에 세우지 않기로 결정했다고 통보한다. 잰 슐리츠만의 항의는 묵살되고 결국 재판은 그레이스 사를 유죄, 비아트리스사를 무죄로 판결하면서 끝난다. 그레이스 사에서는 중재를 하기로 결정을 하고 800만 달러를 제안한다. 그동안 비용을 절감하기 위해 직원을 감축하고, 집도 저당 잡히고, 복권도 사면서 버텨왔던 동료 변호사들은 800만 달러를 받자고 제안한다. 결국 800만 달러의 보상을 받은 법률회사는 피해자들을 모아놓고 변호사 비용과,

그동안 조사에 들어간 비용을 제외한 금액을 가정당 37만5000달러씩 지불하겠다고 통보한다. 처음에 이 사건의 발단이 되었던 앤 앤더슨은 자신이 원하는 건 돈이 아니라 사과였다고 하면서 이렇게 말한다.

슐리츠만 씨, 당신이 여기 처음 왔을 때, 우리가 처음 이야기를 나누었을 때, 저는 돈에 관심 없다고 말씀드렸어요. 내가 원한 것은 그들이 내 아들에게 한 짓에 대한 사과였어요. 그런데 지금 돈을 가지고 사과한다고 하시네요. 이걸 사과라고 할 수 있어요?

변호사들이 우리도 다 잃었다고, 빈털터리라고 말하자 앤더슨은 "감히 당신들이 잃은 것을 우리가 잃은 것과 비교하다니"라고 말한다. 동료들도 다 떨어져 나가고 외톨이가 된 잰 슐리츠만은 다시 초라한 변호사 사무실을 차리고 교통사고 환자를 변호하는 일을 하다가 독극물을 매립한 그랜저라는 남자를 찾아 나서게 되고 다시 상고를 하여 승리를 한다. 그레이스회사와 비아트리스회사 모두 독극물 폐기를 숨긴 죄로 기소되고 결국 그레이스는 공장 폐쇄명령을 받게 된다. 미 환경보호청에서는 정화비용으로 6900만4000달러를 지불하도록 명령했는데 이것은 뉴잉글랜드 역사상 가장 큰 환경 정화 프로젝트가 되었다.

교정적 깨달음의 제공자로서 영화

이 글에서 인간이 지구를 망쳐놓는 중대한 과실 중 하나인 물의 오염을 다루었다. 인간중심적인 탐욕으로 더 많은 생산품, 신제품들을 개발하는 과정에서 물로 씻어내는 과정이 필요했고 그 결과 생겨난 폐수는 땅과 시내로 흘러들어가 상수원을 오염시켰고 인간을 병들게 했다. 가이아 빈스는 인류세의 시대에 물과 관련하여 인류가 처한 위기를 다음과 같이 진단하고 있다.

목을 축이고 목욕을 하고 배를 채우고 쓰레기를 버리고 이동하기 위해 인간은 강과 호수에 전적으로 의지했다. (…) 인류세에 인류는 세계의 강들과 그 밖의 담수원에서 물을 빼내고 있다. 인간이 농업, 산업, 에너지 생산을 위해 물을 더 많이 추출한다는 것은 많은 강들이 말라간다는 뜻이다. 한편 마르지 않은 다른 강들은 너무 오염이 심해 사용할 수가 없다. [14]

위에서 분석한 세편의 영화는 대규모의 농장, 대기업이 땅에 쏟아버린 오염물질로 인해 각종 질병이 부메랑으로 인간에게 돌아오는 참극을 다루며 〈에린 브로코비치〉〈시빌 액션〉의 경우에는 그것을 돈으로 무마하고 은폐하려는 그들의 가증한 시도들을 보여준다. 이와 동시에 대기업이 고용한 최고 로펌의 변호사들에게 맞서서 고통당하는 피해자들과 공감하며 그들의 입장을 대변하는 개인의 영웅적인 노력이 묘사된다. 다윗과 골리앗과 같은 싸움이 해피엔딩으로 끝나기도 하고 이들이 빈털터리 신세가 되기도 하지만 돈 때문에 인간을 희생시키는 행태는 반드시 발각되고 대가를 치르게 된다는 것은 영화가 제시하고자 하는 교훈이다. 다니엘 화이트가 말했듯이 인류세의 시대에 영화가 수행해야 하는 귀중한 역할 중 하나는 바로 이러한 "교정적 깨달음"을 제공하는 것이 아닌가 생각된다. 왜냐하면 수질 오염은 단지 하나의 사례일 뿐이고 인간이 지구를 망쳐놓은 현상은 세계도처에서 점증적으로 발견되기 때문이다.

주석

1   Crutzen, Paul. "Geology of mankind," *Nature* 415 (6847) (2002): 23.

2   White, Daniel. *Film in the Anthropocene: Philosophy, Ecology, and Cybernetics. Gewerbestrasse*: Palgrave Macmillan, 2018.

3   위의 책, 6쪽.

4   〈천 에이커〉에 대한 논의는 『문학과영상』 12.1(2011): 233−259에 실린 나의 논문 「『리어왕』의 현대적 재해석으로서의 〈천 에이커〉: 소설과 영화」를 이 글의 포맷에 맞게 수정한 것이다.

5   Strehele, Susan. "The Daughter's Subversion in Jane Smiley's *A Thousand Acres.*" *Critique: Studies in Contemporary Fiction* 41.3 (2000): 218.

6   Kessel, Tyler. "Smiley's *A Thousand Acres*," Explicator 62.4 (2004): 243

7   위 글, 243쪽.

8   Strehele, 217쪽.

9   McDermott, Sinead. "Memory, Nostalgia, and Gender in *A Thousand Acres*," Signs 28.2 (2002): 395.

10 Strehel, 216쪽.

11 Schiff, James A. "Contemporary Retellings: *A Thousand Acres* as the Latest Lear." *Critique: Studies in Contemporary Fiction* 39.4 (1998): 377.

12 Griggs, Yvonne. "'All Our Lives We'd Looked Out for Each Other the Way That Motherless Children Tend to Do': *King Lear* as Melodrama." *Literature/Film Quarterly* 35.2 (2007): 102.

13 www.pbs.org/newshour/science/science−jan−june13−hinkley_03−13

14 가이아 빈스, 『인류세의 모험』, 김명주 옮김. 곰출판, 2014, 98~99쪽.

08

윤지영

인류세와 페미니즘

툰베리라는 여성 청소년 기후활동가,
저항의 아이콘이 되다

인류세라는 지구 시스템의 교란과 기후위기는 툰베리라는 16살 여성 청소년 기후활동가를 도래시키기에 이르렀다. 인류세를 가속화시킨 주요인으로는 기성세대의 기후변화 부인론부터 소비자본주의와 경제 성장모델에 입각한 행동 패턴을 전혀 바꾸지 않으려는 타성과 무행동주의, 핵무기 발명과 사용, 전쟁과 합성물질 개발로 인한 생태 파괴 등이 있다. 미래세대에 의해 인류세는 '어른세'임에 다름 아님이 낱낱이 폭로되고 있다.

툰베리라는 여성 청소년 기후활동가는 지금 바로 여기에서 지구와 미래 세대를 위한 직접 행동주의를 실행할 것을 강력히 요구하고 있다. 상냥하고도 부드러우며 유약하고 순진한 소녀의 프레임을 깨고서 기성세대 남성 정치인들과 맞서길 두려워하지 않는 툰베리의 도전적인 언행은 여성혐오와 아동혐오, 장애인 혐오, 대중혐오라는 중층적 혐오의 표적이 되고 있다. 이는 인류세라는 지구행성주의적 거대 서사 속에서도 성별과 나이, 장애 여부, 학력 여부에 따른 차별이 여전히 존재하며 이러한 불평등 구조가 심화될 수 있음을 보여주는 것이기도 하다.

이 글을 통하여, 인류세의 지질학적, 물리적 층위 변동만을 들여다볼 것이 아니라, 인류세가 촉발한 새로운 정치 지질학의 복합적 층위를 세밀하게 파헤쳐보고자 한다.

2019년 올해의 인물, 그레타 툰베리

『타임』지가 뽑은 2019년 올해의 인물은 그레타 툰베리(Greta Tunberg)다. 툰베리는 16살 스웨덴 여성 청소년 기후활동가로 기후변화와 인류세에 관한 문제에서 가장 주목받는 인물 중 한 명이다. 기후변화의 위급성을 알리기 위해 금요일 학교 파업을 시작한 툰베리의 작은 실천은 동시대 젊은이들에게 엄청난 파급 효과를 일으켰으며 소위 '툰베리 효과(Tunberg effects)'까지 낳았다. 툰베리 효과란 전 세계 기후변화 활동가들이 주로 여성 청소년들로 구성되어 있으며 새로운 환경 활동가들의 세대교체를 예고하는 것이다. 툰베리의 일거수일투족은 많은 이들의 관심을 받고 있으며, 그로 대표되는 새로운 세대의 환경정의와 인류세에 대한 문제의식의 인식 공유는 매우 놀라운 수준이다. 기후변화의 심각성을 부인하며 기후협약에서 탈퇴하는 미국이 나온다 할지라도, 새로운 세대의 청소년들과 청년들은 인류세라는 새로운 지질 시대의 위급성을 그 누구보다도 철저히 직시하고 있다. 바로 그들이 일상의 최전방에서 근본적 변화의 움직임을 촉구함과 동시에 주도하고 있다.

　『타임』지를 장식하는 그레타 툰베리의 표지사진을 보자. 하얀 물보라가 부서져 내리는 암석 위에 서서, 온 몸으로 파도를 맞으며 저 먼 곳을 향해 시선을 던지고 있다. 그리고 그 뒤로 하늘과 바다가 맞닿는 지평선이 펼쳐져 있으며 지평선 언저리에는 옅은 노을의 기운이 번져 있다. 툰베리의 짙은 고동색 바지는 암석의 색깔과 닮아 있으며 툰베리의 옅은 분홍색 점퍼는 지평선을 수놓은 노을의 색깔로 금세 녹아들고 만다. 툰베리가 내딛고 있는 발걸음은 에베레스트산을 정복한 인간의 오만함이 아니라, 자연 속 자연으로서의 인간의 겸허함과 용기의 상징이다. 그레타 툰베리의 『타임』지 표지 사진에서 인간 존재는 단독적이며 자족적 존재가 아니라, 수권, 대기권, 암석권이라는 지구 경관의 일부이자 다양한 비인간 행위자들과 긴밀하게 연결되어 있다. 이러한 인간과 비인간의 상호 얽힘의 인식 지평 위에서, 긴 소매를 한참은 말아 올려도 보이지 않은 젊은이의 저 작은 손이 지구를 위한 변화의 초침을 밀어젖히고 있는 것이다.

그렇다면 인류세의 초침은 어디에 가 있는가? 프랑스 철학자 알렉상드르 페데로(Alexander Federau)의 『인류세의 철학을 위하여』라는 저서에서 인류세는 3가지 국면으로 크게 나뉜다. 첫 번째 국면은 1749년에서 1945년 사이에 있으며 산업혁명시기의 시작점으로 정의되는데, 페데로의 견해 외에도 『인류세의 충격』이라는 저서를 쓴 보네이유와 프레쏘는 인류세의 심층적 원인과 과정을 화석연료의 연소기반으로 한 열-산업으로의 진입이 주된 원인이라고 본다. 인류세의 두 번째 국면은 1945년에서 2015년 사이이며 거대한 가속화로 특징지어진다. 소비의 민주화와 자본주의 시스템의 전 지구화, 세계 양차대전의 결과들에 의해 1945년이 거대한 가속화의 시기로 설정된 것이라는 점에서, 자본주의 생산양식이 기후변화에 미친 핵심적 역할을 간과할 수 없음이 드러난다. 전 지구적 자본주의 시스템이 기후 안정성에 커다란 위협이 된다는 것은 부인할 수 없기 때문이다. 마지막 국면은 인간과 비인간 간의 상호적 존재론으로 특징 지워지는데, 지금 우리는 아직도 생성 중인 인류세의 마지막 층위에 가로놓여 있는 셈이다. 다시 말해, 인류세에 대한 논의는 이미 모두 결정된 것이 아닌, 실험적 사고를 요구하는 것일 수밖에 없으며 그러하기에 툰베리를 비롯한 미래 세대의 도전적 문제의식과 발본적 변화의 시도들이 더 필요한 것이다.

인류세라는 지구행성주의적인 거시 서사가 쉬이 놓쳐버릴 수 있는 인류세의 정치 지질학적 측면은 과연 무엇인가를 이 글을 통해 탐구해보고자 한다. 인류세를 호모 사피엔스라는 인간종의 공통 운명인 집단적 정체성으로만 한정하기에는 인류세에 의한 정치적 불평등의 구조는 더욱 심화되고 있기 때문이다. 이를 위해, 기후변화운동이 툰베리라는 여성 청소년을 중심으로 구성된 이유는 무엇이며 툰베리 효과로 인해 많은 여성 청소년 기후활동가들이 등장하게 된 현상을 분석해보고자 한다. 또한 툰베리에 대한 열광의 이면에 툰베리에 대한 증오가 증폭되고 있는 현상을 들여다봄으로써, 기성세대 대 새로운 세대, 중장년 남성 대 여성 청소년들 간의 인류세에 대한 인식과 활동의 대립 구도를 살펴보고자 한다.

누구를 위해 학교의 종은 울리는가?

"학교종이 땡땡땡. 어서 모이자. 선생님이 우리를 기다리신다." 한국의 오래된 동요인 「학교종이 땡땡땡」에서 학교 종은 학생 한 명이 아닌 학생 집단을 움직이는 행동강령의 지침이자 언제까지 교실로 들어가 있어야 하는가를 명확히 정해주는 것이다. 이러한 학교종은 지식의 소유자이자 전수자인 교사의 지시에 따르는 행동이자 교사에 대한 존중의 의미이기도 하다. 또한 어린 학생들이 어느 시간대에는 어느 공간에 반드시 있어야 하는가를 규정하는 시공간의 분할방식이자 어린 학생들의 활동에 대한 통제 방식이 학교종으로 상징된다. 즉 학교종은 학생의 몸에 순응과 규율을 각인시키는 장치다.

그런데 학교종이 울리면 교실로 들어가는 순응적 몸, 모범적 몸이 되는 대신에, 감히 국회의사당으로 향한 한 여성 청소년이 있다. 바로 그레타 툰베리다. 2018년 8월 말부터, 그레타 툰베리는 기후를 위한 학교 파업이라는 구호를 손에 들고서 홀로 스웨덴 국회의사당 앞으로 향했다. 지구 온난화에 대항하기 위한 정치인들의 무행동주의를 강력히 비판하기 위해 학교종을 정확히 지키는 대신, 지구가 우리에게 보내는 경보 알람을 듣기로 한 것이다. 지구가 우리에게 보내는 다양한 경계경보에도 귀를 막고 눈을 감고 있는 기성세대 정치인들에 대한 분노의 표현이 학교 파업으로 구체화된 것이라 할 수 있다. 또한 툰베리가 기후를 위한 학교 파업을 진행할 수 있었던 데에는 미성년 학생 역시 학습권을 가진다는 의식이 전제되어 있으며, 이러한 학습권은 한 개인의 입

신양명과 성공에만 초점을 맞춘 것이 아니라, 지구와 인류 전체에 대한 책임과 윤리의식에 기반해 있음을 보여주는 것이다.

"네가 좀 더 큰 후에, 더 힘을 갖게 되면 그때에 사회를 변화시키렴." "지금 너는 너무 어리니, 일단 어른들이 하라는 대로 하고 그 이후에 너가 원하는 대로 해도 늦지 않다." "학생의 본분은 공부야, 어디 어린 것이 어른들이 하는 일에 끼어들려고 하니?" 이러한 말들은 기성세대가 새로운 세대에게 가장 많이 하는 말이자 우리가 미성년이거나 20대 초반일 때에 가장 많이 들었던 말이기도 하다. 지금, 바로 여기에서 기후변화를 막기 위한 행동의 발걸음을 시작하려는 툰베리는 학교 종소리라는 어른들이 만든 규율에 순종하여 예상된 반경 안에서 효율적으로 움직이는 대신, 인류세라는 새로운 지질학적 시대가 우리에게 촉구하는 패러다임의 전환을 위한 낯선 길을 내어가고 있다.

북반구에 위치한 스웨덴에서도 폭염 기록이 갱신되던 2018년 여름, 스웨덴에서만 7월 한 달 동안 60곳에서 산불이 일어났다. 이러한 이상기후현상에 위급한 문제의식을 느낀 툰베리는 개학날인 8월 21일에 학교로 향하는 대신, 기후행동을 촉구하는 플래카드를 손에 들고서 국회의사당 앞에서 1인 시위를 시작했다. 북유럽 국가인 스웨덴에서 200년 만에 폭염과 기근 현상이 일어난 것은 결코 일상적인 일이 아니었기 때문이다. 이러한 문제적 상황을 한시적이고 변덕스런 날씨로 받아들이는 대신, 지구 시스템 자체에 대한 교란 행위로 읽어낸 툰베리는 자신의 일상 경로 역시 변경하기로 결심했다. 그리하여 툰베리는 8월 21일부터 9월 9일 총선 선거일까지 학교 파업을 결심하기에 이르렀었다. 이러한 학교 파업 행동은 총선에 출마하는 정치인들에게 지구 온난화 효과로부터 지구를 보호하려는 정책 프로그램이 전혀 제시되지 않고 있는 현실을 강력히 비판하기 위한 것이었다. 또한 학교라는 어른들이 정해준 공간으로부터 이탈해 나옴으로써, 지구와의 연결 감각을 기민하게 표출한 것이다. 그러나 툰베리가 감행한 '교실 밖 행동주의'는 많은 이들에게 놀라움과 우려를 불러일으키기도 했으며, 어린 소녀는 자신이 있어야 할 제자리인 학교로 돌아가야 한다는 걱정 반 힐난 반의 목소리에 부딪혀야만 했다. 많은 정치인들은 툰베리의 1인 시위현장에 직접 방문하여 여성 청소년 기후활동가의 문제의식을 공유하고 지지를 표했지만 그가 다시 학교로 돌아갈 것을 간곡히 부탁했었다. 그리하여 그녀는 수업 파업을 금요일로 한정하기로 결정했고 그리하여 미래를 위한 금요일 운동이 시작된 것이다.

툰베리로 대표되는 지구를 위한 기후변화운동은 인류세로의 진입에 대한 명확한 인식을 공유함으로써 일어났다. 현재 우리는 여섯 번째 대멸종의 궤도를 향해 내달리고 있다고 평가된다. 이러한 인류세는 지구 시스템의 기능이 인간에 의해 균열이 일어났음을 의미하는 것으로 단절의 시점을 가리킨다. 왜냐하면 인류세는 도무지 같이 갈 수 없다고 여겨졌던 인간 역사와 지구 시스템의 역사의 궤도가 맞물리면서 발생하기 때문이다. 지구라는 행성 발생이 45억 년 전에 이루어진 것이라면, 지구상에 인간이라는 생명의 출현은 20만 년 전에 불과하다. 20세기 중반의 역사가들에게 환경은 너무도 천천히 변하기에 시간적 의미가 없는 것이거나 인간의 단기역사가 펼쳐지는 동안 말 없는 수동적 배경으로 여겨지는 것이었다. 그리고 지질학적 시간의 거대한 스케일에서 보자면 인간은 아주 작은 점에 불과했었다. 그런데 이제 인간이라는 종이 "지구 행성을 위협하는 존재"이자 "인류가 지구 전체에 유례없는 장악력을 발휘하고 있"[1]게 된 것이다. 즉 인류세가 기존의 인식지평과 갈라지는 지점이란 이제 인간이 지구행성 전체의 기후에 영향을 미치는 전례 없는 힘의 범위와 규모를 가진다는 것에서 출발하는 것이며 이것이 기존의 인식틀과 존재지평을 근본적으로 뒤흔든다는 점이다. 전 지구적 환경 위에 남긴 인간의 자국은 너무나 광대하고 격렬해서 그 자국은 지구체가 작동할 때 자연이 가하는 거대한 힘과도 견줄 만하게 되었다는 것이다. 이처럼 인간행위가 지구체를 변화시킨 반박할 수 없는 증거들로는 대기 중의 온실가스의 상승과 생물 다양성의 붕괴, 질소와 인 사이클의 붕괴, 물 순환 변화, 대양 산성화 등이 있다.

도나 해러웨이의 말처럼 "인류세는 심각한 불연속성을 남기는 것이며, 그 뒤에 오는 것은 전에 왔던 것과 같지 않을 것"[2]으로 여겨진다. 이처럼 인류세의 시간성과 공간성은 이중적인데, 먼저 인류세의 시간성은 앞에서 언급한 바와 같이 지구 시스템의 장기 역사와 인간의 단기 역사의 중첩이며, 인류세의 공간성은 전 지구적인 것(The global)과 지역적인 것(The local)의 중첩이기 때문이다. 인류세는 두 가지 축(총체적인 것과 지역적인 것, 미시적인 것과 거시적인 것, 인간 역사와 지구 시스템의 역사, 인간종으로서의 특권적 위치라는 집합적 정체성과 인간 내부의 차별적 위치점들)간의 긴장 관계와 역동적 역학의 길항 관계에서만 우리에게 유의미한 존재론적 전회의 지점이 될 수 있다. 인류세는 거대 서사로만도 축소되어서는 안 되며, 그렇다고 미시 서사로만도 축소되어서는 안 된다. 왜냐하면 인류세의 촉발 역시 이 두 가지 전혀 다른 시간성이 충돌하면서 생성되었다는 점을 잊지 말아야 하기 때문이다. 그러하기에 우리는 전 지구적인 것과 지역적인 것, 인간종으로서의 공통 운명성과 개별 인간으로서의 고유성이라는 두 가지 요소들에 대한 전망을 놓쳐서는 인류세에 대한 적확한 이해와 대안적 실천들에서 멀어지게 되는 것이다.

인류세는 홀로세의 정상상태로의 복귀를 예견할 수 없는 회기 불능의 지점이라는 지질학적 분기점이기도 하다. 즉 인류세는 지속가능한 발전이라는 편안하고도 위안적인 프로젝트를 무효화하는 것일 수 있다. 인류세의 불편하고도 위급한 국면을 대대적으로 전면화하는 이가 바로 툰베리이기도 하다. 또한 인류세 개념은 현재에 대한 명확한 진단 계기일 뿐만이 아니라, 지배적 현실의 무게를 떠안고서 미래를 전망하도록 하는 방식이기도 하다. 무엇보다도, 인류세라는 개념은 상황들에 대한 지각과 해석의 프레임으로 사용될 뿐만 아니라, 급변의 상황에 놓인 몸이 무엇인가를 드러내는 새로운 형태의 상상력이기도 하다. 인류세라는 인간 지배종의 집단적 운명에도 불구하고 지역과 사회적 계층에 따른 환경학적이며 정치적 불평등성이 어떻게 일어나고 있는가를 비판적으로 분석하기 위해, 인류세를 자본세, 남성세, 유럽세 등으로 부르기도 한다. 왜냐하면 인류세는 거대한 지질학적 시간의 심층 역사만이 아니라, 자원과 자산 분배 시스템의 비대칭성과 생존을 위한 각기 다른 방식들을 발생시키는 인간역사의 변곡점이기도 하기 때문이다. 그리고 인류세를 탈정치화하지 않기 위해서는, 인류세 시대에 가속화된 사회적 차별과 위계화된 몸들의 형성을 첨예하게 정치화하는 인식틀들이 지속적으로 생산되어야 한다고 본다.

이러한 관점에서, 그레타 툰베리에게 재정의되는 인류세란 아마도 '어른세'에 가까울 것이라고 나는 생각한다. 기성세대가 조장, 확산하고 있는 기후변화 부인론과 무행동주의부터 기성세대들이 재생산하고 있는 소비자본주의, 기성세대가 저지른 핵 실험, 전쟁으로 인한 환경 파괴, 플라스틱 등과 같은 합성물질의 개발과 남용 등은 인류세를 어른세라고 개념화하기에 충분하기 때문이다.

툰베리의 분노하는 얼굴,
누구를 불편하게 하는가?

인류세의 본질이 어른세임을 지속적으로 우리에게 상기시키는 불편한 존재인 툰베리는 웃지 않는 소녀, 분노하는 소녀로 상징된다. 입술을 앙다물고 미간을 찌푸리거나 2019년 UN 기후행동 정상회의 연설이나 세계경제포럼 연설에서 분노를 토해내며 어른들을 꾸짖는 아이는 우리에게 매우 이질적인 존재다. 이런 의미에서 툰베리는 현대의 아동·청소년에게 투사되고 있는 전형화된 이미지와도 거리가 멀다. 특히 소녀에게 기대되는 수줍은 미소와 나긋나긋함, 상냥함, 고분고분함, 순진무구함이라는 신체적 습속과 덕목들을 위반하고 있는 16살 여성 기후활동가는 인류세의 책임과 원인을 기성세대로 명확히 규정하고 있다. 기성세대의 의도적 무지와 현실 부인의 태도, 관성적인 소비주의 패턴과 경제성장 모델에의 맹신이 바로 그 이유라 할 수 있다. 어른의 심기를 살피고 눈치를 보거나 어른의 환심을 사려는 소위 소녀다운(?) 애착에 대한 갈구 대신, 어른의 눈을 똑바로 쏘아보며 그들이 만든 지구의 파국적 현장을 두 눈 앞에 디밀어 직시해내길 촉구한다. 두 손을 다소곳이 모으거나 어른들로부터 호의나 선물을 받아내기 위해 두 손을 공손히 내미는 순응의 제스처 대신, 툰베리는 어른들을 향한 책임의 손가락질을 거침없이 하고 있다. 즉 툰베리는 아동과 소녀에 대해 어른들이 투사해놓은 환상적 구축물을 박살내었다.

이 세기의 가장 정치적인 존재로 급부상한 스웨덴 여성 청소년 기후활동가는 누구인가? 그레타 툰베리는 2003년 1월 3일 스톡홀름 출생으로 오페라 가수인 어머니와 영화배우인 아버지에게서 태어났다. 툰베리는 직설적이며 공격적인 화법으로도 유명하다. 우회적이며 부드러운 완곡 화법 대신 강력한 문제의식을 촉구하는 격앙된 화법은 툰베리를 상징하는 것이다. 툰베리의 격앙된 분노의 태도는 그가 겪어야만 했던 기후 우울증이라는 무기력증으로부터 벗어났다는 징표이자 직접 행동주의의 시급성을 촉구하기 위한 방법론이기도 하다. 툰베리는 기후변화 문제를 9살이 되던 해에 처음으로 접하고 기후 우울증을 심하게 겪어야만 했었던 매우 기민한 감수성과 정치적 의식화를 지닌 인물이다. 지구 시스템의 파괴가 현재 진행형임에도 불구하고 제대로 된 대책이나 해결방안, 변화의 움직임이 일지 않는 이 세계에 대한 강력한 의구심과 절망으로 인해, 그는 먹는 것도 중지하고 의사소통 의사도 거부했다. 이로 인해 극심한 체중감량과 우울을 겪어야 했다.

그리고 11살에는 아스퍼거 증후군과 선태적 자폐 진단을 받게 된다. 이러한 깊은 절망과 우울의 늪에서 스스로를 병리적 존재로 자기연민하는 대신, 툰베리는 일분일초를 바꾸는 직접행동의 전사로 탈바꿈한다. 체념 속에서 어른들이 만든 삶의 부조리를 그저 견뎌내거나 외면하기보다는, 문제가 되는 상황에 손수 뛰어들기로 한 것이다. 이처럼 매우 기민한 감수성과 정치적 의식화와 실천력을 가진 툰베리는 호소력 짙은 화술과 뛰어난 문장력으로 2018년 5월 스웨덴의 한 신문사에서 주최한 기후변화를 주제로 한 글쓰기 대회에서 우승을 거두기도 했다. 즉 툰베리는 직접행동을 실천하는 용기와 결단력만이 아니라 기후변화행동을 촉구하기 위한 연설 무대에 최적화된 인물로 급부상하게 된 것이다.

툰베리는 인류세라는 거대 서사 앞에서 압도당하거나 무행동주의로 귀결되지 않고 비행기를 타지 않고 고기를 소비하지 않는 일상의 가장 미시적 실천부터 제도적, 구조적 변화를 전 지구적 차원에서 도모하고 유도해내는 데 앞장서고 있다. 또한 툰베리는 어른들로부터 가르침을 받는 입장에서 벗어나 자신의 부모에게 인류세적 실천에 합류하길 요구하고 가르치는 이가 되었다. '탄소 발자국(carbon footprint)'이라는 이산화탄소 배출량을 줄이기 위해, 아버지 스반테 툰베리는 엄격한 채식주의자가 되었고, 오페라 가수인 어머니 말레나 에른만은 비행기 여행을 해야만 하는 해외 공연도 포기하는 등 툰베리의 지대한 영향력을 받았다. 그리하여 에른만은 비행기 타기 거부 운동을 스웨덴에서 확산시키는 데에 기여했다. 여기서 탄소 발자국이란 지구 온난화의 주요인인 온실기체가 개인 또는 단체의 인간 활동을 통해 얼마나 많이 배출되는가를 측정하는 지표를 가리킨다. 탄소 발자국은 일상생활에서 사용하는 연료, 전기, 용품 등의 사용에서도 발생하며 온실 가스 총배출량을 효과적으로 관리하기 위한 것이다.

스웨덴에서는 비행기 탑승을 부끄러움으로 여기는 신조어인 '플뤼그스캄(Flygskam)'까지 등장했다. 이러한 수치의 감정은 지구와 연결되어있는 인간종으로서의 책임의식에서 기인하는 것이자 지구에 대한 생태수탈지수가 이미 임계점을 넘어서버렸음에 대한 긴박한 직시의 결과이기도 하다. 왜냐하면 유럽환경청(EEA, European Environmental

인류세와 페미니즘

Agency)의 자료에 따르면 탄소 배출량이 가장 높은 운송수단은 비행기이며 전 세계 온실가스 배출량의 2~3퍼센트를 차지하고 있다. 즉 "비행기를 탄 승객 1명이 1킬로미터를 이동할 때 배출되는 이산화탄소의 양은 285그램으로, 104그램인 자동차의 2배, 14그램인 기차보다는 20배 정도나 많다."[3] 그리하여 탄소 배출량이 가장 적은 기차 여행을 하는 것에 대한 자부심을 느끼는 것에 대한 신조어인 '탁쉬크리트(Tagskryt)'가 생기기도 했다. 이러한 언어적 변화는 인류세 시대가 직면한 난국을 타개해나가는 행동들을 자랑스러운 것, 뿌듯한 것으로 여기게 함으로써 이것을 전시, 공유할 것을 독려하는 연대의 전술이자 지구를 위한 신념과 긍정적 감정을 접속시키는 방식이다. 기후행동이 우리에게 일상의 불편함과 불유쾌함을 일으키는 부정적인 것이 아니라, 즐거움과 자부심을 유발하는 기쁨의 원천이기에 의식적 차원은 물론 무의식적 차원에서 이를 적극적으로 실천할 것을 도모하기 위한 언어적 전술이 신조어로 구현된 것이다.

그렇다면 인류세 시대의 인식변화와 실천변화의 축이 되고 있는 언어적 변화의 지평 위에서, 인류세를 지칭하는 또 다른 이름에 주목해보자. 프레쏘와 보네이으에 의하면 인류세는 곧 '열세(Thermocence)'다. 19세기와 20세기 사이 이산화탄소 배출량의 급증으로 인한 기후변화의 역사는 곧 에너지 전환의 관점에서 주로 접근되고 있다. 그러나 이러한 에너지 전환 개념은 반드시 문제시되어야 할 필요성이 있다. 석탄에서 석유로, 석유에서 원자력으로 에너지원이 순차적으로 전환된 것이 아니라 오히려 겹겹이 추가되었다고 보는 관점이 더 타당하기 때문이다. 이러한 에너지 전환 개념은 여전히 과거의 시스템이 현재에도 지속되는 것을 보지 못하도록 하는 경향이 있다. 왜냐하면 2012년 프랑스에서는 석탄을 통한 전기 생산량이 79퍼센트에 이르기도 했었기 때문이다. 이러한 전환 개념은 기술혁신에 의한 순차적 진보관과 미래에 대한 경영학적이며 계획적인 합리성과 맞아떨어지기에 에너지 역사의 관점에서 여전히 사용되는 것이기도 하다.

열세의 역사는 에너지의 역사를 탈자연화한다. 왜냐하면 에너지의 역사는 정치적이며 군사적, 이데올로기적 선택의 역사이기 때문이다. 증기기관차는 1830년 영국 섬유 공장을 기반으로 한 산업자본주의의 이데올로기에 부합하는 유연한 에너지원이었다. 그러나 19세기말 경제적 세계화는 바람의 힘으로 거의 이루어진 것이었음에도 불구하고 석탄이라는 에너지원의 이데올로기적 선택을 통해 이러한 역사가 은폐된 것이다. 그리고 19세기 말 석탄의 예상된 부족현상과 열대 식민지 개발에 대한 가치화를 통해, 태양열 에너지가 커다란 흥미를 불러일으켰었다. 1870년대에 오거스탱 무쏘는 태양열 기관차를 처음으로 발명했다. 석탄이 없는 알제리에 태양열 시스템을 발전시키고자 국가로부터 엄청난 지원금을 받기도 했다. 즉 석탄 사용만이 아니라, 풍력과 태양열 에너지원이 산업혁명시기에 이미 개발, 사용되었다는 역사적 사실을 간과해서는 안 된다. 인류세 시대의 해결책을 마치 대체 에너지의 개발만으로 잡는 것이 얼마나 어리석은 일인지 보여주는 것이다. 다시 말해, '어떤 에너지를 새롭게 개발해야 하는가?'가 아니라, '어떤 에너지를 일상에서 실질적으로 사용할 것인가?'라는 구체적 실천과 적용의 문제임을 보여주는 것이다.

툰베리는 UN 기후행동 정상회의에 참석하기 위해, 열 몇 시간 남짓이면 도착할 수 있는 편리한 비행기를 타는 대신, 태양광 패널과 수중 터빈을 갖춘 소형 보트를 타고 15일간에 걸쳐 영국에서 미국으로 대서양을 건너가는 모험적 실험을 직접 실천하기도 하였다. 태어나서 처음으로 배를 타보는 그이기에 뱃멀미로 고통받을 수도 있겠지만 이러한 불편한 요소들도 모두 받아들이겠다는 결심을 통해, 태양광 소형 보트에 오르게 된 것이다. 편리함과 간편함 대신, 불편하고 복잡하더라도 지구와 미래세대를 위한 기후행동에 합류해야한다는 메시지를 전하기 위한 것이다. 또한 이것은 탄소 배출을 최대한 줄여나가기 위한 기후행동의 표본이며 직접 행동주의가 무엇인가를 보여주는 방식이기도 하다. 수만 가지 현학적이며 그럴듯한 담론 대신, 지구를 위한 작은 행동부터 직접 실현해나가는 용기와 결단력을 우리에게 보여준 것이다.

툰베리 연설문과 툰베리 효과
─여성 청소년 기후활동가들의 대거 등장

세계의 이목을 집중시키는 연설가이자 웅변가로서의 탁월한 능력을 가진 툰베리는 2019년에도 여러 공적 회의에 참여하며 기후행동의 중요성을 널리 알렸다. 몫 없는 자의 전형으로 여겨지는 미성년이자 여성이며 자폐증을 앓는 이가 들리지 않고 소음으로 전락해온 비인간과 자연, 미래세대의 빼앗긴 몫을 되찾기 위해, 말하는 자, 싸우는 자로 전면 전환된 것이다. 툰베리는 2019년 1월 스위스 다보스에서 열린 세계경제 포럼에서 불타는 집이라는 강렬한 문구로 기후변화의 시급성을 촉구하는 유명한 연설을 하게 된다.

"우리 집이 불타고 있다. 나는 우리 집이 불타고 있음을 말하고자 지금 여기에 있다. IPCC에 의하면 우리의 실수를 만회하기 위한 시간이 12년도 채 남지 않았다고 한다. (⋯) 우리는 많은 수의 사람들이 미처 다 표현하고 있지 못한 고통스런 재난에 직면해 있는 것이다. 지금 우리는 정중하게 말할 때도 아닐뿐더러 우리가 무엇은 할 수 있고 할 수 없는가를 말하는 데 초점을 맞출 때도 아니다. 지금은 명확하게 말할 때다. 기후위기의 해결책은 호모 사피엔스가 직면한 가장 복잡하고도 가장 중요한 도전이다.
주요한 해결책은 어린아이도 이해할 수 있을 만큼 매우 간단한 것이다. 온실효과를 내는 가스의 배출을 멈추어야만 한다. 우리가 그것을 하거나 하지 않는 것이다. 당신들은 삶에서 그 어떤 것도 혹이나 백은 아니라고 말할 것이다. 그러나 그것은 거짓말이다. 그것도 매우 위험한 거짓말이다. 우리가 1.5도 기온이 올라가는 것을 멈추는 일이거나 그렇게 하지 않는 일에 관한 것이다. 인간 통제를 벗어난 돌이킬 수 없는 연쇄작용을 일으키는 걸 피하는 일이거나 그렇게 하지 않는 일인 것이다. 문명으로서 지속하는 걸 선택하는 일이거나 그렇게 하지 않는 일인 것이다. 이는 마치 혹 또는 백처럼 나타나는 것일 수 있다.

생존에 관한 한 회색지대란 있을 수 없기 때문이다. 지금 우리에겐 선택의 여지가 있다. 우리는 인류의 미래를 위한 조건들을 보존할 수 있는 변화의 행동을 창조해내거나, 아무것도 없었던 것 마냥 계속 지속해나가며 실패할 수도 있다. 당신과 내가 결정해야만 한다. (…)

어른들은 끊임없이 젊은이들에게 희망을 줘야 한다고 말한다. 그러나 나는 당신들의 희망 따윈 원치 않는다. 나는 당신들이 희망차 있길 원치도 않는다. 나는 당신들이 공포스러워하기를, 내가 매일 느끼는 공포를 당신들도 느끼길 원해 마지않는다. 나는 당신들이 행동하길 원한다. 당신들이 위기상태에 있는 것처럼 행동하길 원한다. 나는 당신이 집이 불타고 있는 것 마냥 행동하길 원하며, 실상 그렇기도 하기 때문이다."**4**

지구를 불타는 집의 위급상황에 비유하고 고준담론의 머뭇거림과 신중함의 유예상태에서 벗어나 지금 여기에서 지구와 미래세대를 위한 행동을 곧바로 실행할 것을 강력히 촉구하는 연설이다. 현실직면을 회피하기 위한 어설픈 희망 대신 기후행동을 위한 절박함과 시급성으로부터 비로소 변화가 시작되기 때문이다. 툰베리는 기만적 희망의 수사 대신, 우리의 뼈와 살, 피부를 관통해내는 절박한 감각으로서의 공포의 감정을 소환하고 있다. 이때의 공포란 지구와 나의 연결 감각이자 더 이상의 변명을 용인하지 않으려는 단호한 태도이기도 하다. 기후변화 문제를 그저 먼 나라, 이웃 나라의 안타까운 외신 보도 정도로 여기며 팔짱 끼고 이를 방관할 것이 아니라 지금 바로 내 집이 불타고 있는 생존위기 상황 앞에서 당장 움직일 것을 요구하고 있다. 호주의 대형 산불로 10억 마리의 동물이 죽음을 맞이해야 했고 코알라는 멸종 위기종으로 내몰리고 있다. 또한 지구의 허파로 불리는 아마존에서 대형 산불이 일어나 지구온난화를 막아줄 버팀목이 무너져 내리기도 하였다. 툰베리의 말대로 지구가 불타고 있는 것이다.

이러한 위급한 국면에서 툰베리가 요청하는 이 공포감이란 타성에 젖은 일상의 소비 패턴과 행동 유형들을 발본적으로 변화시키기 위한 전회의 감각이자 지구와 미래세대를 위한 기민한 행동주의에 대한 통감의 전율에 다름 아니다. 그 어떠한 비수로도 작용하지 않는 부드럽고도 감미로운 자장가를 불러주는 대신, 절절한 현실의 외마디 비명을 내지르고 있는 툰베리인 것이다. 그는 지금 변화의 시작을 위한 분노의 포효를 통해, 우리의 타성과 안주의 습성에 망치질을 가하고 있는 중이다. 혹자는 툰베리의 이 연설이 대중의 공포심을 자극하는 에코 파시즘의 일면을 갖춘 것이라 혹평하며 좀 더 신중해야 하며 덜 감정적이어야 한다고 훈수를 두기도 한다. 그러나 16살의 청소년이 외치는 이 연설을 무지 몽매한 대중들을 혹하게 만드는 선동적 용어로만 한정시키는 비평 방식이야말로 마치 지구를 나와는 상관없는 일로 만드는 것이자 '그래도 어떻게든 되겠지'라는 안일주의의 연장물일 뿐이다. 툰베리의 연설이 현학적인 담론의 기술(description)로 이루어져서가 아니라, '자신을 포함한 어린아이도 이해 가능한 지구위기상황에 대한 인식과 실천이 왜 아직도 유보되고 있는가?'에 대한 강력한 문제제기인 것이다. 기성세대로 살아간다는 건 이미 관성화된 삶의 태도를 통해, 무엇이 문제인지를 몰라서가 아니라, 설령 문제가 있다 할지라도 적당히 이를 뭉개고 살아갈 수 있는 능력치를 높여간다는 것을 의미한다. 이율배반적인 자기기만을 감당해낼 수 있는 내성을 기르는 것이 기성세대가 된다는 의미다. 그러하기에 지구를 이 지경으로까지 만든 기성세대 어른들의 책임을 촉구하고 위선과 기만을 날카로이 겨냥하는 툰베리의 직설 화법과 직접 행동주의야말로 기성세대의 삶 전체에 대한 부정이자 공격행위로 들릴 수밖에 없을 것이다.

2019년 9월 23일 미국 뉴욕에서 열린 UN 기후행동 정상회의에서 툰베리는 "대체 어떻게 그럴 수 있단 말인가?"라는 분개에 찬 통탄의 목소리를 가득 실은 연설을 하였다. 전 세계 국가 정상들과 정치인들에 대한 직격탄이자 기성세대의 무행동주의와 무책임성에 대한 강한 질타의 내용에 또 한 번 전 세계 언론이 주목했다.

"내 메시지는 우리들이 당신들을 감시할 것이라는 데에 있다. 이 모든 것은 잘못되었다. 나는 여기에 있어서는 안 된다. 나는 대서양 반대편의 학교 교실로 돌아가야만 한다. 그러나 당신들은 우리 젊은이들에게 희망을 가지라고 요구한다.

대체 어떻게 그럴 수 있단 말인가? 당신들은 당신들의 그 공허한 말들로 내 꿈과 어린 시절을 모두 훔쳐가버렸다. 그래도 나는 운 좋은 이들에 속하는 편이다. 사람들은 고통받고 죽어가고 있다. 생태 시스템 전체가 무너지는 중이다. 우리는 대멸종의 시작을 앞두고 있는 셈이다. 그저 당신들은 돈만을 이야기하고 영원한 경제 발전의 동화를 말하고 있을 뿐이다. 대체 어떻게 그럴 수 있단 말인가?

30년도 더 된 시기부터 과학계의 메시지는 명확하다. 어떻게 당신들은 현실을 직시하려는 시선을 지속적으로 회피하고 있는가? 당신들은 여기에 와서는 당신들이 이미 충분히 일하고 있다고 말하지만 우리가 필요한 정책들과 해결책들은 왜 아직 존재하지 않는가? 당신들은 우리들을 경청하고 있으며 위급성을 이해한다고 말한다. 나의 슬픔과 화가 어찌 되었든 간에, 나는 그것을 믿을 수가 없다. 만약 당신들이 이 상황을 실질적으로 이해한다면, 그런데도 행동하지 않는다면 당신들은 괴물에 다름 아니다. 그러나 나는 그렇다고 믿기를 거부한다. (…)

어떻게 당신들은 평소대로 사업을 지속하면서, 몇몇 기술적 해결책에만 의존하면서 이 문제가 해결될 수 있다고 믿는 척 할 수 있단 말인가? (…)

당신들은 상황 그 자체를 있는 그대로 말하기에는 충분히 성숙치 않다. 당신들은 우리들을 방치하고 포기하려 하지만, 젊은이들은 당신들이 우리들을 배반하고 있단 걸 이해하기 시작하고 있다. 미래의 모든 세대들의 눈은 당신들을 쏘아보고 있다. 만약 당신들이 우리를 배반하길 선택한다면, 우리는 당신들을 결코 용서하지 않을 것임을 말하고자 한다.

우리는 당신들이 쉽사리 빠져나가는 것을 결코 내버려두지 않을 것이다. 바로 여기에서 즉시, 우리는 한계를 설정할 것이다. 세계는 깨어나고 있으며 변화는 진행 중이다. 그 변화가 설령 당신들의 마음에 들든지, 들지 않든지 간에 말이다."[5]

뉴욕 기후연설에서 툰베리는 미성숙과 배반이라는 용어를 주요하게 사용하고 있다. 툰베리를 미성숙한 어린 소녀로만 치부하고 조롱하던 프레임을 뒤집어, 인류세 시대에 진정으로 미성숙한 자들이란 세계의 엘리트 중의 엘리트라 자처하는 기성세대 정치인들과 국가 수장들임을 명시하고 있는 것이다. 너무나도 명확한 지구 시스템의 위기 상황을 제대로 직시할 용기조차 없는 기성세대의 비겁함과 안이함을 미성숙 상태로 재규정해버림으로써 나이에 의한 연령주의 프레임을 통렬히 뒤틀고 있는 것이다. 현재 지구 시스템의 위기상황 앞에서 가장 큰 용기를 가지고 현 상황에 뛰어드는 이들은 엘리트의 기성세대 정치인들이 아니라, 바로 젊은 미래 세대이기 때문이다.

툰베리의 이 연설문에서는 직시하지 않는 자, 희망을 말하지만 아무런 행동도 하지 않는 자, 미래세대를 방치하는 자, 미래세대를 배반하는 자를 기성세대로 놓고, 이에 반해 미래세대를 현실을 직시하는 자, 공포와 두려움을 말하지만 지금 여기에서 행동하는 자, 기성세대를 용서하지 않는 자, 미래세대를 배반하는 자를 용서하지 않고 가만 내버려두지 않는 자로 정의내리고 있다. 기성세대의 인식틀에선 어른만이 미성년 아동 청소년들의 감시자이자 훈육자, 아이들에게 상벌 효과를 내리며 아이들을 통제하는 자, 제대로 된 지식을 갖춘 자, 무지하고 미성숙한 아동 청소년를 계몽하는 자이자 보살피고 책임지는 자라고 정의되어왔었다. 이 연설문은 바로 이러한 주류적이며 전형적 어른의 정의법을 뒤틀어버린 것이다. 기성세대는 희망이라는 우둔한 믿음을 미래세대에게 줄곧 주지해왔으나 정작 지구의 미래를 위해 제대로 된 대책도 마련하지 않고 작은 행동조차 미루고 있다. 이들은 다른 생물 종과 미래 세대에 대해 배반을 저지른 것과도 같다. 이기주의적이며 나태한 관성에 빠진 기성세대들은 기존의 삶의 틀을 재구조화는 것 자체를 거부하고 있다. 이러한 관점에서, 인류세 시대의 실질적 변화를 도모하고 행동하는 자는 더 많이 알고 더 많이 산 기성세대가 아니라, 덜 살았지만 지구에서 살아갈 날이 더 많은 툰베리로 상징되는 미래 세대임이 드러난다. 툰베리 연설문의 강력한 응징의 어조와 툰베리의 분노로 일그러진 표정은 많은 이들에게 충격으로 다가왔다. 고분고분하고 부탁하고 애원하는 어린아이의 유순함과 유약함 대신, 감히 어른에게 호통치며 정신 차리길 일깨워주는 툰베리의 모습과 말투는 기성세대에 대한 도전으로 읽혔기 때문이다.

툰베리라는 여성 기후운동가의 변화를 향한 연설문은 27년 전, 세번 컬리스스즈키(Severn Cullis-Suzuki)라는 12살 캐나다 여성 청소년 환경 활동가의 역사와도 공명한다. 컬리스 스즈키는 1992년 6월 브라질에서 열린 UN 리우 정상회담 때에 세계의 부모들에게 향하는 메시지를 전달하게 되었다.

"저는 미래를 위해 싸웁니다. 나의 미래를 잃는다는 것은 선거에서 지거나 증시 포인트를 잃는 것과 결코 같지 않습니다. 나는 다가 올 모든 미래 세대의 이름으로 여기에 있습니다. 나는 전 세계 곳곳에서 굶주려 있지만 그들의 목소리는 정작 들리지 않는 아이들의 이름으로 여기에 있습니다. 저는 다른 곳으로 갈 수 없어서 죽어가는 숱한 동물들의 이름으로 여기에 있습니다.

저는 오존층에 난 구멍 대문에 태양 아래, 바깥에 나가는 것조차 두렵습니다. 저는 어떤 화학물질을 포함하고 있는지조차 모르는 공기로 숨쉬기가 두렵습니다. (…)

당신들은 제 나이에 이러한 것들을 걱정이나 하셨는가요? 이 모든 것들이 우리 눈앞에서 벌어지고 있지만 우리는 마치 모든 여유를 가지고 있으며 모든 대책을 가진 것마냥 행동합니다.

저는 단지 어린아이일 뿐입니다. 저는 모든 해결책을 갖고 있지 않습니다만 당신들도 마찬가지로 해결책을 갖고 있지 않다는 걸 당신들도 제발 깨닫길 바랍니다. (…)

만약 이 모든 걸 고치고 회복할 방법을 모른다면 제발 지구를 파괴하는 것이라도 멈추세요.

여기에는 국회의원들과 정부 관료들, 비즈니스맨들과 사장님들, 저널리스트들과 정치인들이 있습니다. 당신들은 아버지이자 어머니이며 형제들이자 자매들이며 삼촌이자 이모들입니다. 그리고 당신들은 모두 누군가의 자식이기도 합니다.

저는 단지 어린아이일 뿐입니다. 그러나 저는 우리가 50억 명의 인간과 3000만 종의 생명으로 이루어진 하나의 가족임을 압니다. (…)

저는 단지 어린아이일 뿐입니다. 그러나 저는 이 문제가 우리 모두와 관련되어 있다는 것을 알고 우리가 하나의 세계처럼 하나의 목표를 향해 행동해야만 한다는 것을 압니다. 제 분노에도 불구하고 저는 눈멀지 않았으며, 제 두려움에도 불구하고 저는 제가 느끼는 바와 같이 세계를 변화시키는 것에 두려움을 갖지 않습니다. (…)

저는 단지 어린아이일 뿐입니다. 그러나 저는 압니다. 만약 전쟁을 위해 사용된 모든 돈들이 환경문제와 빈곤 해결을 위한 해결책을 찾기 위해 사용되었더라면, 지구는 정말 멋진 곳이 되었을 거라는 걸 말입니다. (…)

우리는 당신들의 아이들입니다. 당신들은 어떤 종류의 세상에서 우리가 자라나야 하는가를 결정해야 합니다.

부모님들은 '모든 것이 괜찮아질 거야' '세계종말이 아니란다. 우리가 할 수 있는 최선을 다할게'라고 아이들을 위로할 수 있어야 합니다. 그러나 저는 당신들이 우리에게 이렇게 말할 수 있다고 생각하

지 않습니다. 우리들은 단지 당신들의 우선순위 목록에만 있는 건
가요?

저의 아빠는 저에게 이렇게 말합니다. '네가 행동하는 바가 바로 너
인 것이지, 네가 말하는 바가 네가 아니란다.' 그런데 당신들이 하
는 행동들이 나를 밤마다 울게 만듭니다.

당신들은 우리를 사랑한다고 지속적으로 말합니다. 그러나 나는 당
신들을 시험에 들게 할 겁니다. 제발 당신의 행동들이 당신의 말과
일치하도록 해주십시오."[6]

12살의 세번 컬리스스즈키는 친구들과 직접 마련한 모금액으로
리우까지 날아와서 전 세계 어른들을 향한 기후변화 행동을 위한 6분
간의 연설을 하였다. 컬리스스즈키는 툰베리의 공포와 두려움에 대한
호소를 공통적으로 사용하고 있음과 동시에, 기성세대를 향한 비판의
날을 "나는 비록 어린아이에 불과하지만"이라는 우회적 수사의 동원
을 통해, 효과적으로 하고 있다. 자신이 미래 세대를 위해 싸우러 온 자
임을 초반부에 강력하게 밝힌 후에, 자신은 한낱 어린아이에 불과하다
는 사회적 위상 조절을 통해, 듣는 자의 경계를 일단 낮추게 하고 자신
의 말을 들어보도록 만든다. 자신은 해결책을 가지고 있지 못한 한낱
어린아이에 불과하지만, 어른들 역시 기후변화에 대한 대책을 제대로
알고 있지 못하다고 날카롭게 지적함과 동시에, 기성세대의 이율배반
적인 태도들과 언행 불일치의 위선을 꼬집고 있다. 우리 모두가 누군가
의 자식이자 누군가의 부모일 수 있다는 공통성에 기반하여 전 지구적

위기 상황을 극복하는 행동을 해나가는 하나의 가족이라는 인식의 프레임도 제시한다. 진정성과 사랑에 기반한 감정 호소형의 연설문에는 미래세대에 대한 위로와 사랑, 안심과 희망을 안겨주는 것을 기성세대의 역할이라고 강조하고 있다. 그러나 스웨덴의 여성 청소년 기후활동가는 어른들이 주지하는 희망의 눈가리개를 찢어버리는 길을 택한다. 달콤한 안심과 섣부른 희망의 서사 대신, 절망스럽지만 당장 행동해야 할 위급한 현실인식을 더욱 첨예하게 하고 실질적인 행동을 구체화해 나가길 독려하고 있다. 즉 스웨덴의 기후활동가는 가녀린 소녀이자 도움이 필요한 어린아이로 남는 것을 거부하며 매우 직설적으로 기성세대에 대한 분노를 표출하는 방식을 택했다.

사랑과 가족 프레임이라는 익숙한 수사를 소환하는 대신, 환경정의를 위한 감시자이자 응징자로서의 미래세대의 준엄한 심판의 날이 멀지 않았음을 경고하는 툰베리다. 공허한 말로 지속가능한 개발이라는 경제발전 프레임을 결코 버리지 못하는 기성세대가 여섯 번째 대멸종의 원인자들임을 그 어떠한 우회적 수사의 동원 없이 정조준하고 만 것이다. 어른들의 동화를 부수는 툰베리의 분노는 유엔 회의장에 잠시 들른 트럼프 미국 대통령을 향한 경멸과 분노에 찬 시선에서 선연히 드러난다. 파리기후협약을 탈퇴하며 기후변화 부인론을 널리 설파하고 있는 트럼프의 언행은 미래 세대에 대한 무시이자 미래세대를 방치하고 포기하는 현세대의 가장 무책임한 행동이기 때문이다. 툰베리의 눈에는 트럼프야말로 경제성장제일주의 프레임에 매몰된 자본주의 예찬론자이자 현재 일어나고 있는 지구 시스템의 교란을 보려고도 들으려고도 하지 않는 가장 미성숙한 상태에 놓인 자에 불과하기 때문이다. 꾸짖는 준엄한 시선이 기성세대나 남성, 엘리트 그룹에 의해서만 독점되는 것이 아님을 스웨덴 여성 청소년 기후활동가는 몸소 보여주었다.

이러한 툰베리의 도전적인 연설과 언행일치를 보여주는 직접 행동주의는 청소년과 청년들에게서 엄청난 지지를 얻게 된다. 기후행동을 위한 청소년들의 시위는 전 세계적으로 대대적으로 일어나고 있다. 그리하여 "뉴욕에서 10만 명의 학생들이 학교에 가는 대신 거리에 나온 데 이어 베를린에서도 10만 명이 쏟아져나왔다. 호주에서는 2003년 이라크 전쟁 반대 시위 이후로 최대 규모의 시위였다고 전해진다."[7] 미래 세대의 움직임은 전 세계 130여 개국에서 700만 명에 이르는 시위로 이어지고 있다. 이러한 대규모 기후운동은 기존 정치권의 무행동주의와 기성세대의 책임 회피론, 기후변화 부인론에 전면 도전하는 운동으로 평가받고 있다. 툰베리 효과의 일환인 기후행동의 확산 외에도, 그 운동의 최전방에는 여성 청소년들이 대거 등장했다는 점에도 주목할 필요가 있다.

아일랜드의 테레사 로즈 세바스천(Theresa Rose Sebastian)은 15살 여성 청소년으로 인도의 기후변화의 심각성을 알리기 위해, 학교 파업에 합류하게 되었다. 아일랜드 출신의 십대 소녀인 테레사 로즈 세바스천은 지난해 여름 인도의 케랄라 지방에 친척 결혼식 참석 차, 방문하게 되었다. 그때에 케랄라 지역은 평균 강우량보다 40퍼센트 높은 폭우로 인하여, 480명이 넘는 사람들이 죽었으며 2만여 채가 넘는 집이 파괴되었다. 이로 인해, 기후변화의 위급성을 깨닫게 됨으로써 기후행동의 최전방에 서게 되었다. 뿐만 아니라, 툰베리와 함께 스톡홀름에서 기후행동을 위한 학교 파업에 합류한 18살 이사벨레 악셀손(Isabelale Axelsson)은 이 사회의 아웃사이더인 비주류에 속하는 이들의 관점이 사회의 변화를 궁극적으로 가져올 수 있음을 강조한다. 우리나라에서도 17살 김유진 학생은 청소년 기후행동의 선봉에 서 있다. "7살 때부터 생태학자의 꿈을 키워온 김유진 학생은 미국 뉴욕에서 열린 유엔 청년 기후행동회의에도 참석하여 전 세계 청소년들과 만나 기후변화 의제에 목소리를 나눌 수 있었다."[8] 김보림 청소년 기후행동 활동가 역시, 학교에서는 전혀 가르쳐주지 않는 지구 시스템의 교란과 기후위기의 현실을 이해하기 위해, 툰베리의 연설 영상부터 해외 청소년 환경단체 활동과 행동강령들도 지속적으로 검토하고 참조하고 있다고 한다. 김보림 청소년 기후행동 활동가는 "유엔 기후변화에 관한 협의체(IPCC) 보고서, 해양 보고서 등을 주기적으로 찾아보고 외국 비정부기구의 원자료를 확인해 기후변화를 위한 행동의 객관적 근거를 마련한다"[9]고 했다. 또한 기후행동을 위한 연대의 자원을 모으기 위해 누구보다도 적극적으로 소셜네트워크서비스를 활용하며 지구를 위한 직접 행동주의를 확장해나가고 있다고 한다. 나아가 여성 청소년으로 이루어진 카자흐스탄 팀이 TECO라는 새로운 어플리케이션을 개발하기도 했다. TECO는 3D 증강 현실 게임으로, 교육 및 엔터테인먼트 도구를 병합하여 플레이어가 자신의 행동을 친환경적으로 바꾸고 환경에 대한 인식 개선에 도움을 주도록 한다. 이처럼 기후변화라는 실질적 문제를 개선하기 위한 인식개선 프로그램인 게임 개발을 통해, 더 많은 이들에게

기후행동을 독려하고 있는 장본인들이 여성 청소년들인 것이다. 기후
변화를 막기 위한 행동전선에 10대 여성 청소년들이 대거 등장한 것은
미래 세대의 새로운 리더로 떠오른 툰베리라는 여성 청소년의 영향력
임과 동시에, 대안적 미래는 이 사회의 소수자인 여성들과 미래세대의
관점에서 재편되어야 함을 보여주는 것이다.

기성세대 남성 정치인들의 혐오 표적이 된
여성 청소년 기후활동가

무지세(Agnotocene)로서의 인류세

발전과 진보로 인한 해악들을 비가시화하려는 무지의 생산절차는 인류세를 특징짓는 것이기도 하다. 프랑스 학자 프레쏘와 보네이으는 인류세의 또 다른 이름을 무지의 세기로 명명한다. 인간과 자연의 상품화를 수반하는 이 세계는 환경학적 예방책들을 철저히 평가절하하거나 지구의 한계와 한정성을 부인해왔다. 뿐만 아니라, 환경문제가 시장의 결함에 의한 것이라면 자연을 경제화하는 방식, 즉 각 국가에 환경세를 부과함으로써 환경과 성장의 문제를 화해시키고자 하는 시도들도 등장한다. 즉 지구 전체가 최적화된 경제적 계산에 순응해야 한다고 보는 것이다. 경제학자들은 대기와 생태 시스템을 경제적 자원을 본 따서 다시 생각하고자 한 것이다. 이제 지구환경을 보호하는 최선의 방법은 그것에 가격을 부여하는 것이 되며, 이는 자연의 가치를 인간의 관점에서 내재화하고자 하는 것이다. 자연은 이제 자연적 자본으로 등치되고 그것은 재정적 자본으로 대체 가능한 것이 된다. 이러한 관점에서도 성장에 한계는 더 이상 존재하지 않게 되며, 오히려 환경보존과 자원 부족들은 경제적 기회처럼 여겨지게 되고 만다.

이처럼 지구의 한계들을 보이지 않게 만드는 것은 지구를 인간과 전적으로 다른 것으로 외재화하는 것일 뿐만 아니라, 인간에 의한 내재화의 일환이기도 하다. 전자는 언제든지 인간에 의해 추출 가능한 자원들을 축적하고 있는 거대한 외부 공간으로 상정하거나 인간에 의해 만들어진 쓰레기들을 던져버려도 되는 거대한 빈 그릇으로 상정해왔다면, 후자는 지질 공학이라는 과학기술에 의해 온전히 표준화된 상태, 그리하여 인간을 위한 상품으로 완벽히 포섭되어 그 어떠한 외부성이나 비예측성도 존재하지 않는 상태, 자본화, 경제화된 자연을 의미하기 때문이다. 이처럼 자연에 대한 잘못된 이해의 방식은 자연에 대한 무지의 일환이기도 한 것이며 기성세대 남성 정치인들과 남성 전문가 그룹이 저지르고 있는 현실인식태도이자 대응 방식이기도 하다.

여성혐오, 아동혐오, 장애인 혐오, 대중혐오라는 중층적 혐오 구도

툰베리에 대한 미래세대의 열광의 이면에는 이 여성 청소년 기후활동가에 대한 증오와 혐오 발화의 증폭 역시 도사리고 있다. 2019년 10월 『파이낸셜타임』지에서 지적된 바와 같이, 트럼프를 비롯한 중장년층 남성 정치인들이 툰베리를 겨냥하는 증오의 목소리를 나날이 키워가고 있기 때문이다.[10] 특히 툰베리의 직설적 화법과 공격적 어조는 기성세대 남성 정치인들의 주요 조롱 대상이 되고 있다. 이것은 톤 폴리싱(tone policing)에 해당하는 것으로 전달하는 어조를 문제 삼음으로써, 전달하려는 메시지의 중요성이나 논지의 정당성마저 떨어뜨리려는 인신공격에 의한 오류의 일환을 가리킨다. 베일리 폴란드(Bailey Poland)의 저서 『혐오하는 자들: 온라인에서의 괴롭힘, 학대, 폭력(*Haters: Harassment, Abuse, and Violence Online*)』에서, 톤 폴리싱은 특히 여성을 표적으로 하는 것이자 여성의 침묵을 강제하기 위한 것으로 설명된다. 다시 말해, 툰베리는 톤 폴리싱이라는 어조에 대한 공격을 주로 받고 있는 것이다. 상냥하고 부드럽게, 그 누구의 기분도 상하지 않게 말하는 전형적 여성성과 아이다움의 경로에서 이탈한 툰베리는 트럼프를 비롯한 기성세대 남성 정치인들의 혐오 표적이 되고 있다. 트럼프 대통령은 툰베리를 향해 "밝고 멋진 미래를 갈망하는 매우 행복한, 어린 소녀처럼 보이네요"라는 조롱조의 트윗을 날리는가 하면, 러시아 푸틴 대통령은 툰베리 연설에 열광하는 많은 이들에게 전혀 공감이 안 된다고 밝히기도 했다. 프랑스의 마크롱 대통령 역시 툰베리 연설이 지나치게 극단적이며 기업들을 적대시하는 경향이 크다고 비난하기도 했다. 이러한 세계 정상들의 연이은 툰베리 조롱과 공격에도 불구하고 툰베리는 용기와 결단력을 잃지 않고 기후변화를 막기 위한 행동을 묵묵히 이어가고 있다.

뿐만 아니라, 그녀를 둘러싼 온갖 가짜 뉴스부터 그녀의 말투와 외모, 옷차림 등에 대한 조롱과 그녀의 장애에 대한 혐오, 나이브한 백인 소녀의 거만한 헛소리로 그의 모든 연설과 문제의식들이 치부되어 버리기도 한다. 그리고 최근에는 살해협박까지 받고 있다. 툰베리는 이에 대해, "혐오자들이 당신의 외모, 혹은 남들과 다른 점을 지적하기 시작했다면 이는 그들이 막다른 골목에 있다는 뜻이다. 당신이 이기고 있는 것이다!"[11]라는 글을 남기기도 했다. 툰베리는 자신을 향한 여성혐오와 아동혐오, 장애혐오, 나이브한 백인여아의 헛소리이자 망상이라는 대중혐오의 중층적 구도 앞에서, 주눅 들기는커녕 한 치도 물러서지 않고서 변화를 위한 행동을 이끌어나가고 있다. 우리는 이를 통해, 인류세의 정치 지질학의 층위에는 인간-종이라는 공통서사로 묶여지지 않는 사회적 소수자에 대한 차별과 혐오가 여전히 도사리고 있음을 확인할 수 있다.

세계의 질서를 재편해나가는 건 항상 기성세대이자 남성들이며 엘리트이자 비장애인들이었다. 그런데 감히 어린 나이의 대학도 안 간 대중이자 아스퍼거 증후군을 앓는 장애인이며 여성 청소년일 때에 이 사회는 당혹감과 거부감을 짙게 표하며 그에 대한 강도 높은 공격과 조롱을 멈추지 않고 있다. 이러한 반동적 태도야말로 기존질서의 붕괴를 예고하는 사회변동 앞에서의 공포감이자 마지막 안간힘의 발악이라 할 수 있다. 그저 듣는 자, 수긍하는 자, 수용하는 자에 머물러야 할 여성이자 장애인이자 아동·청소년이자 대중에 속하는 그가 감히 기성세대 남성 정치인들을 저격하는 질타와 꾸짖음, 호통과 비판을 쏟아내고 있는 것이다. 어른들이 기대하는 행복한 소녀, 상냥한 소녀의 프레임을 깨고서 세계를 향해, 인류세란 '어른세'에 다름 아님을 외치고 있는 툰베리는 미래 변화의 축을 선도함과 동시에, 인류세 시대의 새로운 존재 조건을 온몸으로 체현해내고 있다. 이미 변화의 초침은 시작되었으며 툰베리라는 미래 세대는 어른들의 게으른 안일주의와 관성적 태도를 박살내려온 인류세의 시대정신 자체임을 간과해서는 안 될 것이다.

주석

1   다이앤 애커먼, 『휴먼 에이지』, 김명남 옮김, 문학동네, 2017년, 18쪽.

2   Donna Haraway, "Anthropocene, Capitalocene, Plantationocene, Chthulucene: Making Kin ", *Environmental Humanities*, vol. 6, 2015, p. 160.

3   김종화, 「항공기 '탄소배출 1위 오명', 연료 효율로 탈출하라」 『아시아경제』, 2018. 9. 5.

4   Greta Thunberg, "Our House is on Fire" 2019 World Economic Forum (WEF) in Davos. https://www.fridaysforfuture.org/greta-speeches#greta_speech_jan25_2019

5   France Inter, "Comment osez-vous ?" : voici la traduction in extenso de ce qu'a dit Greta Thunberg à l'ONU, le 24 septembre 2019. https://www.franceinter.fr/environnement/voici-la-charge-de-greta-thunberg-a-l-onu-en-francais

6   https://speakola.com/ideas/severn-suzuki-world-earth-summit-1992

7   박상현, 「툰베리는 어떻게 기후위기와 싸우는 '잔다르크'가 되었나?」 『Newstof』, 2019. 10. 1. http://www.newstof.com/news/articleView.html?idxno=2052

8   김지예, 「한국의 툰베리들 "어른들이 내팽개친 기후위기, 우리에겐 현실"」 『서울신문』, 2019. 10. 20. https://www.seoul.co.kr/news/newsView.php?id=20191021017004

9   김지예, 앞의 기사.

10   Robert Shrimsley, "Why middle-aged men hate Greta Thunberg?", Financial Times, October 11 2019.

11   김영희, 「아스퍼거 증후군, 툰베리, 혐오」 『한겨레』, 2019. 10. 9.

'You have stolen my dreams and my childhood with your empty words,' climate activist Greta Thunberg has told world leaders at the 2019 UN climate action summit in New York. In an emotionally charged speech, she accused them of ignoring the science behind the climate crisis, saying: 'We are in the beginning of a mass extinction and all you can talk about is money and fairy tales of eternal economic growth - how dare you!'

UN secretary general hails 'turning point' in climate crisis fight
This video was relaunched on 24 September 2019 to reinstate a short segment of speech that was edited out in the original version

'You have stolen my dreams and my childhood with your empty words,' climate activist Greta Thunberg has told world leaders at the 2019 UN climate action summit in New York. In an emotionally charged speech, she accused them of ignoring the science behind the climate crisis, saying: 'We are in the beginning of a mass extinction and all you can talk about is money and fairy tales of eternal economic growth - how dare you!'

UN secretary general hails 'turning point' in climate crisis
This video was relaunched on 24 September 2019 to reinstate a short segment of speech that was edited out in the original version

09

안희돈, 조용준

인류세와 언어

언어와 사고

인간을 논할 때 언어를 제외할 수는 없다. 언어는 인간을 구성하는 가장 핵심적인 요소 중 하나기 때문이다. 인간은 언어를 공기나 물처럼 매일 사용한다. 언어가 없는 인간의 삶을 상상해보라. 그것은 가능하지 않을 것이다. 인간은 언어를 통하여 정보를 획득하고 사고하며 자기의 생각을 언어를 통하여 다른 이와 세상에 전달한다. 언어는 개인의 생각과 그 개인이 속한 사회의 생각을 비춰주는 거울이라고 볼 수 있다.

세계 여러 나라에서는 매년 연말이 되면 그 해에 가장 이슈가 되었던 단어를 선정해서 발표한다. 그중에서 눈에 띄는 것은 2019년 옥스퍼드 사전이 올해의 단어로 선정한 '기후비상(climate emergency)'이다. 유사한 단어인 '기후위기(climate crisis)'와 '기후행동(climate action)'도 그 해의 단어 리스트에 올랐던 것으로 봐서 기후변화에 대한 인식과 논의가 작년 한해 급증했음을 알 수 있다. 또한 영국 콜린스사전에서 올해의 단어로 '기후파업(climate strike)'을 뽑으면서 이 단어의 사용이 전년에 비해 100배나 급증했다고 설명했다.

　기후파업은 전 세계 환경 운동의 '아이콘'이 된 스웨덴 출신의 소녀 그레타 툰베리에 의해 더 회자되기 시작한 것으로 인류가 당면한 기후변화 위기의 심각성에 대한 인식을 고취시키기 위해 학생들은 수업에 결석하고, 직장인들은 직장에 결근을 하며 정치권과 기성세대를 향해 즉각적인 해결책 마련을 요구하는 시위를 일컫는다. 기후 관련 단어 외에도 친환경 정책을 호소하는 '자연 복원(rewilding)'도 기후파업과 함께 2019년 올해의 단어 최종후보에 올랐으며, 플라스틱 용기를 지칭하는 '1회용(single-use)'이 2018년 올해의 단어로 선정된 바 있다. 이러한 단어들에 대한 대중의 관심이 최근에 부쩍 높아지게 된 것은 환경파괴와 지구공동체 위기에 대한 인식이 급속하게 증가하고 있기 때문이다. 이처럼 언어는 그 시대 공동체의 구성원들이 공유하는 견해, 생각, 이미지, 지식 등을 대변해준다고 볼 수 있다.

　물론 기후나 환경 외에 지구촌의 문제는 한둘이 아니다. 지난 10년간을 돌아보면 세계 곳곳에서 인종차별, 성차별 등의 문제는 여전히 사회적인 이슈로 남아 있다. 이러한 현상을 반영해주는 것도 역시 그 시대의 언어임은 부연설명이 필요치 않다. 미국방언학회(American Dialect Society)가 2010년부터 2019년까지 10년간 가장 주목받았던 올 '10년의 단어'를 선정했는데, 1위는 남녀차별을 없애자는 취지로 'they'가 뽑혔다. they는 본래 3인칭 복수대명사이지만 성(gender) 구분이 없는 대명사다. 통상 영어의 3인칭 단수대명사의 경우는 생물(he/she)과 무생물(it)의 구분을 필두로 남성(he)과 여성(she)의 구분이 있는 것이 특징이다. 그러나 성구분이 모호한 경우에는 관례적으로 3인칭 단수대 명사에도 "Someone came yesterday, didn't they?"에서처럼 they를 써왔 다. 그런데 최근 들어 남성 또는 여성이란 정체성을 거부하는 성 소수 자들은 자신들을 3인칭 단수 대명사 they로 지칭한다. 이는 새로운 젠 더의 탄생을 알리는 신호탄이 될 수 있고 우리 사회의 성편견에 대한 도전이기도 하다. 역시 언어가 우리 사회의 부조리에 대한 경각심을 일 깨워주는 데 일조하고 있는 셈이다. 이밖에도 인종차별을 금지하자는 '#BlackLivesMatter'나 성폭력 고발의 상징어인 '#MeToo' 등도 지난 10 년간의 주요 단어 리스트에 포함되어 있다. 모두 언어가 사회현상을 비 추는 거울임을 잘 보여주고 있는 것이다.

　한국사회도 시대의 유행어나 신조어 등을 떠올려보면 그 시대의 사회 문제를 재조명해볼 수 있다. 90년대의 오렌지족이나 야타족 등은 일탈적인 젊은 세대를 지칭하는 신조어인 데 반해, 통통 튀는 신세대를 일컫는 X세대나 90년대 정치적 신인류로 대변되는 386세대 등은 그 시 대의 사회적 갈등과 변화를 압축적으로 보여주고 있다. 아울러 동시대 에 학교폭력의 민낯을 보여주는 대표어인 왕따가 현재까지도 그 명맥 이 유지되고 있음은 안타까운 학교 현실이 아닐 수 없다. 21세기 들면 서 육체적·정신적 건강을 추구하는 신인류로서 웰빙족이나 얼짱, 몸 짱, 베이글녀 등 외모지상주의를 나타내는 신조어도 등장했다. 2010년 대에 들어서는 세대 간, 계층 간의 갈등이 사회문제로 크게 부각되었 는데, n포세대, 헬조선, 흙수저/금수저 등으로 그 갈등이 심화되어가고 있음이 이들 신조어들을 통하여 적나라하게 잘 드러나고 있다. 최근 들어서는 미투, 갑질 등의 말들이 언어가 만연하면서 성폭력, 사회/직장폭력, 극단적인 개인/가족주의가 다시 우리 사회의 병폐로 재조명되고 있다. 물론 워라벨과 같은 삶의 질을 추구하는 신조류의 등장은 우리 사회의 긍정적인 변화로 인식되곤 한다. 그러나 한국사회는 여전히 서구사회에 비해 지구촌 위기의 최대난제로 등장한 환경 파괴나 기후변화의 이슈에는 상대적으로 훨씬 무관심하다는 것을 알 수 있다. 즉 서구에서 최근 몇 년 동안 검색어 상위권을 차지하고 있는 생태나 자원/연료, 기후 등의 인류세와 관련한 핵심 의제들이 한국사회에서는 언어(검색어)로서 별로 회자되고 있지 않기 때문이다. 아마도 지금까지는 한국사회에 당면한 정치, 사회, 계층, 세대 간의 갈등의 골이 너무 깊어 인류세와 같은 지구 전체의 화두까지 돌볼 수 없는 사정이었던 것일지도 모른다.

　　이 글에서는 그동안 한국사회에서 소홀히 취급되어왔던 인류세 시대의 언어의 영향과 역할에 대하여 심층적으로 고찰하고 그 문제점과 올바른 언어생활을 제시하고자 한다. 특히 언어와 사고는 변증법적인 관계임에 주목하여 언어가 사고를 반영함은 물론이고 우리의 사고도 사회에 통용되고 있는 언어 유형에 지대한 영향을 받고 있음을 보여주고자 한다. 특히 몇 가지 언어사용의 사례를 통하여 언어가 어떻게 인류세 시대의 '파괴적인'인 담론을 형성하고 있으며 지구의 환경 파괴와 더불어 인류의 생존을 위협하고 있는지 보여줄 것이다. 아울러 이 글의 말미에서는 인간의 본성을 재성찰하고 인류세 시대의 가장 인간적인 삶은 무엇일지 재정립해본다. 유통기한이라는 일상적인 사례를 통하여 진정한 인류세 시대의 삶을 재조명해보고 '나'와 '우리'의 언어학적 차이를 통하여 각자 개인을 위한 삶이 진정으로 우리를 위하는 삶이 되고 더 나아가 인류와 지구를 위한 삶이 될 수 있음을 인류세 시대를 잘 살아갈 수 있는 대안으로 제시하고자 한다.

이데올로기와 담화

우리가 매일 사용하며 접하는 담화는 우리가 사는 세계를 있는 그대로 투영하지 않을 뿐만 아니라 우리가 현실을 인식하는 방법이나 그것을 대하는 태도에 영향을 준다. 이와 같은 담화의 기저에 깔려 있는 것 중의 하나가 이데올로기다. 이데올로기는 사회 구성원들이 서로 공유하고 연대하는 신념 체계다. 이와 같은 신념 체계는 그 집단에서 사용하는 어휘의 선택, 문법 체계 등 다양한 언어적 특질을 포함한 담화를 통해 타인에게 전달되고 서로 유지된다. 이와 같은 이데올로기를 사회 구성원들에게 전달하는 담화는 인류세적 관점과 상충되는 파괴적 담화일 수 있고, 인류세적 관점을 고취하는 유익한 담화일 수도 있으며 그 중간 어디에 있을 수도 있다.

우리에게 잘 알려져 있는 이데올로기 중 하나는 신고전주의 경제학 이데올로기다. 이 이데올로기는 인간의 '기능화(functionalization)'로 인간의 범주를 단순화시킨다. 인간은 경제 주체로 기능화되어, 스티베 (A. Stibbe)의 말처럼 "소비자는 소비하고, 노동자는 일하고, 투자자는 투자하고, 소유주는 소유한다." 이렇게 구획된 경계 내로 사람의 역할이 정해진다. 사람들은 자신을 소비자로 규정하지 않지만 이와 같은 신고전주의 경제 담화에서 소비자로 평가되고 기능한다. 소비자는 구매를 통해 자신의 이익, 곧 욕구 충족을 극대화하고, 자신이 원하는 무언가를 구매하는 행위를 통해 삶이 향상되었다고 느끼게 된다.

"당신은 무엇을 위해서 사세요? / 예뻐지기 위해, / 더 건강해지기 위해, / 잘 먹고, / 잘 놀고, / 잘 쉬기 위해 / 전 삽니다."

위의 광고는 동사 형태의 유사성을 통해 '잘 사는' 구매 행위를 우리가 '잘 사는' 더 나은 삶과 연결한다. 소비할수록 행복해진다는 내용을 담고 있는 이 광고는 어떤 면에서 우리의 소비 욕구를 북돋는 것이라고 볼 수 있다.

이와 같은 담화 패턴에서 소비자는 채워지지 않는 밑 빠진 독처럼 소비를 아무리 많이 하여도 만족을 모르는 존재로 그려진다. 이와 같은 만족할 줄 모르는 소비자 모델은 결국 과소비를 부추기게 된다. 이는 "탐욕이 좋다는 인식에 기반한 규제받지 않는 자유 시장(레이코프 2010:77)"을 가져온다.[1] 어떤 상품에 대한 구매 욕구를 보여주고자 사회관계망서비스(SNS)나 블로그에서 한창 유행했던 다음 그림도 이와 같은 소비자의 채워지지 않는 구매 욕구를 보여준다.

"어머! 저건 사야 해"는 지름신과 더불어 충동구매를 상징하는 대표적인 말로 알려져 있다. 지름신이 강림했을 때 자신을 합리화하거나 충동구매를 부채질하기 위해 광고업계에서도 사용되기도 하고 많은 변종들도 생겨나기도 했다. 이는 『쇼퍼홀릭』이라는 소설에서 주인공이 세일 간판을 보고 새 스카프를 샀을 때의 기분을 묘사한 다음 대목과도 상통한다.

"바로 그 순간! 내 손가락이 반드르르하고 빳빳한 새 쇼핑백의 손잡이를 감싸 잡는, 그리고 그 안에 들어 있는 온갖 찬란한 새 물건들이 당신의 것이 되는 바로 그 찰나의 기분이 어떠냐? 며칠을 쫄쫄 굶다가 버터를 바른 따끈한 토스트를 한 입 가득 베어 물었을 때의 그 기분 같다. 자고 일어나서 그날이 주말이라는 것을 깨달았을 때의 그 기분 같다. 그 밖의 모든 것은 마음에 들어오지 않는다. 그것은 순전히 자기 자신만을 위한 쾌락이다."

소비 욕망을 부채질하고 조작하는 과소비 사회는 파괴적 담화를 통해 사람의 눈을 멀게 한다. 최근 젊은 세대는 돈을 열심히 모아봤자 제대로 된 집 한 채 장만할 수 없다는 사실을 깨닫고 현재의 소비에 충실하려는 경향이 짙어지고 있다. n포세대, 욜로라는 말과도 맞닿아 있는 지점이라고 볼 수 있는데, 취업난과 열정페이 등에 치여 불확실한 미래에 대한 투자보다는 확실한 현재의 행복을 추구하는 방향으로 소비를 하는 경우가 더 많아지고 있다.

우리가 경계해야 할 또 다른 이데올로기는 근대 인간중심적인, 인간지상주의적인 나쁜 휴머니즘이다. 인간이 만물의 영장이고, 동물보다 우위에 있으며 동물과 전혀 다른 존재라는 사고는 우리의 담화를 통해 드러난다. 이와 같은 담화에서 동물은 대상화, 사물화된다.

지난 10년간 언론을 통해 세상에 알려졌듯이 많은 동물들이 '살처분'이라는 명목으로 도살되곤 하였다. 보통은 경제적인 이유 때문에 생매장 방식을 택하고 있는데 특히 2011년 약 350만 마리 정도의 소와 돼지, 염소가 소위 '살처분'되면서 큰 이슈가 되기도 하였다. 실제로는 동물을 죽이는 것이지만, '처분'이라는 용어를 씀으로서 사람들이 느낄 만한 불편함을 덜 하게 하는 효과가 있다. '처리하여 치우다'라는 뜻의 '처분'은 재산이나 사물에 대해 쓰는 표현이지 생명체에 쓰는 표현은 아니다. 단순한 처분은 아니므로 앞에 '살(殺)'이라는 한자를 붙여 감염병에 걸린 가축을 죽여서 없앤다는 그 뜻을 살리고는 있지만 생명체를 죽인다는 의미는 많이 희석되어 있는 상태다. 이를 통해 우리는 축산업의 보호라는 목적을 위해 생명을 도살하는 행위에 대해 죄책감을 덜 가질 수 있게 된다. 이는 마치 일제시대에 생체실험부대였던 731 부대에서 실험 대상이 된 사람들을 고통을 느끼지 못하는 '마루타(통나무)'라고 부름으로써 죄책감을 희석했던 것과 유사한 효과를 가진다. 이 표현들은 어떤 대상을 사물화한 표현으로 특히 '살처분'은 동물을 사물화한 어휘적 표현으로 볼 수 있다. 그러나 현실적으로 이는 생매장 형식을 띠고 있어서 땅 속에서 고통스럽게 죽어가는 동물을 보는 실제 작업에 참여한 공무원들의 외상 후 스트레스는 상당하다.

이는 구제역과 살처분을 다루는 언론매체의 기사에서도 확인할 수 있다.

- "농림수산식품부는 8일 오전 소·돼지 전염병인 구제역이 발생한 경기도 포천의 젖소 사육농장 주변 반경 500미터 이내에 있는 감염 우려 가축에 대한 살처분을 마쳤다고 밝혔다." _『연합뉴스』, 2010. 1. 8.

- "농식품부 관계자는 '이제까지 3700여 마리 가축에 대해 살처분을 실시했고, 추가 살처분을 함에 따라 총 5700여 마리 가축을 살처분하게 된다'고 말했다." _『매일경제』, 2010. 2. 2.
- "김현수 농림축산식품부 장관은 17일 경기 파주 소재 양돈농장에서 발생한 아프리카돼지열병(ASF)과 관련해 '발생농장 및 농장주 소유 2개 농장 3950두에 대한 살처분 조치를 실시했다'고 밝혔다." _『뉴시스』, 2019. 9. 17.
- "돼지 농가들은 ASF 발생 이후 돼지 시가가 급락하고 있다며 개선안을 요구했다." _『중앙일보』, 2019. 10. 26.

이들 기사를 보면 살처분을 수행하는 방역 기관이 문장의 주어로 표현된 반면, 소나 돼지와 같은 동물은 살처분의 대상으로만 출현한다. 혹은 축산 농가가 주어로 나타나는 경우도 있으나 이 또한 살처분의 대상이 되는 동물은 목적어나 주변화되어 있는 경우가 많다. 동물을 대상화하는 관점이 언어의 양상을 통해 드러나는 것이다.

인간중심적 휴머니즘은 동물을 현대 자본주의 사회에서 사물화를 넘어서 상품화하기도 한다. 동물을 살아 움직이는 상품으로 치환하는 것이다.

반려 산업이 번창하면서 동물을 사고파는 것도 많은 수익을 가져오게 되면서 다양한 판매 활동이 이루어지는데 시즌에 따라 할인 행사를 한다. 수요가 있는 곳에 공급이 있다는 말처럼 이들 업체에 강아지를 대량으로 공급하기 위해 불법적인 강아지 공장이 들어서고 여기에서는 동물 학대가 일어나게 된다. 반려 산업이 번창하면서 유기 동물 또한 증가하는 것은 동물을 사물화, 상품화하는 의식이 알게 모르게 자리한다고 볼 수 있다.

이들을 인류세적 관점과는 상반되는 이데올로기를 전달하는 파괴적 담화라고 한다면 그 반대에는 유익한 담화가 있다. 워즈워스(Wordsworth)의 담화는 자연을 훨씬 더 활동적이고 생동적으로 보여주는데, 강이나 동물, 혹은 풍경이 행위자로 묘사되기도 한다.

> 골짜기와 언덕 위로 높이 나는 / 구름처럼 외로이 헤매이다 (…) / 물가 따라 끊임없이 / 줄지어 뻗쳐 있는 수선화 / 즐겁게 춤추며 고개를 까딱이는 / 수많은 꽃들을 잠시 바라보네. // 그 곁에서 호숫물도 춤을 추었지만 / 반짝이는 물결은 수선화의 기쁨을 따르지 못했네.

워즈워스의 「수선화」라는 시인데 여기서 구름은 '높이 날고', 수선화는 '춤추며 고개를 까딱이고' 기뻐한다. 호숫물 또한 춤을 춘다. 자연은 수동적이거나 가공된 것이 아니며 우리의 경제적 관심에 종속된 것이 아니다. 이와 같은 워즈워스의 낭만주의 글쓰기는 인류세에서 우리가 지향해야 할 유익한 담화를 보여준다. 이와 같은 담화는 레이첼 카슨(Rachel Carson)[2], 알도 레오폴드(Aldo Leopold)[3], 로렌 아이슬리(Loren Eiseley)[4] 등의 자연친화적인 책에서도 확인할 수 있다.

평가와 프레이밍

우리는 우리 자신이나 어떤 대상에 대해 끊임없이 평가를 한다. 그 평가는 긍정적일 수도 있고 부정적일 수도 있다. 담화에는 지속적으로 이와 같이 긍정적이거나 부정적으로 묘사되는 언어의 양상, 즉 평가 유형(appraisal pattern)이 있다. 평가 유형에 의해 사람들은 특정 대상에 대한 태도가 긍정적으로 변하기도 하고 부정적으로 변하기도 한다. 예를 들어 '경제 성장이 좋다'라는 표현이 많아지면 이는 우리들 마음속에 들어와서 우리의 행동에 영향을 줄 뿐만 아니라 삶의 방식에 대한 태도에도 영향을 주게 된다. 이러한 평가 유형에는 평가 항목(apprasing items)이 있는데, 이것은 긍정적으로 혹은 부정적으로 평가하는 언어적 특징을 말한다. '좋다'나 '나쁘다'처럼 아주 명시적 표현도 있지만, '깔끔하다' 혹은 '미적거리다'처럼 암묵적으로 우리의 태도가 드러난 표현도 있다. '~에서 헤어나오지 못하다'처럼 구의 형태를 취할 수도 있고, '~을 뻔하다'처럼 문법적인 양태의 성격을 지니기도 한다. 또 어떨 때는 '소비가 죽었다'나 '게임중독은 질병이다'와 같은 은유의 형태를 띠고 부정적인 태도가 나타날 수도 있다.

언어에는 무표적인(unmarked) 것과 유표적인(marked) 것이 구분된다. 대립 쌍을 이루는 요소들 중 더 단순하고 일반적이며 원형적인 것을 무표적이라고 하고, 복잡하고 특수하며 주변적인 것을 유표적이라고 한다. 예를 들어 '크다'와 '작다' 중에서는 '크다'가, '길다'와 '짧다'에서는 '길다'가, '넓다'와 '좁다'에서는 '넓다'가 무표적이고 그 대응짝은 유표적이다. 보통 명사형은 무표적인 짝에서 파생되어 '크기' '길이' '넓이'라고 하지, '작기' '짧이' '좁이'라고는 하지 않는다. 위에서 말한 평가 항목과 관련하여 생각하면 무표적인 것은 긍정적인 것으로 유표적인 것은 부정적인 것으로 평가된다. '앞'과 '뒤'에서는 '앞'이 무표적이므로, '진보'나 '나아가다'는 긍정적인 평가 항목에 속하지만 '퇴보'나 '뒤처지다'는 부정적인 평가항목에 속한다. '위'와 '아래'에서도 '위'가 무표적인 것이기 때문에, '상승', '오르다' 등은 긍정성을 증폭하는 효과가 있다.

신고전주의적 경제관에서 '소매 판매량이 적다'는 것은 부정적인 평가 영역에 속한다. 따라서 소매 판매량이 적은 현상은 다양하게 부정적인 평가 유형과 평가 항목으로 묘사된다. 예를 들어 2019년 2분기에 전자상거래의 성장과 함께 오프라인 대형마트들이 줄줄이 적자를 냈다. 특히 국내 1위 대형마트 이마트가 창사 후 처음으로 분기 영업적자를 기록했다. 언론 매체에서 이를 묘사하는 부정적인 평가항목들의 목록은 아래와 같다.

- '뚝뚝 떨어지는' '끝없는 추락' '급감' '돌파구 찾기 어려운' '실적 부진' (조선일보)
- '침체된' '실적악화' '길이 보이지 않는다' '우울' '어려운' '비상구 못 찾는' (중앙일보)
- '뒷걸음치는' (매일경제)
- '소비가 죽었다' (한국경제TV)

'나빠지다'라는 의미의 '악화'라는 표현을 그대로 쓰기도 하지만, '하강' '어려움' '퇴보' '죽음' 등 유표적인 표현을 통해 부정적인 평가유형으로 묘사하는 경우가 허다하다. 이와 같은 평가항목의 기술 뒤에는 '적은 소매판매량'에 대한 신고전주의적 경제관이 숨어 있다. 이와 반대로 '많은 소매판매량'은 '기록을 경신하다' '호조' '고공 행진' '고속 성장' '가파른 상승세' '폭풍 성장' '돌파하다' '성장 궤도에 오르다' '폭발적으로 성장하다' '속도가 붙다' 등 긍정적인 평가유형을 보인다. 우리는 이와 같이 숨겨진 이데올로기를 드러내는 평가 유형을 분석하고, 분석된 평가에 의문을 제기하며 이에 대한 유익한 대안을 탐색해 나가야 한다.

이데올로기와 평가유형과 연관되는 것으로 프레이밍(framing)이란 것이 있는데 삶의 한 영역으로부터의 이야기를 사용하여 또 다른 삶의 영역을 개념화하고 구조화하는 언어현상을 말한다. 버락 오바마 미국 대통령은 2015년 코네티컷주 뉴런던에 소재한 해안경비사관학교 졸업식 연설에서 지구온난화가 미국 안보에 위협이 되고 있다고 말했다. 그는 나이지리아의 심각한 가뭄이 농작물 부족을 초래했고 시리아의 내전을 촉발한 것 등을 기후변화가 초래한 안보위협의 사례로 들었다. 오바마 대통령은 이러한 위협을 부정하는 것은 미국의 국가안보를 위협에 빠뜨리고 미국 군대의 기반도 약화시킬 수 있음을 강조했다.

오바마처럼 지구온난화를 "안보위협"으로 프레이밍하는 것은 녹색당의 캐롤라인 루카스(Caroline Lucas)도 지적했듯이 기후변화를 단순히 일정 지역에서 오랜 기간에 걸쳐 진행되는 기상의 변화로 인식하지 않고 지구공동체와 국가의 심각한 안보위협 요소로 인식하게 만드는 것이다. 반면 앨런 나이트(Alan Knight)와 같은 경영 컨설턴트는 기후변화에 대처해야 하는 주체는 정부나 군대가 아니라 기업 경영자들이라고 강조한다. 즉 그는 기후변화를 비즈니스에 대한 새로운 도전으로 리프레이밍(reframing)하고 있다.

한편 리베카 솔닛(Rebecca Solnit)은 2014년 『가디언(Guardian)』 사설에서 기후변화를 '폭력'으로 규정짓고 있다. 솔닛은 기후변화를 초래한 것은 선진국의 경제발전으로 인한 과소비와 이산화탄소 배출인데 후진국의 사람들이 식량부족이나 환경오염으로 고통받고 있다는 것이다. 즉 기후변화는 선진국 구성원이 후진국 사람들에게 저지르는 폭력행위와 다를 바가 없다고 보는 것이다. '폭력'이란 행위는 남에게 피해를 주는 포괄적인 행위를 지칭한다. 가령 성폭력은 성폭행과 같은 극단적인 행위 외에 성추행이나 성희롱 같은 언어적 행위 도 총괄한다. 가정폭력도 매우 포괄적인 위해(危害) 행위를 지칭할 수 있는데 '가정폭력범죄의 처벌 등에 관한 특례법 제2조(정의)'를 보면 "가정폭력"이란 가정구성원 사이의 신체적, 정신적 또는 재산상 피해를 수반하는 모든 행위를 말한다. 이러한 행위의 종류에는 신체적인 폭력, (폭언, 무시, 모욕과 같은) 정서적인 학대, (생활비를 주지 않는 것과 같은) 경제적인 위협, 성적인 폭력, 그리고 이 외에도 무관심과 냉담으로 대한다거나 위험상황에 방치하는 것과 같은 '방임'도 포함된다고 한다. 어느 국가, 사회, 사람들이 자원을 무절제하게 사용함으로 인하여 초래한 기후변화가 다른 국가, 사회, 인간들에게 빈곤과 고통 등을 안겨주고 있다면 이것이 진정한 '폭력'이 아니고 무엇이란 말인가?

인간의 본성과 언어

인간의 고유한 속성을 논할 때 언어를 꼽는다. 모든 동물은 나름대로의 의사소통 체계를 가지고 있지만 그중에서도 인간언어를 가장 정교한 체계로 간주하는 데는 아마도 이의가 없을 것이다. 「요한복음」에도 "태초에 말씀이 있었다"고 하니 여기서 '말씀'은 인간언어로 이해할 수 있고 인간언어는 절대자의 산물로 볼 수 있을 것이다. 그럼 인간을 규정짓는 언어는 인간진화의 측면에서 볼 때 언제부터 시작되었을까? 인류학자들마다 다르지만 대략 5만에서 20만 년 전부터 인간언어가 시작되었다고 한다. 촘스키에 의하면, 언어는 인간의 갑작스럽고 일종 돌연변이적인 진화의 산물인데 그 결과로 언어능력이 없는 인류는 멸종하고 언어를 사용한 인류만이 '위대한 도약(Great Leap Forward)'을 이루었다는 것이다. 촘스키가 강조하고 있는 인간언어의 정수는 바로 병합(merge)이라는 작용이다. 인간언어를 인간의 사고나 개념을 표출하는 체계로 본다면, 병합은 사고/개념 단위들을 단어라는 언어형식을 통하여 합성하는 기제이고 궁극적으로 이들을 반복적으로(recursively) 결합함으로써 더 크고 복잡한 사고/개념을 만들어내는 능력이라고 본다. 결국 인간이 고도의 사고활동을 가능케 하는 것은 언어의 이러한 병합작용이 내재된 결과이며 이러한 언어능력은 인간만이 갖게 되었다는 것이 촘스키의 핵심 주장이다.

여기서 촘스키가 제시하고 있는 병합작용의 한 예를 살펴보며 이 원리의 근원적 특성이 무엇인지 알아보자. 가령 'Instinctively, eagle that fly swim'라는 영어문장에서, 부사 instinctively는 수식가능 대상인 동사 fly와 swim 중 swim만을 수식할 수 있다. 사실 거리상으로 보면 swim보다는 fly가 부사 instinctively와 더 가깝게 위치한다고 볼 수 있는데 왜 fly는 수식될 수 없을까? 촘스키는 그 이유가 병합작용은 최소연결원리를 준수해야만 하는데 여기서 '최소연결'이란 최소구조에 해당된다고 한다. 가령 위 예시문장을 병합구조로 보면 [Instinctively [A eagle [B that fly] swim]]와 같이 표시할 수 있는데, 부사 instinctively는 구조적으로 보면 [B that fly] 절(clause)과 병합하지 않고 [A eagle ... swim] 절과 병합해 있다. 따라서 instinctively와 가장 근접한 동사는 fly가 아니고 swim이어야 한다는 것이다. 이러한 구조적 병합원리는 모두 최소주의(Minimalism)의 원리를 준수하여야 하는데 촘스키는 이러한 구조적 원리가 모두 자연의 법칙(Law of Nature) 중 하나로 본다. 촘스키는 언어체계가 자연의 법칙을 따라야 하는 이유로 인간언어를 인간의 신체기관 즉 장기(organ)의 일종으로 보기 때문이다. 인간의 장기는 모두 생물학적인 자연원리를 준수하는 기관이다. 따라서 언어도 장기로서 예외 없이 위, 췌장, 심장, 뇌 등과 같이 자연의 원리를 준수한다고 보는 것이다. 이러한 언어학적인 견지를 생물언어학(Biolinguistics)이라고도 한다.

그러면 대표적인 자연의 법칙은 어떤 것이 있을까? 촘스키는 최소성의 원리를 대표적으로 꼽는다. 최소성의 원리란 경제성의 원리로서 꼭 필요한 것만 최소한의 비용으로 행한다는 원리이다. 가령 위 영어의 예에서 부사 instinctively가 fly를 수식하려면 구조적으로 인접하지 않은 절(clause) 속의 동사를 수식해야 해서 불필요한 노력이 드는 반면,

swim의 경우는 바로 구조적으로 인접한 절속에 있기 때문에 이러한 노력이 반감되고, 따라서 이 경우가 최적의 선택이 된다는 것이다. 따라서 인간언어는 최소성과 경제성의 원리를 준수하는 최적의 체계임으로 instinctively가 swim을 수식하는 해석만 가능하다는 것이다.

이제 언어의 차원을 넘어서 인간의 속성이 무엇인지 질문해보자. 만일 언어가 인간의 정수(essence)라면 인간도 언어처럼 자연의 법칙을 준수하는 존재로 볼 수 있다. 즉 최소성/경제성을 추구하는 개체인 셈이다. 경제원칙으로 '최소비용 최대효과'의 원칙이 있는데 이는 한정된 재화를 가지고 최소의 비용을 들여 최대의 만족을 추구하는 원칙을 말한다. 이러한 경제논리는 자연의 법칙과 크게 다르지 않고 인간의 본성과 잘 부합한다고 볼 수 있다. 한편 이러한 '경제원칙'의 개념은 신고전주의 경제학에서 추구하는 경제논리와는 다소 차별되는 개념이다. 앞에서 언급한 신고전주의 경제학에서는 소비자로 기능화된 인간은 구매를 통해 그들의 만족을 극대화한다는 기본가정에서 출발한다. 더욱이 소비자는 항상 어떤 상품이든지 더 적은 것보다는 더 많은 것을 선호한다고 하며, 또한 소비자는 결코 만족하지도 충족되지도 않는다는 가정을 한다. 아울러 사람들은 부자이든 가난하든, 자신이 가질 수 있는 것보다 더 많은 것을 원한다고 가정한다. 결국 이러한 소비자의 속성은 인간의 내재적 속성에서 기인한 것으로 생각하고 이러한 토대 위에 경제학 이론을 구축하려고 한다. 이러한 가정이 옳다면 인간은 원천적으로 '자연/환경 파괴자'로 태어났다고 볼 수밖에 없다. 다시 말해, 인간의 소비는 결코 충족될 수 없으며 결국 무한의 소비욕구는 결과적으로 환경파괴를 초래할 수밖에 없기 때문이다. 그러나 이러한 신고전주의 경제학적 논리는 결코 인간 본성에 부합한다고 볼 수 없다. 인간에게는 과소비를 지향하는 속성이 내재되었다고 보기 어려우며 이러한 과소비적 성향은 광고나 슬로건을 통하여 왜곡되고 만들어진, 즉 프레이밍된 것이라고 할 수 있다. 생산자의 입장에서는 소비를 촉진하여 이윤을 얻기 위해서는 불필요한 소비도 장려할 수밖에 없다. 더욱이 이러한 과소비의 조장을 인간본성으로 각인시켜 과소비에 정당성을 부여하는 것이다. 인간은 분명 경제적인 동물인 것은 맞지만 과소비를 지향하는 동물은 아니다.

인간의 언어가 경제성의 원리를 준수한 것은 경제성을 추구하는 인간의 본성에서 비롯된 것이고 이러한 속성은 인간뿐만 아니라 동물 및 생물, 지구상의 모든 유기체 및 무기체의 속성이기도 하다. 즉 이들은 모두 경제성 원리의 근간이 되는 자연의 법칙을 충실히 따르기 때문이다. 최소비용으로 최대효과를 추구하는 것은 지극히 "자연스러운" 행위이며 인간 개개인의 이러한 경제성 추구는 장려해야 할 일이지 비난받을 일이 아니다. 그렇다면 인류세 시대의 (기후위기, 환경오염, 인구증가 등과 같은) 당면한 문제들을 어떻게 인간의 본성에 호소해서 해결해갈 수 있을까?

잘못된 해결방향: 인구문제

먼저 탑다운(하향식, top-down) 방식으로 문제해결에 접근해보자. 지구의 생태계 회복을 위한 강령을 만들어서 사회적, 국가적, 그리고 개인적 동의를 얻는 것이다. 먼저 기후변화의 주범인 이산화탄소의 배출을 줄이기 위하여 화석연료의 사용과 에너지 소비를 줄여야 한다. 그러려면 각 가정의 냉난방과 공장가동을 가급적 최소화해야 할 것이다. 아울러 가축 사육을 줄여서 온실가스의 주범인 배설물과 소화기관에서 나오는 메탄과 이산화질소를 줄여야 한다. 가축을 줄이려면 가급적 채식을 해야 한다. 또한 지구의 인구를 현재의 70억 정도에서 적어도 향후 30년간 최소 반으로 줄여야 할 것이다. 플라스틱 사용을 줄이기 위하여 일회용품 사용을 자제하고 소비와 생산은 재활용을 원칙으로 하여 가급적 쓰레기를 줄인다. 인구를 줄이려면 가급적 아이를 갖거나 낳지 말아야 한다. 이러한 탑다운의 실천적 방안 외에 철학적인 계도 방안도 있다. 목표 지향적인 삶이 아니라 관계 지향적인 삶을 추구함으로써 성공이나 출세, 권력, 부에서 행복을 찾지 말고 타자와의 나눔으로 행복과 만족을 추구하라. 문명의 발전과 진보는 곧 생태계 파괴를 초래할 수 있음으로 거부해야 한다. 최소의 소비와 최소의 소유로 만족하는 삶을 영위해 나가야 한다. 생산과 소비의 거리를 좁히고 삶의 단위도 작은 도시로 축소되어야 한다.

이러한 탑다운 방식 접근의 문제점은 비록 대의는 모두 타당하다고 볼 수 있으나 인간 본성에 호소하는 전략으로는 미흡해 보인다. 가령 인구문제의 경우 토머스 멜서스(Thomas Malthus)의 『인구론』에서는 인구증가와 식량증가 사이의 불균형으로 인하여 빈곤과 죄악이 생겨나는데 이러한 무모한 인구 증가를 억제하기 위하여 결혼을 연기시키고 성적으로 순결한 생활을 장려하였다. 이것은 반인간적인 처방법으로 독재국가에서나 실행할 수 있는 처방이다. 한편 멜서스의 『인구론』을 계승한 신맬서스주의(Neo-Malthusianism)는 인류의 위기가 식량부족문제를 넘어 석유, 원자재, 에너지 등의 천연자원의 고갈까지 확대시킨 이론이다. 신맬서스주의 또한 (피임법 등을 이용한) 인구억제의 필요성을 전면에 내세우는데 이것 또한 인간본성에 부응하는 근본적인 해결책이 될 수 있을지 의문이다.

흥미로운 사실은 미래 인구문제와 관련한(신맬서스주의적인) 탑다운 방식의 황당한 영화가 속속 등장하게 된다. 2015년에 개봉된 〈킹스맨: 시크릿 에이전트〉에서는 가이아 이론의 신봉자인 발렌타인이라는 악당이 지구가 골병든 원인을 바이러스(=인구)라고 칭하고 이들을 강제로 줄이려는 시도를 한다. 2018년에 개봉된 〈어벤져스: 인피니티 워〉에서의 악당 타노스 역시 신맬서스주의적인 무서운 가치관으로 우주의 균형을 위해 우주 인구의 절반을 죽여야 한다고 생각한다. 이밖에도 2016년에 개봉한 영화 〈인페르노〉에서도 천재 생물학자 조브리스트는 과잉되는 인구가 지구의 문제라고 하면서 전 세계의 인구를 절반으로 줄일 것을 주장한다. 또한 강제적인 인구 억제 정책이 시행되고 있는 미래시대에 잘못 태어난 일곱 쌍둥이 자매 이야기를 그린 〈월요일이 사라졌다〉 등도 마찬가지다. 이들 영화의 공통점은 모두 인구문제를 탑다운 방식으로 해결하려는 무모함에 있다. 비록 황당한 상상력을 기반으로 만들어진 영화이기는 해도 과연 위에서 예시한 탑다운 방식과 크게 다르지 않은지 음미해봐야 할 것이다.

한편 2018년에 개봉한 영화 〈다운사이징〉에서는 세포의 크기를 줄이는 기술을 개발하여 인체에 적용해서 각종 환경 문제를 해결하려고 한다. 즉 일반 성인을 손가락 정도의 크기로 축소해서 소인국 타운을 만들어주고 거기서 생활하게 하면 과대한 인구로 인한 식량문제나 환경오염 문제를 해결할 수 있다는 것이다. 이 영화에서는 주인공 폴 사프라넥이 생계를 위한 삶에 지쳐가던 중, 전 재산 1억5000만 원이 다운사이징 사회에서는 125억 원의 가치가 있다는 것을 알고 다운사이징 수술을 결심하게 된다. 위에 열거한 4개의 탑다운 방식의 인구문제 해결이 아닌 개인의 이익에 호소하는 인구문제 해결방안을 제시하고 있는 것이 흥미롭다. 물론 다운사이징 기술개발은 탑다운 방식의 일환이지만 개인의 선택은 자기의(경제적) 이익에 초점을 맞추고 있다는 점에서 미래의 인구문제 해결에 시사점을 던져주는 영화라고 할 수 있다.

올바른 해결방안: 유통기한의 사례

탑다운, 즉 위에서 아래로의 상의하달(上意下達) 방식은 어떤 대의(大義)를 설파하는 데 효과적이지만 실천적인 면에서는 사회 구성원, 즉 개개인의 호응을 이끌어내는 데는 한계가 있다고 볼 수 있다. 다시 말해, 인간은 자기가 속한 조직보다는 자신의 이익을 우선시하는 "경제적" 주체이기 때문이다. 따라서 인류와 다른 생명체를 포함한 지구공동체를 위한 삶은 개개인의 삶과 직결되어야 하며 개개인이 추구하는 인간 본성에서 우러나오는 경제적 이익과 잘 부합해야 한다. 여기서는 유통기한의 사례를 통하여 어떻게 개인의 이익추구가 가정과 사회 더 나아가서 인류공동체의 이익과 잘 부합할 수 있는지를 보여주고자 한다.

유통기한이란 특정 제품이 제조 후 소비자에게 판매가 허용되는 기한을 뜻하며, 이 기간이 넘은 이후에도 해당 상품을 계속 판매하는 것은 위법 행위에 해당한다. 우리나라에서는 1985년부터 이 제도가 시행되고 있다. 일반인들은 유통기한이 경과된 식품은 곧 부패 시작으로 인식하여 유통기한이 지난 식품을 먹어선 안 된다고 생각하지만 단적인 예로 유통기한이 끝난 우유의 경우 50일 이내까지는 마셔도 문제가 없다는 조사가 한국소비자원을 통해 나왔다고 한다. 식품의약품안전처가 2013년 성인 남녀 2038명을 대상으로 진행한 설문조사에 따르면 '유통기한이 지난 식품은 먹지 않고 폐기해야 한다'는 질문에 절반이 넘는 56.4퍼센트가 '그렇다'고 대답했다고 하니 잘못된 인식으로 인해 폐기처분 되는 유통기한을 넘긴 제품은 연간 7000억 원 상당이나 된다고 하고 유통업계의 피해 금액은 연간 1조 원을 넘어가는 규모라고 한다.

서구에서는 이러한 문제 때문에 유통기한(Sell by Date)보다는 소비기한/사용기한(Use by Date/Expiration Date)을 일반적으로 사용한다고 한다. 또한 유통기한이나 소비/사용기한이라는 어감이 주는 공포감을 다소나마 불식시키기 위해 해외에서는 품질유지기한 또는 상미기간(Best before Date)이란 것을 많이 쓰는데 맛이나 영양분을 고려했을 때 이 날짜까지 섭취하는 것을 추천한다는 의미라고 한다. 정리해보면, 소비기한은 그때까지 섭취해야 안전을 보증한다는 뜻이고 유통기한은 그때까지만 판매할 수 있다는 뜻이며 상미기간은 식품유통이나 안전과 관련한 규제사항이 아닌 단순한 권유사항이다. 요약하면 '제조 → 상미기한 → 유통기한 → 소비기한 → 폐기'의 순서라고 볼 수 있다. 그런데 문제는 품질유지기한/상미기한이라고 표시하든 유통기한 또는 소비/사용기한이라고 표시하든 모두 기한이 만료(Date Expired)되었다는 것으로 인식하기 쉬워 기한이 지난 식품을 섭취하는 데 주저하게 될 것이다.

문제는 유통기한이 임박한 제품은 소비자도 꺼리고 마트도 받아주지 않기 때문에 폐기 처분할 수밖에 없는데 상품 판매 가격 안에는 이렇게 반품 및 폐기되는 상품의 비용까지 이미 포함되어 있음으로 결국 소비자만 봉으로 그 피해가 식품가격 상승이라는 부메랑으로 돌아온다는 것이다. 심지어 한국에서는 유통기한이 필요 없는 상품인 고추장, 된장, 아이스크림에도 유통기한이 붙어서 나오는데, 유통기한이 붙어 있는 편이 상품을 더 빨리 소진시킬 수 있기 때문이라고 하니 점점 기가 막힐 뿐이다. 더욱이 막 만들어진 식품에는 유통과정에서의 부패를 방지하기 위하여 보존료(방부제)를 첨가하는 경우가 있는데, 이들 보존료들은 시간이 지남에 따라서 부패요인들과 서로 상호작용을 하면서 점점 줄어들게 된다. 이런 이유로 유통기한이 얼마 남지 않은 식품일수록 포함되어 있는 보존료의 양이 상대적으로 적은 더 안전한 식품이 되는 모순이 일어난다.

실제로 버려지는 음식만으로 6개월을 살아본 사람이 있다고 한다. 다큐멘터리 〈먹을래? 먹을래!(*Just Eat It—A Food Waste Story*, 2014)〉의 감독이자 주인공 그랜트 볼드윈이다. 이들 부부가 6개월간 찾은 버려진 음식은 2만 달러에 달하고 그동안 지출한 식료품비는 고작 200달러였다고 한다.

멀쩡한 음식이 버려지는 것을 막기 위해 유통기한이 지난 음식만을 파는 마켓도 외국에서는 성행한다고 하는데, 덴마크 코펜하겐에 위치한 위푸드는 세계 최초 리퍼브(refurbished) 슈퍼마켓이라고 한다.

한국에는 유통기한 확인을 장려하는 슬로건도 있는데 1980년대는 "유통기한 확인하여 물자사랑 나라사랑"으로 유통기한이 지난 것을 사게 되면 버려야 하니 물자를 아끼자는 측면에서 유통기한을 확인하자는 것이다. 1990년대 들어서는 "유통기한 확인으로 가족건강 나라건강"이라는 슬로건으로 바뀌었는데 역시 유통기한을 넘긴 식품은 건강에 유해하다는 오도(誤導)된 의미를 담고 있다. 2000년대 들어서는 문구가 "유통기한 확인하여 식품선택 올바르게"로 바뀌었는데 역시 유통기한이 지난 식품에 대한 부정적인 이데올로기를 담고 있다.

그러나 유통기한이 임박한 식품을 구매하는 것은 여러모로 유익하다고 볼 수 있다. 첫째, 폐기물 쓰레기 오염을 줄일 수 있으니 인류를 포함한 지구공동체에 좋고, 둘째, 불필요한 생산과 처리 활동을 줄일 수 있으니 국가/사회에 경제에 이바지할 것이며, 셋째는 비용을 아낄 수 있으니 가계에 보탬이 될 수 있고 (유통기한이 임박한 식품은 보통 마트에서 더 싸게 판다는), 무엇보다도 유통기한이 임박한 식품에는 보존료(방부제)가 희석되어 있을 테니 우리 건강에 더 좋을 것이다. 이 어찌 '수신제가치국평천지(修身齊家治國平天地)'에 해당하는 일석사조의 지혜가 아니던가! 2020년부터의 슬로건은 "유통기한 확인하여 누이좋고 매부좋고"로 바꾸는 것이 어떠할지.

이것이 바로 바텀업(상향식, bottom-up) 방식으로 인류세 시대를 극복하고자 하는 좋은 사례가 될 것이다. 탑다운 방식은 '우리'를 강조한다. 우리 집, 우리 학교, 우리나라, 우리 지구를 위하여 이렇게 살아야 한다는 등. 그런데 여기서 '우리'는 실체적인 개념이라기보다 다분히 관념적인 단어다. '나'라는 개체가 모여 바텀업 방식으로 '우리'를 형성하는 것이 언어학적으로 보면 최소의 가정에 입각한 '우리'의 의미다. 그런데 탑다운 방식으로 정립된 '우리'의 의미는 개개의 '나'의 합산으로 이루어진 개념이 아니라 어떤 이상을 대변하는 공동체적인 의미로 쓰인 것이다. 한마디로 탑다운 방식으로 주어진 '우리'의 의미는 정확한 실체가 불분명하고 정의하기도 어렵다. 가령 '우리 사회'를 위하여 행동하자고 할 때 누구의 사회를 지칭하는 것인가? 반면 '나' 개인의 집합을 '우리'라고 한다면 나의 행복은 곧 우리의 행복을 뜻하고 우리의 행복은 나의 행복의 총합으로 구성되어 있음이다. 그 이상도 그 이하도 아닌 것이다.

유통기한의 사례로 보면, 유통기한이 임박한 식품을 우리 모두 기꺼이 구매하려 하고, 더 나아가 유통기한이 지난 식품도 변질 여부만 (맛이나 냄새 등으로) 직접 확인해서 잘 소비한다면 '나'는 최소의 비용의 최대의 만족과 행복을 누리게 될 것이다. 이러한 행복한 '나'들이 모이면 결국 행복한 '우리'가 될 것이고 이것이 인류세 시대를 잘 살 수 있는 가장 경제적인 방안이다.

2006년에 개봉한 마이크 저지(Mike Judge) 감독의 코미디 영화 〈이디오크러시(Idiocracy)〉는 냉동인간 실험 도중 사고로 인해 지극히 평범한 사람이었던 주인공 조가 전 세계 평균 지능이 IQ 60대까지 떨어진 500년 뒤의 미래로 가게 되면서 벌어지는 이야기를 다루고 있다. IQ가 높은 사람들은 (가령 인구증가 억제 등을 위한) 지구와 인류 그리고 자기 자신들의 미래에 대하여 고민하다가 자식도 못 가지는 반면에, 지능이 높지 않은 인간들은 사회복지제도의 혜택에 힘입어 (불륜에 근친상간까지 서슴지 않고) 자식을 마구 양산하게 된다. 결국 지능이 높은 인간들은 멸종하고 IQ 60대 정도의 인간들의 유전자만 번식하게 된다. 참고로 영화제목 'Idiocracy'는 idiot(바보)와 cracy(정부)의 합성어다.

우리가 하루하루 인류세의 문제로 고민만 하다 보면 기(杞) 나라에 살던 우(憂)처럼 멸종하고 머지않아 지구를 우습게 보는 바보들의 세상이 도래할지 모른다. 지금이라도 관념적인 위로부터의 탑다운 방식의 고민을 멈추고 아래로부터의 바텀업 방식의 실질적인 '지구공동체 구하기' 즉 '나'를 위한 작은 일부터 시작하는 것이 어떨까.

주석

1   Lakoff, G. 2010. Why it matters how we frame the environment. *Environmental Communication: A Journal of Nature and Culture* 4(1): 70–81.

2   Carson, R. 2000. *Silent spring*. London: Penguin.

3   Leopold, A. 1979. *A Sand County almanac and sketches here and there*. Oxford: Oxford University Press.

4   Eiseley, L. 1975. *All the strange hours: The excavation of a life*. Lincoln: University of Nebraska Press.